Rolf G. Heinze · Helmut Voelzkow (Hrsg.)

Regionalisierung der Strukturpolitik in Nordrhein-Westfalen

Rolf G. Heinze · Helmut Voelzkow (Hrsg.)

Regionalisierung der Strukturpolitik in Nordrhein-Westfalen

Westdeutscher Verlag

http://www.westdeutschervlg.de

Umschlaggestaltung: Horst Dieter Bürkle, Darmstadt
Druck und buchbinderische Verarbeitung: Rosch-Buch, Scheßlitz
Gedruckt auf säurefreiem Papier
Printed in Germany

ISBN 3-531-13025-0

Inhalt

Regionalbericht Bergische Großstädte..**134**

Erich Hödl und Rainer Mönig

Regionalbericht Ostwestfalen-Lippe..**172**

Helmut Voelzkow und Rolf G. Heinze

Einführung und Danksagung

Der vorliegende Bericht enthält die Ergebnisse der Begleitforschung zur "Zukunfsinitiative für die Regionen Nordrhein-Westfalens". In dieser vom Ministerium für Wirtschaft, Mittelstand und Technologie des Landes Nordrhein-Westfalen in Auftrag gegebenen Untersuchung sollte u.a. geklärt werden, ob und inwieweit die anvisierte Mobilisierung der Regionen durch die neue Landespolitik tatsächlich erreicht wird, welche Probleme dabei auftauchen, und wie diese ggf. überwunden werden könnten.

Um einen fundierten Überblick über die Umsetzung der neuen Regional- und Strukturpolitik des Landes zu bekommen, wurden in dem Forschungsprojekt fünf Regionen von jeweils einer Forschungsgruppe, die sich mit der jeweiligen Region schon seit längerer Zeit beschäftigt hat, untersucht; die Projektkoordination oblag dabei Prof. Dr. Rolf G. Heinze, Dr. Helmut Voelzkow und Dr. Volker Eichener von der Ruhr-Universität Bochum:

"Bergische Großstädte":
Prof. Dr. Erich Hödl/ Dr. Rainer Mönig, Bergische Universität - GHS Wuppertal

"Dortmund/ Unna":
Prof. Dr. Franz-Josef Bade/ Ralf Theisen, Universität Dortmund

"Emscher-Lippe":
Prof. Dr. Franz Lehner/ Dr. Josef Hilbert/ Wolfgang Potratz/ Wolfgang Käber, Institut Arbeit und Technik, Gelsenkirchen

"Niederrhein":
Dr. Norbert Wohlfahrt/ Thomas Forth, RISP Duisburg

"Ostwestfalen-Lippe":
Prof. Dr. Rolf G. Heinze/ Dr. Helmut Voelzkow, Ruhr-Universität Bochum

Die Forschungsteams haben zunächst die Regionalisierung der Strukturpolitik in ihrer jeweiligen Untersuchungsregion rekonstruiert, in ihrem Verlauf während des Untersuchungszeitraumes begleitet und über die Ergebnisse einen Regionalbericht verfaßt. In einem zweiten Schritt wurden diese Regionalberichte zusammengeführt und nach gemeinsamen Fragestellungen ausgewertet. In einem dritten Schritt standen die Schlußfolgerungen und konkreten Handlungsempfehlungen zur weiteren Ausgestaltung und Umsetzung der Regionalisierungspolitik des Landes im Mittelpunkt.

Der Forschungsbericht folgt in seinem inneren Aufbau diesem Vorgehen. Im ersten Kapitel werden zunächst einführend die bisherigen Schritte der Regionalisierungspolitik des Landes und ihre konzeptionellen Grundlagen skizziert und die darauf bezogenen Hypothesen und Forschungsfragen dargestellt. Im zweiten Kapitel werden die Berichte über die Untersuchungsregionen und die dort erfolgten Umsetzungsschritte der Regionalisierung präsentiert. Das dritte Kapitel enthält einen Vergleich der Regionalisierungspolitik in den Untersuchungsregionen. Das vierte Kapitel schließt die Untersuchung mit einer Gesamteinschätzung des Verlaufs der strukturpolitischen Regionalisierung und den Schlußfolgerungen im Hinblick auf die weitere Ausgestaltung der Regionalisierungspolitik ab.

Die Verfasser danken an dieser Stelle den zahlreichen Gesprächspartnern, die in den Interviews Auskunft über den Verlauf der Regionalisierung in den Untersuchungsregionen und hilfreiche Hinweise im Hinblick auf die Einschätzung der regionalen Entwicklungskonzepte gegeben haben. Ohne ihre tatkräftige Unterstützung und kritischen Anregungen wäre das Vorhaben nicht zu realisieren gewesen. Zu danken ist auch den zuständigen Mitarbeitern des Ministeriums für Wirtschaft, Mittelstand und Technologie des Landes Nordrhein-Westfalen, die nicht nur die prozessuale Begleitung der Regionalisierung von Strukturpolitik initiiert, sondern auch durch ihre Kooperations- und Diskussionsbereitschaft den Forschungsprozeß gefördert haben.

I. Forschungsfragen und Forschungsdesign

Rolf G. Heinze, Helmut Voelzkow und Volker Eichener

1. **Die Regionalisierung der Strukturpolitik in Nordrhein-Westfalen: Die "Zukunfts-initiativen" und ihre konzeptionellen Grundlagen**

Eine Analyse der wirtschaftlichen und sozialen Entwicklung der verschiedenen Regionen des Landes Nordrhein-Westfalen macht recht schnell deutlich, daß dieses Land alles andere ist als ein einheitliches räumliches Gebilde mit gleichförmigen Entwicklungstrends. Nordrhein-Westfalen stellt eher ein politisch erzeugtes Aggregat von verschiedenen Regionen mit einem jeweils spezifischen sozioökonomischen Profil dar (vgl. hierzu Heinze/ Voelzkow/ Hilbert 1992). Regionale Dispartitäten haben deshalb die Entwicklung des Landes seit jeher geprägt. So gab es selbst in den krisenhaften Jahren der letzten Dekade, in denen das Land offenkundig mit erheblichen Strukturproblemen (z.B. Stahlkrise) zu kämpfen hatte, einige Teilregionen, die durchaus im Bundestrend lagen oder sogar eine noch günstigere Entwicklung ausweisen konnten, während andere Wirtschaftsräume zurückfielen. Aus heutiger Sicht ist festzustellen, daß sich diese regionalen Differenzierungsprozesse zum Teil fortsetzen und in einigen Regionen erneut zu wirtschaftlichen Strukturproblemen führen.

Angesichts der zunehmenden Komplexität der Determinanten wirtschaftlicher Entwicklung wird seit geraumer Zeit in der politischen wie in der wissenschaftlichen Diskussion eine Neugestaltung der politischen Interventionsformen gefordert. Die feststellbare Uneinheitlichkeit der regionalen Entwicklungsdynamik erfordert - so das Argument - eine differenzierte regionale Strukturpolitik. Die Verwendung der öffentlichen Fördermittel müsse aus Effektivitäts- und Effizienzgründen den regionalspezifischen Entwicklungsengpässen und Entwicklungspotentialen Rechnung tragen. Die zentralen politischen Instanzen sollten sich daher an den regionalen Besonderheiten der Teilräume ausrichten und die Regionen selbst aktivieren.

Inhaltlich bedeutet dies eine Differenzierung der Fördertatbestände, verfahrensmäßig eine zentral gestützte Politik dezentraler Eigenentwicklung (vgl. Voelzkow 1990, S. 241ff.). Dies betrifft alle strukturrelevanten Politikfelder. Eine solche polyzentrische Erneuerung erfordert eine spezifische Gestaltung und Ausformung der Bundes- und Landesprogramme, mit deren Hilfe der Strukturwandel forciert, die Regionen im Umbruch bei der Neuorientierung unterstützt und unvermeidbare regionale Krisen abgefangen werden sollen.

Solche Schlußfolgerungen haben sich in der nordrhein-westfälischen Landespolitik in zwei Schüben durchgesetzt (vgl. Voelzkow 1990, Heinze/Voelzkow 1991b). In einer ersten Phase gewann neben der althergebrachten Politik der Re-Industrialisierung eine Politik der Neo-Industrialisierung an Bedeutung. Re-Industrialisierung steht für die Versuche von Politik und Wirtschaft, Betriebsschließungen und Arbeitsplatzverluste in krisenbetroffenen Wirtschaftssektoren durch eine staatliche Subventionierung und mit öffentlichen Fördermitteln forcierte Modernisierung der Produktionsanlagen (Produktivitätserhöhung) zu stoppen. Neo-Industrialisierung hingegen bezeichnet den Durchbruch neuer ("flexibler") Produktionskonzepte, die Abkehr von der Massenproduktion und die damit verbundene Requalifizierung der Arbeit. Es handelt sich dabei um ein neues Modell der Produktion, das eher in der Tradition handwerklicher Produktionsweisen als in der Tradition einer tayloristischen organisierten Produktion steht. (vgl. zur Begrifflichkeit Läpple 1986 und die dort angegebene Literatur). In der zweiten Phase setzte sich schließlich - den Vorstellungen einer "Erneuerung der Politik 'von unten'" folgend (vgl. zu dieser Diskussion die Beiträge in Hesse 1986) - der Ansatz einer Regionalisierung der Strukturpolitik durch; seither ist eine Abkehr von den eher zentralistischen Politikkonzepten zu beobachten.

Zukunftsinitiative Montanregionen (ZIM)

Bereits 1964 hat es in Nordrhein-Westfalen erste Überlegungen über die möglichen Vorteile einer Regionalisierung von Strukturpolitik gegeben, als eine Denkschrift über notwendige Maßnahmen zur Verbesserung der Landesstruktur vorgelegt wurde. Auch das Entwicklungsprogramm Ruhr von 1968 stellt die Notwendigkeit einer Entwicklung aus der Region heraus in den Vordergrund.

Mitte der 80er Jahre erfolgte der Einstieg in die Regionalisierung mit der "Zukunfts-initiative Montanregionen", die sich zunächst auf die traditionellen Montanregionen beschränkte.

Der nordrhein-westfälische Landtag hatte am 25. März 1987 in einer "Gemeinsamen Entschließung" aller drei im Landtag vertretenen Fraktionen die Einsetzung einer Expertenkommission gefordert, die Empfehlungen für die Gestaltung eines Programms "Zukunftsinitiative Montanregionen" (ZIM) formulieren sollte. Mit diesem Programm wollte der Landtag auf eine Strukturkrise reagieren, die sich mit der Ankündigung verschiedener Montanunternehmen, daß in den folgenden Jahren neue Entlassungs-wellen anstünden, deutlich abzeichnete. Der Landtag stand damals angesichts der beabsichtigten Schließung der Hütte in Rheinhausen und der damit verbundenen Streiks und Demonstrationen unter einem erheblichen Handlungsdruck.

Bereits Mitte 1987 nahm die vom Ministerpräsidenten eingesetzte Expertenkom-mission, die in der Öffentlichkeit nach ihrem Vorsitzenden Paul Mikat benannt wurde, ihre Arbeit auf. Die Kommission war freilich nicht in der Lage, aus dem Stand heraus Anregungen für ein differenziertes Förderprogramm zu formulieren (vgl. Kommission 1989, S. 10, Hombach 1989, S. 337). Da aber mit der "Zukunftsinitiative Montanregio-nen" nicht gewartet werden konnte, bis die Ergebnisse der Mikat-Kommission vorlagen, wurde auf eine detaillierte Festlegung von Fördertatbeständen verzichtet und statt-dessen erstmals ein dezentrales Verfahren erprobt, das der "Mobilisierung der regio-nalen Potentiale dienen" (Kommission Montanregionen 1989, S. 265) sollte. In der ZIM wurden fünf Aktionsfelder festgelegt, die jedoch "lediglich den Rahmen für konkrete Programme (bilden), die auf regionaler Ebene konzipiert werden" (ebd.):

* "Innovations- und Technologieförderung,
* Förderung der zukunftsorientierten Qualifikation der Arbeitnehmer,
* arbeitsplatzschaffende und arbeitsplatzsichernde Maßnahmen,
* Ausbau und Modernisierung der Infrastruktur sowie
* Verbesserung der Umwelt- und Energiesituation"

Die verschiedenen Entscheidungsträger der Montanregionen wurden mit der ZIM aufgerufen, einen regionalen Konsens über Fördermaßnahmen in den strukturrelevan-ten Handlungsfeldern anzustreben, der sodann die Grundlage der Förderentschei-dungen des Landes bilden sollte. Mit dem neuen Verfahren sollte erreicht werden,

* "regionale Kenntnisse und Zielsetzungen besser als bisher in den Förderprozeß einzubinden,
* die Wirksamkeit der Maßnahmen durch die Bildung eines breiten gesellschaftlichen Konseses vor Ort zu erhöhen und
* die verschiedenen Förderinstrumente zur Finanzierung eines regionalen Programmkonzeptes aus einem Guß zusammenzuführen" (Kommission Montanregionen 1989, S. 265.)

In der Abgrenzung einzelner Teilregionen orientierte sich die ZIM an den Arbeitsmarktregionen der Gemeinschaftsaufgabe regionale Wirtschaftsförderung.

Die wissenschaftliche Begleitung der "Zukunftsinitiative Montanregionen" ist zu durchaus positiven Ergebnissen gekommen. Nach den Schlußfolgerungen des Gutachtens zur ZIM von Hesse u.a. (1991, S. 12) "erweist sich insgesamt gesehen die Regionalisierung der Strukturpolitik des Landes als durchaus erfolgreich, das in die Kooperationsbereitschaft und Kooperationsfähigkeit der gesellschaftlichen Gruppen gesetzte Vertrauen als gerechtfertigt." Diese Einschätzung teilt auch Kruse (1991, S. 12): "Die Regionen haben mit der Zukunftsinitiative Montanregionen gelernt, ihr eigenes Schicksal wieder in die eigenen Hände zu nehmen." Die "'Kultur der Abhängigkeit' (wurde) durchbrochen" (ebd.).

Zukunftsinitiative für die Regionen Nordrhein-Westfalens (ZIN)

Angesichts der positiven Resultate wurde der Regionalisierungsansatz dann durch den Beschluß der Landesregierung vom 30. Mai 1989 mit der "Zukunftsinitiative für die Regionen Nordrhein-Westfalens" (ZIN) auf das gesamte Land ausgedehnt, wobei zunächst die Zusammenstellung von Prioritätenlisten für strukturbedeutsame Förderprojekte im Vordergrund stand. In diesem Beschluß der Landesregierung über die "weitere Regionalisierung der Strukturpolitik des Landes" (Landesregierung 1989, S. 1) wurden "alle verantwortlichen Kräfte" in den Regionen des Landes aufgerufen, bis zum 15. August 1989 beim zuständigen Regierungspräsidenten Projektvorschläge mit besonderer strukturwirksamer Relevanz einzureichen. Diese "ZIN-Runde" ist mit der Bekanntgabe und Bewilligung von Projekten in der ersten Jahreshälfte 1990 abgeschlossen worden.

Im Rahmen der Zukunftsinitiative sind 14 Regionen ("ZIN-Regionen") abgegrenzt worden, die sich mehr oder minder selbst als Handlungseinheiten formiert haben. Die meisten Regierungsbezirke (Arnsberg, Düsseldorf, Köln und Münster) haben sich dabei in mindestens zwei und höchstens fünf Regionen untergliedert. Eine Ausnahme bildet Ostwestfalen-Lippe; hier sind der Regierungsbezirk und die ZIN-Region deckungsgleich (vgl. Karte).

Regionale Entwicklungskonzepte (REK)

In der Regierungserklärung vom 15. August 1990 hat die Landesregierung ihren eingeschlagenen Kurs im Grundsatz bestätigt und die Regionen aufgerufen, Regionalkonferenzen zu organisieren und "regionale Entwicklungskonzepte" zu formulieren ("REK-Phase"). Mit einer Ausnahme wurden die Abgrenzungen der ZIN-Regionen beibehalten; in einem Fall wurden die Grenzen neu gezogen, wodurch sich die Zahl der Regionen auf 15 erhöhte. Einige dieser Regionen hatten ihr regionales Entwicklungskonzept zum Zeitpunkt der Beendigung der Begleitforschung (Mitte 1992) fertiggestellt, in ihrer Regionalkonferenz verabschiedet und an die Landesregierung weitergeleitet. Dazu gehören die Regionen Aachen, Ostwestfalen-Lippe, Emscher-Lippe, Düsseldorf/Mittlerer Niederrhein und Münsterland sowie Köln. Zu den Entwicklungskonzepten aus den Regionen Aachen, Emscher-Lippe und Ostwestfalen-Lippe hatte die Landesregierung Ende 1992 bereits erste Stellungnahmen erarbeitet.

In ihrem prozeduralen Kern will diese Neufassung der Strukturpolitik eine Regionalisierung der Programmformulierung und -implementation bei gleichzeitiger Stärkung der Kooperation der verschiedenen Akteure in den Regionen erreichen. Die Landesregierung setzt - wie den Erklärungen des zuständigen Ministeriums zu entnehmen ist - gezielt auf die die Kraft zur Selbstorganisation in den Regionen: "Die Landesregierung ruft die Regionen auf, ihre regionale Entwicklung verstärkt in regionaler Selbstverantwortung zu gestalten. Gefordert sind Eigeninitiative, Kreativität und regionale Kooperationen" (MWMT 1990, S. 1; vgl. auch die Beiträge in ILS (Hrsg.) 1992).

Die Regionalisierungspolitik kann als eine politische Innovation angesehen werden, deren Steuerungsmechanismen die Eigenkräfte der Regionen stärken und zugleich eine möglichst regional angepaßte Verwendung der bereitgestellten öffentlichen Mittel gewährleisten sollen. Die Regionen sollen über den Dialog der entscheidungsrelevanten

17

Abgrenzung der Regionen in der regionalisierten Strukturpolitik

Regionalisierte Strukturpolitik des Landes Nordrhein-Westfalen

Regionsabgrenzung

1: Arnsberg

2: Mittleres Ruhrgebiet / Bochum

3: Dortmund / Kreis Unna / Hamm

4: Hagen

5: Siegen

6: Ostwestfalen-Lippe

7: Bergische Großstädte

8: Düsseldorf / Mittlerer Niederrhein

9: Mülheim a.d. Ruhr / Essen / Oberhausen (M-E-O)

10: NiederRhein

11: Aachen

12: Bonn

13: Köln

14: Emscher-Lippe

15: Münsterland

Verwaltungsgrenzen

–·–·– Staatsgrenze

——— Landesgrenze

–·–·– Regierungsbez.-Grenze

——— Kreisgrenze

········· Gemeindegrenze

——— Grenze der Region

Akteure, über eine gemeinsame Verortung der Stärken und Schwächen, über eine Festlegung von Leitbildern für die regionale Entwicklung und über eine intensivierte Kooperation in strukturrelevanten Politikfeldern ihre Zukunft in die eigene Hand nehmen und dabei ggf. durch das Land unterstützt werden.

Ein wichtiges Charakteristikum der Regionalisierungspolitik ist der Gedanke einer Koordination verschiedener Förderprogramme. Ausgehend von dem vielfach kritisierten Sachverhalt, daß die Förderkulisse mittlerweile sehr komplex geworden ist, wird eine Bündelung der bislang weitgehend isoliert operierenden Förderprogramme anvisiert. Dem konzeptionellen Anspruch nach sollen alle struktur- und technologiepolitischen Förderprogramme, soweit sie in Nordrhein-Westfalen zum Einsatz kommen, unter dem Dach der Regionalisierungspolitik zusammengeführt und nach dem neuen prozeduralen Muster abgewickelt werden, um deren Effizienz und Effektivität zu erhöhen. Damit werden auch Mittel der Gemeinschaftsaufgabe "Verbesserung der regionalen Wirtschaftsstruktur", der ergänzenden regionalen Wirtschaftsförderungsprogramme des Landes Nordrhein-Westfalen, der verschiedenen regionalen Gemeinschaftsprogramme der EG, der aufgestockten und ebenfalls nach Subsidiaritätsgesichtspunkten prozedural neugefaßten Strukturfonds der EG (vgl. Heinze/Voelzkow 1990), der Technologieförderungsprogramme des Landes Nordrhein-Westfalen, verschiedener Programme der Förderung von Aus- und Weiterbildung, der Städtebauförderung, der Programme zur Förderung der Hochschulen etc. in die Politik der Aktivierung der Regionen einbezogen.

Die vom Land formulierte Politik der regionalen Eigenentwicklung will in den 15 Regionen, neue Kooperationsformen erzeugen, die nicht nur eine Verbesserung der inneradministrativen Abstimmung, sondern auch eine Einbeziehung organisierter Interessen in Gremien "funktionaler Repräsentation", ganz im Sinne einer "konzertierten Aktion" für die Regionen, vorsehen. Die Regionen sind deshalb aufgerufen worden, in den sogenannten Regionalkonferenzen die regionalen Entwicklungskonzepte unter Beteiligung aller relevanten Kräfte zu diskutieren und im Konsens zu verabschieden.

Für eine solche Regionalisierung der Strukturpolitik und die Mobilisierung der regional relevanten Akteure sprechen zweifellos die enttäuschenden Erfahrungen mit der herkömmlichen Struktur- und Regionalpolitik. Die wichtigsten Kritikpunkte sind bekannt: Der traditionellen Strukturpolitik wird vorgehalten, daß sie einer etatistischen Logik folgt. Demnach werden auf der zentralen Ebene die strukturpolitisch relevanten Entscheidungen (z.B. über die Kriterien bei Förderprogrammen) beschlossen, und auf der dezentralen Ebene bleibt den Akteuren nur die Wahlmöglichkeit, sich auf die von oben gesetzten Vorgaben und Bedingungen einzulassen oder nicht. Jedoch werden die zentralen Vorgaben vielfach den regionalen Besonderheiten nicht gerecht. Zwar kann kaum bestritten werden, daß auch die etatistisch ausgerichtete Strukturpolitik partiell erfolgreich war, doch wird immer wieder negativ angemerkt, daß sie zahlreiche Mitnahmeeffekte auslöst und von daher ineffizient sei. Denn auch solche Akteure, die eigentlich gar keine Unterstützung benötigen, aber gleichwohl die Voraussetzungen für eine Förderung erfüllen, können in der Regel nicht von der Partizipation ausgeschlossen werden. Ferner wird bemängelt, daß der etatistische Politikmodus die Chance verspiele, daß die dezentrale Ebene ihre in aller Regel bessere Problemkenntnis und "Ortsnähe" offensiv und fruchtbringend in den politischen Entscheidungsprozeß einbringt.

Einer differenzierten Politik gegenüber der dezentralen Ebene stehen zudem neben den Informations- und Kompetenzproblemen der zentralen Ebene vielfach auch mangelnde Konzertierungsmöglichkeiten zwischen den verschiedenen Politikbereichen und Politikebenen entgegen (vgl. Kruse 1990, Voelzkow 1990, 1991 und die entsprechenden Beiträge in Hucke/Wollmann 1989). Im "etatistischen" Alleingang kann eine Landesregierung eines großen Flächenlandes wie Nordrhein-Westfalen angesichts der äußerst komplexen Regionalentwicklung kaum noch eine den regionalen Gegebenheiten angepaßte, differenzierte und zugleich umfassend angelegte Politik formulieren und umsetzen.

Solange die Politikfragmentierung und Kompetenzzersplitterung die allseits gewünschte "ganzheitliche" Problembearbeitung erschweren, scheint eine Verbesserung der Situation nur über eine Aktivierung der regionalen Ebene und eine wirksame Kooperation der verschiedenen lokalen und regionalen Handlungsträger ("inszenierter Korporatismus", vgl. Heinze/Voelzkow 1991a) bei der Ausgestaltung der regionalen Förderung erreichbar zu sein.

Das Ziel der Regionalisierung der Strukturpolitik besteht demnach darin, durch eine problembezogene Analyse der regionalen Situation und durch eine entsprechende regionalspezifische Formulierung und Umsetzung von Erneuerungskonzepten die strukturpolitische Qualität der Maßnahmen zu erhöhen und damit höhere Wirkungsgrade zu erzielen, und zwar ohne damit gleichzeitig die formalen Zuständigkeiten zu ändern. Es geht nicht um eine Verwaltungsreform klassischen Zuschnitts (wie bspw. die Gebietsreform). Die anvisierte Integration verschiedener Politikfelder und die Verdichtung vielfältiger Maßnahmen zu einem geschlossenen Erneuerungskonzept ist nach diesem Politikansatz vielmehr durch eine aktive Beteiligung der regionalen Ebene zu leisten[1], ohne daß an den formalen Zuständigkeiten der einzelnen Institutionen gerüttelt werden soll.

Die Regionalpolitik wäre also insbesondere im Hinblick auf die Formulierung des Handlungsbedarfs und die Umsetzung der Initiativen dezentral anzulegen, um nicht - wie bisher - monokausalen Sichtweisen und schematischen Maßnahmen zu folgen. Eine dezentral organisierte Regionalpolitik setzt auf die Sachkenntnis und das Handlungspotential der regionalen und lokalen Akteure, die in Eigenverantwortung neue Koordinierungs- und Kooperationsformen für eine sich selbst tragende Entwicklung ihrer Region finden sollen.

Allerdings ist der Erfolg dieses neuen Politikansatzes an Voraussetzungen gebunden. Eine Förderpolitik, die das Gewicht der unteren Ebenen des föderativen Systems erhöhen will, setzt implizit die Handlungs- und Entscheidungsfähigkeit der Regionen voraus bzw. muß diese herstellen. Es wird in der vorliegenden Studie untersucht, ob die regionalen Einheiten den Anforderungen einer dezentralisierten Strukturpolitik intern, d.h. im Zusammenspiel der relevanten Akteure einer Region, und extern, d.h. im Zusammenspiel mit anderen Regionen und den übergeordneten politischen Ebenen, genügen (können).

Neben ersten Erfahrungsberichten, die z.T. über Kritik aus den Regionen aufgrund von mancherlei Umsetzungsproblemen der Regionalisierung berichten (vgl. z.B. Mai 1991, S. 28ff.), sind während des Untersuchungszeitraumes zwei systematische Analysen der Regionalisierungspolitik vorgelegt worden. Die erste Studie befaßt sich mit der "ZIN-Runde" und wurde vom RUFIS-Institut (Waniek 1990) erstellt. Die zweite Studie, die von der "Entwicklungsagentur für arbeitsorientierte Strukturpolitik" (EfaS 1992) erarbeitet wurde, bezieht die hier im Vordergrund stehende Phase der Erstellung regionaler Entwicklungslonzepte mit ein. Beide Studien nehmen aus unterschiedlichen Perspektiven zur Regionalisierungspolitik des Landes kritisch Stellung und formulieren weitreichende Gegenvorschläge, die auch politisch-institutionelle Veränderungen beinhalten. Die Studie von Waniek folgt dabei einer eher marktwirtschaftlichen und wettbewerbsorientierten Theorietradition, während sich die EfaS-Studie auf die Formulierung gewerkschaftlicher Positionen konzentriert.

---

1) Eine vergleichbare Diskussion über ein neues Verhältnis von zentralen und dezentralen Politikebenen findet übrigens auch im Hinblick auf die Europäische Integration statt; vgl. dazu die Beiträge in Alemann/Heinze/Hombach 1990.

Pointiert läßt sich die Kernaussage der Studie von Waniek dahingehend zusammenfassen, daß eine regionalisierte Strukturpolitik nach dem Muster der "ZIN-Runde"
abzulehnen sei, weil dadurch die kommunale Selbstverwaltung untergraben und nicht
im Sinne einer wettbewerbsfördernden Dezentralisierung von Strukturpolitik gestärkt
und erweitert werde; aus dieser Perspektive durchaus folgerichtig wird eine Kommunalisierung der Strukturpolitik empfohlen. Der EfaS-Vorschlag, der aus der Kritik an der
mangelnden institutionellen Gewährleistung einer adäquaten Berücksichtigung der
Arbeitnehmerinteressen erwächst, weist in die entgegengesetzte Richtung: Hier wird
zum einen eine strukturpolitische "Aufladung" der regionalen Entwicklungskonzepte
gefordert und zum anderen die Verfestigung der Regionalisierung durch ein Gerüst
neuer Institutionen (ZIN-Regionalbüros, regionale Entwicklungsgesellschaften etc.).

Die Zielsetzung der hier vorgelegten Untersuchung besteht weniger in einer bestimmten Interessen verpflichteten ordnungspolitischen Kritik der Regionalisierungspolitik als
vielmehr in einer empirisch fundierten Analyse der konkreten sozialen und politischen
Prozesse, die innerhalb der Regionen abgelaufen sind, sowie in der Ermittlung der
Effekte der Regionalisierungspolitik, der Restriktionen und der fördernden Randbedingungen. Auf dieser Grundlage wird dann freilich auch zu den Reformvorschlägen der
beiden genannten Untersuchungen Stellung genommen (vgl. Kapitel IV).

2. Hypothesen und Fragestellungen der Begleitforschung

Bei dem Entschluß der Landesregierung, die Regionalisierungspolitik mit der Aufforderung an die Regionen, regionale Entwicklungskonzepte zu formulieren, fortzusetzen, ist
"sie von der Voraussetzung ausgegangen, daß Regionalisierung kein Ziel an sich darstellt, sondern daß der Regionalisierungsvorgang nur die Voraussetzung ist, um durch
Koordinierung und Bündelung sowie durch Kooperation mit den Regionen die Effizienz
strukturpolitischer Instrumente zu steigern" (Kruse 1991, S. 15). Die Regionalisierung
will einen Prozeß der Aktivierung regionaler Entwicklungspotentiale initiieren, um die
wirtschaftlichen Chancen der Regionen besser zu nutzen und damit auch die Wachs-
tumschancen des gesamten Landes zu sichern. Ein zentrales Anliegen der Regionalisierung ist also die Nutzung von Entwicklungschancen für und durch die Regionen. Ein
vorrangiges Ziel der Regionalisierung ist dabei eine Verbesserung der Strukturpolitik,
auch wenn nicht zu verkennen ist, daß Regionalisierung auch dem wachsenden Bedürf-

nis, lokale und regionale Handlungsspielräume zurückzugewinnen und die Region als Einheit sozialer Identifikation zu (re-)aktivieren (vgl. dazu Mayntz 1990, S. 233f.), in besonderer Weise zu entsprechen scheint. Auch in anderen Bundesländern zeigen sich neue struktur- und industriepolitische Ansätze, die in diese Richtung gehen (vgl. Sturm 1991 und die Beiträge in Jürgens/Krumbein (Hrsg.) 1991).

Die Forschungsfragen der Untersuchung beziehen sich vorrangig auf die im Politik-ansatz vermutete Qualitätsverbesserung der Strukturpolitik. In der konzeptionellen Anlage der Regionalisierungspolitik wird davon ausgegangen, daß es zu einer Qualitäts-verbesserung der Strukturpolitik kommt, sofern es gelingt, die regionalen Kräfte tatsäch-lich zu mobilisieren, ihre Informations- und Organisationspotentiale zu erschließen und sie zu einer strukturpolitischen Kooperation und Koordination "anzustiften": Erwartet wird, daß sich durch die Regionalisierung spezifische Kooperations- und Koordinations-fortschritte realisieren lassen:

* höhere "Zielgenauigkeit" und Effektivität der strukturpolitischen Maßnahmen,
* höhere ökonomische Effizienz der eingesetzten strukturpolitischen Mittel,
* breitere Berücksichtigung der verschiedenen wirtschaftlichen, sozialen und ökolo-gischen Interessen und Anforderungen,
* größere soziale Akzeptanz der strukturpolitischen Maßnahmen,
* höhere politische Durchsetzbarkeit,
* Mobilisierungseffekte, Erschließung externer Organisationspotentiale.

Von diesem konzeptionellen Hintergrund ausgehend, lassen sich folgende Hypothesen und Forschungsfragen formulieren:

(1) Sachliche Qualität der regionalen Entwicklungskonzepte

Bei einer inhaltlich dezentralisierten Politik müssen die lokalen und regionalen Instan-zen aus dem Universum aller denkbaren strukturrelevanten Maßnahmen und Förder-instrumente einen regionsspezifischen Mix (operative Ebene) zusammenstellen. Von Bedeutung ist dabei die Festlegung von grundsätzlichen Entwicklungsperspektiven der Regionen (strategische Ebene). Das wiederum erfordert zunächst eine differenzierte Analyse der Situation. In der Konzeption der Regionalisierungspolitik wird davon ausgegangen, daß die dezentralen Institutionen ihre detaillierten Informationen und

Kenntnisse der regionalen Schwächen und Stärken in die regionalen Entwicklungskonzepte einspeisen und dadurch die Qualität der Strukturpolitik deutlich erhöhen. Im Rahmen der Evaluation sollte erhoben werden, anhand welcher Informationsquellen die Analysen der Stärken und Schwächen der Regionen in den Regionalkonferenzen erstellt werden und inwieweit die angefertigten Entwicklungskonzepte die Informationsbasis tatsächlich verbessern.

Mit dem Vergleich der verschiedenen Vorgehensweisen bei der Erstellung der Entwicklungskonzepte sollten darüber hinaus erste Hinweise auf die "Innovationspotentiale" und die "Politikfähigkeit" der Regionen gewonnen werden. Dabei soll erfaßt werden, ob und inwieweit das Handlungspotential der regionalen Akteure ausreicht, selbst gestalterisch regionale Entwicklungsstrategien zu formulieren und umzusetzen. Der Politikansatz einer Regionalisierung der Strukturpolitik geht davon aus, daß sich die institutionellen Infrastrukturen der Regionen nicht mehr nur darauf beschränken, möglichst viele Fördermittel aus den bereitgestellten Fördertöpfen abzurufen. Vielmehr wird erwartet, daß die Regionen selbst festlegen können, was nach welchen Kriterien in welcher Weise gefördert werden soll. Deshalb sollten die Entwicklungskonzepte auch im Hinblick auf die geleistete Verknüpfung von Analyse und Politikformulierung analysiert und in ihrer inneren Konsistenz einer kritischen Würdigung unterzogen werden.

Des weiteren sollte die Analyse der regionalen Entwicklungskonzepte Aufschluß darüber bringen, ob die stimulierte Kooperation von kommunalen Instanzen und anderen regionalen Akteuren im Vergleich zu anderen Politikvarianten tatsächlich immer die "besseren Lösungen" gewährleistet. Deshalb sollte ferner näher untersucht werden, ob in den neuen Gremien auf regionaler Ebene (den "Regionalkonferenzen") tatsächlich ein Konsens über ein der jeweiligen regionalspezifischen Situation angemessenes Förderprogramm erreicht wird oder ob die verabschiedeten Vorhaben nur eine Auflistung darstellen, deren zusammenhanglose Reihenfolge möglicherweise die Machtpotentiale der organisierten Interessen und nicht den Handlungsbedarf der Region widerspiegeln. Gerade in dieser Frage war wiederum ein Vergleich der Regionen interessant, weil sich schon zu Beginn der Regionalisierungspolitik zeigte, daß es deutliche Unterschiede hinsichtlich der "Handlungsfähigkeit" von Regionen gibt (vgl. z.B. Klönne/Borowczak/Voelzkow 1991).

Sofern das in dem Politikansatz angelegte Konsensprinzip tatsächlich greift und nur einvernehmliche Projekte aus den Regionen heraus an die Landesregierung übermittelt werden, könnte sich der Vorwurf als berechtigt erweisen, daß das auf Konsens ausgerichtete Verfahren einem Ausschlußmodell gleichkommt. Wenn der "inszenierte Korporatismus" nur konsensfähige Projekte hervorbringen sollte, ginge dies womöglich zu Lasten von innovativen Ideen, die zwar für die Regionen wegweisend sein könnten, aber keine allseitige Zustimmung finden. Von daher sollte in der prozessualen Begleitforschung rekonstruiert werden, nach welchen Kriterien in den einzelnen Regionalkonferenzen die vorliegenden Projektvorschläge aufgenommen, modifiziert oder abgewiesen wurden.

(2) Entscheidungsstruktur und -verfahren

Bekanntlich ist das nordrhein-westfälische Konzept der strukturpolitischen Regionalisierung auf Widerstände auf der regionalen Ebene gestoßen, die z.T. das gesamte Konzept in Frage stellten. Zumindest sind in einigen Regierungsbezirken und Kommunen Vorbehalte gegen die Beteiligung gesellschaftlicher Organisationen und den "Zwang zum Konsens" formuliert worden. In dieser Untersuchung sollte daher rekonstruiert werden, welche Entscheidungsstrukturen und -verfahren in den Untersuchungsregionen gewählt wurden, um den regionalen Entscheidungsbedarf abzudecken.

Im Hinblick auf die Stabilität des Modells einer regionalisierten Strukturpolitik war ferner danach zu fragen, ob die feststellbaren Ausprägungen der lokalen und regionalen Kooperation auch dann Bestand haben, wenn die Strukturvorgaben "von oben", d.h. vor allem die "Prämien" für die Kooperation in Form von Finanzzuweisungen, eingeschränkt werden müssen oder sogar wegfallen. Das Forschungsvorhaben sollte die Stabilitätsbedingungen der neuen Entscheidungsstrukturen und -verfahren im Dialog mit den relevanten Akteuren aufarbeiten.

(3) Interkommunale Kooperation

Es ist unverkennbar, daß der Bedarf nach einer gemeindeübergreifenden Kooperation in den letzten Jahren angestiegen ist. Dies betrifft zum einen die gemeinsame Außenvertretung von mehreren Kommunen als eine Region, die sich gegenüber dem Land, dem Bund oder der EG als Handlungseinheit präsentieren muß, um besser Gehör finden zu können. Zum anderen ergibt sich infolge der Verstärkung der funtionsräumlichen Arbeitsteilung ein wachsender Bedarf nach einer gemeindeübergreifenden Abstimmung. Aus der homogenen Vielfalt von ökonomisch und politisch eigenständigen Kommunen erwächst durch die funktionsräumliche Arbeitsteilung die heterogene Einheit "Region", deren (in der kommunalen Organisationsform getrennten) Teile aufgrund der zunehmenden Interdependenzen zusammengehören. Die interkommunale Kooperation erlaubt politische Gestaltungsoptionen (z.B. in den Politikbereichen Verkehr, Gewerbeflächen, Umweltschutz, Kultur), die eine einzelne Kommune allein nicht wahrnehmen könnte. Die interkommunale Kooperation eröffnet Chancen der Kostenreduktion, weil eine gemeinschaftliche Lösung kommunaler Aufgaben (z.B. in der Müllentsorgung) Effizienzvorteile bieten kann. Durch die interkommunale Abstimmung und die Zusammenführung kommunaler Ressourcen (Finanzen, Personal, Information, Gewerbeflächen etc.) lassen sich mithin Gestaltungsspielräume (und auch Verhandlungsmacht) aufbauen, die eine vereinzelte Gemeinde wohl kaum erreichen könnte.

Ein wichtiges Ziel der Regionalisierungspolitik liegt in der Verbesserung der interkommunalen Kooperation der Städte und Gemeinden. In der Untersuchung sollte herausgearbeitet werden, ob sich im Zuge der Regionalisierung neue Muster der interkommunalen Kooperation bilden und auf welche Handlungsfelder sich diese Zusammenarbeit bezieht.

(4) Integration von Fachpolitiken auf der regionalen Ebene

Für die Entwicklung einer Teilregion eines Landes ist in aller Regel nicht nur eine bestimmte Fachpolitik, sondern ein Bündel vielfältiger Konzepte und Maßnahmen aus den verschiedensten Politikbereichen relevant. Zu nennen sind hier etwa die Wirtschaftsförderung, die Technikförderung, die Verkehrspolitik, der Umweltschutz, die Arbeitsmarktpolitik oder die Berufsbildungspolitik. Vielfach wird den Zusammenhängen zwischen den verschiedenen Fachpolitiken in den Regionen nicht Rechnung getragen. Im Rahmen der Vorbereitung und Ausarbeitung eines regionalen Entwicklungskonzepts könnten die inhaltlichen Zusammenhänge zwischen den verschiedenen Fachressorts und der Bedarf an Abstimmung deutlich werden. Eine Stärkung der Kooperations- und Koordinationsbeziehungen innerhalb der kommunalen Binnenorganisation könnte dazu beitragen, die bekannten Folgeprobleme einer sektoral fragmentierten Politik einzuschränken. Die Regionalisierung der Strukturpolitik könnte den Kommunen und Kreisen einen Anlaß bieten, neue Formen der Zusammenarbeit zwischen den relevanten Gemeinde- und Kreisämtern (z.B. Wirtschaftsförderung, Liegenschaften, Bauplanung, Umweltschutz) zu finden. Es war daher zu untersuchen, ob durch die prozeduralen Vorgaben des Landes die Zusammenführung verschiedener Politikfelder auf der regionalen Ebene verbessert wird.

(5) Gesellschaftliche Kooperation

Ein wichtiges Charakteristikum der Regionalisierung von Strukturpolitik ist in Nordrhein-Westfalen die Einbeziehung von Organisationen, die als "relevante gesellschaftliche Kräfte" an der Formulierung der regionalen Entwicklungskonzepte beteiligt werden sollen. Damit sind erst Linie die Kammern und Wirtschaftsverbände sowie die Gewerkschaften, aber auch Umweltverbände, Frauenverbände und andere (organisierte) Interessen angesprochen. Diese Öffnung gegenüber den gesellschaftlichen Organisationen wird damit begründet, daß sich die sachliche Qualität der regionalen Strukturpolitik verbessert, sofern durch die Beteiligung der "privaten Organisationen und Verbände" zusätzlicher Sachverstand und weiterführender Eigeninitiative gewonnen werden. Gleichzeitig soll sich die Kontaktintensität zwischen den regionalen Akteuren erhöhen, damit die Einschätzungen und Zielperspektiven ausgetauscht und stärker als bisher abgeglichen werden.

Vom konzeptionellen Ansatz her kann sich der in der Regionalisierungspolitik angelegte "inszenierte Korporatismus" darüber hinaus zugute halten, daß sich die Artikulations- und Durchsetzungschancen der vergleichsweise wenig organisations- und konfliktfähigen Interessen in der Strukturpolitik mit diesem Konzept erhöhen lassen. Sofern die im vertikalen Gefüge übergeordneten Institutionen die Vergabe von Fördermitteln an einen vorausgegangenen Diskurs und Konsens auf der regionalen Ebene binden, gewinnen jene Interessen, die bislang weitgehend ignoriert wurden, über das Beteiligungsgebot eine (etwas) bessere Verhandlungsposition. Mit dem neuen Modus der kooperativen Regionalpolitik werden beispielsweise gleichzeitig neue Handlungsmöglichkeiten einer gewerkschaftlichen Mitwirkung an der Strukturpolitik eröffnet (vgl. Schäffer 1990). Von daher entspricht die Förderphilosophie möglicherweise einem partizipatorischen Demokratieverständnis, das ergänzend zu den traditionellen Entscheidungswegen territorialer Repräsentation die gesellschaftlichen Organisationen an der Politikformulierung und - umsetzung teilhaben lassen will.

Bei der Evaluation der Regionalisierungspolitik sollten entsprechend die Partizipationsmuster rekonstruiert werden. Deshalb wurde in dem Forschungsprojekt erfaßt, nach welchen Kriterien über die Zusammensetzung der Regionalkonferenzen und der vorbereitenden Ausschüsse entschieden wurde. Von besonderem Interesse war auch in dieser Hinsicht, ob sich im regionalen Vergleich Unterschiede in der Beteiligung und Beteiligungsbereitschaft verschiedener politischer und gesellschaftlicher Organisationen zeigen und wie solche Unterschiede zu erklären sind.

Mit der Eröffnung von Partizipationschancen muß jedoch nicht unbedingt auch ein höherer Grad an Interessenberücksichtigung verbunden sein. In der konzeptionellen Anlage der Regionalisierungspolitik ist zwar vorgesehen, daß in den regionalen Entwicklungskonzepten neben ökonomischen Aspekten auch die sozialen, kulturellen und ökologischen Interessen berücksichtigt werden sollen, offen ist aber, ob und inwieweit dies in den laufenden Diskussions- und Entscheidungsprozessen auf regionaler Ebene tatsächlich geschieht. Deshalb wurde in der Untersuchung nachgezeichnet, inwieweit es den Regionen gelingt, die vorhandenen und oft widersprüchlichen Rationalitäten diverser Gruppen in die Entwicklungskonzepte einzubinden und in eine konsistente Entwicklungsstrategie zu überführen. Dazu wurde eine vergleichende Analyse der Interessenberücksichtigungsmuster und - darauf aufbauend - der Entwicklung von Vorschlägen hinsichtlich einer besseren Umwelt- und Sozialverträglichkeit der Politik vorgenommen.

(6) Vertikale Koordination

Dem eigenen Anspruch nach soll durch die Regionalisierung der Strukturpolitik die Abstimmung zwischen der Strukturpolitik des Landes und der Strukturpolitik der relevanten Akteure in den Regionen intensiviert werden. Dies betrifft die Koordination strukturpolitischer Maßnahmen von Kommunen, Region und Land einschließlich der Programme von Bund und EG, soweit sie über die Landesregierung abgewickelt werden. Damit zielt die Regionalisierungspolitik auch auf eine Verbesserung der vielfach als spannungsgeladen und defizitär kritisierten Zusammenarbeit zwischen den Regionen und deren Gemeinden einerseits und der Landesregierung andererseits (vgl. dazu z.B. die Beiträge in Hesse/Ganseforth/Fürst/Ritter 1983); der Prozeß der föderalstaatlichen Politikformulierung und des Politikvollzuges soll also durch die Regionalisierungspolitik qualitativ aufgewertet werden. In der Untersuchung sollte überprüft werden, ob und inwieweit die Zusammenarbeit zwischen dem Land und den Regionen über den neuen prozeduralen Ansatz verbessert werden kann.

Im Rahmen der Evaluation war darüber hinaus zu prüfen, ob und inwieweit dieser neue Förderansatz zur Überwindung regionaler Disparitäten infolge von Unterschieden in der Kooperationsintensität selbst neue Disparitäten erzeugt. Nicht alle Regionen sind gleichermaßen dialog- und konsensfähig, und wo - aus welchen (klärungsbedürftigen!) Gründen auch immer - die Verhaltenserwartung der Landesregierung nicht aufgeht und der regionalpolitische Diskurs und die Einigung auf der lokalen/ regionalen Ebene nicht zustandekommen, könnte bei einer konsequenten Anwendung des Politikkmodells eine Benachteiligung von Regionen entstehen, die möglicherweise in besonderem Maße auf eine Förderung angewiesen sind. Gerade für die Landespolitik ist es deshalb wichtig, schon frühzeitig über Unterstützungsmöglichkeiten und andere Maßnahmen für einzelne Regionen nachzudenken, um die anvisierten strukturpolitischen Ziele zu realisieren, auch wenn aus den betroffenen Regionen keine geeigneten Vorschläge unterbreitet werden sollten.

(7) Integration von Fachpolitiken auf Landesebene

Was die Integration von Fachpolitiken auf Landesebene angelangt, ist die Regionalisierungspolitik weniger als ein neues Landesprogramm mit eigenen Finanzmitteln anzusehen, sondern mehr als ein neues Verfahren der Zuteilung strukturpolitischer Fördermittel, das die Kommunikation und Koordination zwischen den Fachressorts auf Landesebene (interministerielle Kooperation bei strukturrelevanten Maßnahmen) verbessern soll. Deshalb sollte in der Untersuchung analysiert werden, ob die möglicherweise auf regionaler Ebene erzeugte Politikintegration, die während der Erstellung der Entwicklungskonzepte deutlich werden müßte, bereits auf die Landesebene durchschlägt und dort zu einer neuen Abstimmung zwischen den Fachressorts führt, was die Politikintegration auf Landesebene verbessern würde. Dazu war zu überprüfen, in welchen Politikfeldern von den Regionen eine bessere Koordination und ressortspezifische Abstimmung gewünscht wird und ob es auch zu einer Vernetzung, z.B. zwischen der Wirtschafts- und Beschäftigungspolitik oder der Arbeitsmarkt- und Umweltpolitik kommt.

3.   Methodisches Vorgehen

Die aufgeführten Fragenkomplexe wurden mit einem diskursiven, in enger Kommunikation mit den Beteiligten laufenden Evaluationsansatz in Angriff genommen. Deshalb stellt das Projekt kein Forschungsvorhaben im herkömmlichen Sinne dar. In der Erhebungsphase sah die Begleitforschung einen Methodenmix vor, der neben der herkömmlichen Literatur- und Dokumentenanalyse auch kleinere Workshops, in erster Linie aber qualitative Experteninterviews mit Vertretern der Praxis (sowohl aus den Institutionen der regionalen und lokalen Ebene als auch aus den Ministerien) einschloß, um so auch die von den Akteuren in den jeweiligen Regionen wahrgenommenen Probleme und Verbesserungsmöglichkeiten zusammenzutragen und für die Landesregierung aufzubereiten.

Mit diesem diskursiven und konstruktiven Forschungsverfahren sollte zugleich eine Reflexion über das innovative Potential der Regionalisierungspolitik eingeleitet werden, die in einer Prüfung der Verfahren auf regionaler Ebene Aufschluß darüber gibt, ob und inwieweit die in der Praxis deutlich gewordenen Umsetzungsprobleme auf konzeptionelle Schwachpunkte oder auf korrigierbare Fehlentwicklungen in der Anwendung des Konzepts verweisen.

II. Regionalberichte

Regionalbericht Niederrhein

Thomas Forth und Norbert Wohlfahrt

1 Skizze der Region

Die Region Niederrhein (NR) besteht aus der Stadt Duisburg und den beiden Kreisen
Kleve und Wesel. Dem Kreis Kleve gehören 16 Städte und Gemeinden an, darunter 8
Städte und dem Kreis Wesel gehören 13 Städte und Gemeinden an, darunter ebenfalls 8
Städte. Die Region zählte am 30.06.1990 1.243.197 Einwohner. In Duisburg waren
533.553 Menschen gemeldet, 441.833 in Wesel und 267.811 in Kleve. Eine beachtliche
Heterogenität der Region wird bereits an den Einwohnerzahlen der kreisangehöri-
gen Städte und Gemeinden deutlich. So gibt es neben einer ganzen Reihe von Gemein-
den unter 10.000 Einwohnern und Städten unter 50.000 Einwohnern, auch drei größere
Städte: Dinslaken (64.481), Moers (103.521) und Wesel (59.100).
   Die Niederrheinische IHK bildet die räumliche Klammer der Region Niederrhein.
Der DGB ist in drei Bezirke unterteilt, die im wesentlichen entlang den gebietskörper-
schaftlichen Grenzen geschnitten sind. In der Region existieren zwei Arbeitsamtsbezirke
Duisburg und Kleve/Wesel (Sitz in Wesel) und zwei Arbeitsmarktregionen, wobei zur
Arbeitsmarktregion Duisburg auch Oberhausen gehört. Die Handwerkskammer ist
regierungsbezirksweit organisiert und besitzt in der Region NR drei Kreishandwerker-
schaften (Duisburg, Wesel mit Sitz in Moers sowie Kleve-Geldern mit Sitz in Kleve).
Die Landwirtschaftskammer Rheinland (gleiche Abgrenzung wie bei den Landschaftsverbänden), die ihren Sitz in Bonn hat, besitzt in der Region zwei Kreisstellen mit Sitz in
den Städten Kleve und Wesel. Das zuständige Amt für Agrarordnung befindet sich
außerhalb der Region in der Stadt Mönchen-Gladbach. Die Region wird unterteilt
durch die "Regio Rhein-Waal" (Gesamtfläche der Kreise Kleve und Wesel) und die

"Grenzregio Rhein-Maas-Nord" (7 kreisangehörige Gemeinden und Städte des Kreises Kleve mit ca. 106000 Einwohnern - ca. 40 % - sind hier zusätzlich Mitglieder dieser Grenzregion), außerdem durchschneidet der Kommunalverband Ruhrgebiet (KVR) die Region und erfaßt Duisburg und den Kreis Wesel.

Sowohl bei den Regios, als auch stärker noch beim KVR ist klärungsbedürftig, inwieweit sich Zieldifferenzen und Aufgabenkonkurrenzen mit der Region Niederrhein entwickeln bzw. eine Koordination vorgenommen wird. Die gegenwärtige Diskussion bezieht sich insbesondere auf den KVR, dessen Funktionen auf die gesetzliche Aufgabenzuweisung beschränkt gewünscht wird. Die Stadt Duisburg präsentiert sich in ihrer Außendarstellung als niederrheinisches Oberzentrum und grenzt sich damit von dem Negativimage des Ruhrgebiets ab. Der Kreis Wesel ist nur KVR-Mitglied auf der gegebenen Gesetzesbasis; bereits während der Diskussion über die Gebiets- und Funktionalreform gab es Vorstellungen, sich vom damaligen SVR zu lösen.

2 Chronologie der Regionalisierung von Strukturpolitik

Die Vorgeschichte

Wenn das Thema weit gefaßt wird, lassen sich unter dem Stichwort "interkommunale Kooperation" retrospektiv immer schon positive Belege für Kooperation finden, so z.B. in der Infrastrukturplanung, im Bereich der Entsorgung oder bei gebietsgrenzbezogenen Vorhaben. Die Bilanz fällt aber insgesamt negativ aus. Die Gebietsreform von 1975 hat hier sicherlich einen erheblichen Teil des Kooperationsbedarfes abgebaut. Die Aufstellung des Gebietsentwicklungsplanes stellte für einige Themen, insbesondere bei der Regelung der räumlichen Bergbaufolgen für den Bereich der heutigen Region Niederrhein, einen regierungsbezirksweiten Kooperationsrahmen dar.

Dennoch wurde bereits kurze Zeit nach der Gebietsreform wieder Koordinierungsbedarf gesehen. 1978 wurde die kommunale Arbeitsgemeinschaft Niederrhein als lose Gesprächsrunde der Hauptverwaltungsbeamten der Städte Duisburg, Krefeld und der Kreise Kleve, Viersen und Wesel gegründet. Die Geschäftsführung wechselte jährlich und die Aufgabe bestand im wesentlichen darin, daß jährliche Treffen der Oberstadt- und der Oberkreisdirektoren inhaltlich vorzubereiten. 1986 kam es nach dem Wechsel der Geschäftsführung an den Kreis Kleve zum letzten Treffen der AG Niederrhein, die aber formal nicht aufgelöst wurde. Der Versuch der Zusammenarbeit gestaltete sich schwierig und muß als gescheitert angesehen werden. Während der gesamten Zeit dominierten die Eigeninteressen der einzelnen Gebietskörperschaften. Relevante Themen, die durch die AG aufgegriffen wurden, sind die Entwicklung eines Verkehrskonzepts für den Niederrhein, die Abstimmung in der Entsorgungsfrage sowie der Förderung des Tourismus. Insgesamt wurden nur geringe Kooperationserfolge erzielt. So ist es dann auch nicht verwunderlich, daß der räumliche Zusammenhang der AG bei der Abgrenzung der ZIN-Regionen keine Rolle spielte. Krefeld und Viersen gelten in ihrer Lokalpolitik als mehr in Richtung Düsseldorf orientiert.

ZIM und ZIN

Zu Beginn von ZIM und ZIN bestanden in der Region Niederrhein über den o.g. traditionellen Rahmen von interkommunaler Zusammenarbeit hinaus keine regionalen Kooperationsbeziehungen und erst recht keine Überlegungen zur regionalen Entwicklung. Vor der Beschlußfassung von ZIN (30.05.1989), hat der RP Düsseldorf für die Entwicklung regionaler Kooperation die Initiative ergriffen und Regionalkonferenzen organisiert: für die Bergischen Großstädte (Region I) am 26.01.1989, in der Region Düsseldorf/Mittlerer Niederrhein (Region II) am 10.03.1989 und für den verbleibenden Bereich des RP, die Region III am 10.08.1989. Die durch den RP gewählte regionale Abgrenzung konnte nur bei Region Düsseldorf/Mittlerer Niederrhein an bestehende Aktivitäten in der Region, die im Zuge der Vorbereitungen auf den EG-Binnenmarkt entstanden sind, anknüpfen. Die Abgrenzung der Region III führte unmittelbar auf der einberufenen Konferenz zur Kritik. Die Region III wurde im Anschluß an diese Kritik entlang den Grenzen der beiden Industrie- und Handelskammern in die Regionen Niederrhein und Mülheim/Essen/Oberhausen (MEO) geteilt. Zu diesen Regionalkonferenzen waren jeweils umfassend die regionalbedeutsamen lokalen Akteure geladen. Der RP begriff seine Regionalkonferenzen als eigenständige Initiative, im Bereich der Strukturpolitik das Klima für eine regionale Kooperation zu fördern. Sein Selbstverständnis war das eines Moderators. Eine Rolle, die in den Regionen auch so gesehen und akzeptiert wurde. Die zeitliche Überlappung dieser Initiative mit ZIN irritierte einige lokale Akteure vorübergehend, die als Kritik eine Übersichtlichkeit und Kurzatmigkeit landespolitischer Aktionen konstatierten.

Die strukturpolitischen Ansätze der Zukunftsinitiative Montanregionen (ZIM) und der Zukunftsinitiative Nordrhein-Westfalen (ZIN) werden von allen Akteuren vom Grundsatz her gutgeheißen. Der Kreis Kleve war in ZIM nicht einbezogen, deswegen muß im weiteren die Ungleichzeitigkeit und Ungleichgewichtigkeit des Einbezug in gemeinsame Handlungsorientierungen von Teilregionen der Region mitgedacht werden.

Die Kritiken an ZIN beziehen sich in erster Linie auf prozedurale Aspekte wie den vorhanden Zeitdruck bei der Aufstellung der Prioritätenlisten und die nicht vorhandene Transparenz des Bewilligungsverfahrens auf seiten der Landesregierung. Als problematisch und demotivierend wird hier gesehen, daß keine Offenlegung der Kriterien (sachliche Dimension), aber auch keine Rückmeldung an die regionalen Akteure (kommunikative Dimension) stattfand. Neben der prozeduralen Kritik, gibt es eine materielle Kritik, die auf die Nichtförderung von als besonders strukturrelevant angesehenen Projekten abzielt. Eine weitere Kritik setzt prinzipieller bei der Aufhebung der räumlichen Förderprioritäten im Übergang von ZIM zu ZIN an.

Konstitution der Region

Die räumliche Abgrenzung der heutigen Regionen MEO (Mülheim, Essen und Oberhausen) und Niederrhein (Duisburg, Kreis Kleve, Kreis Wesel) wurde kurze Zeit nach einer gemeinsamen Regionalkonferenz der genannten Kreise und Städte am 10.08.1989, zu der der Regierungspräsident Düsseldorf eingeladen hatte, von den Beteiligten, wenige Tage nach dem Kabinettbeschluß zu ZIN, festgelegt. Gegen die größere Region mit Namen "Westliches Ruhrgebiet/Unterer Niederrhein" sprach vor allem die wirtschaftsstrukturelle Heterogenität, die sich auch in einer mangelnden Verflechtung und damit auch einer fehlenden gemeinsamen Handlungsgrundlage niederschlage. Diese mangelnde Identität wurde bei den Vorbereitungen zu und auf der Konferenz ausführlich thematisiert. Die Konferenz tagte in dieser Zusammensetzung nur einmal. Wie in den anderen ZIN-Regionen dienten die Gebietsgrenzen der beiden IHK-Bezirke, die 1977 anhand von Verflechtungsanalysen neu bestimmt wurden, als Kriterium der Neuabgrenzung.

Aber auch die Region Niederrhein stellt mit den Kreisen Kleve und Wesel sowie der Stadt Duisburg eine in besonderer Weise heterogen strukturierte Region dar.

Der Kreis Kleve ist ein flächengroßer Kreis, der von seiner strukturpolitischen Ausrichtung und seiner historischen Entwicklung her weniger auf das Oberzentrum Duisburg ausgerichtet ist und insbesondere in seinem nördlichen Teil starke Verbindungen
zu den niederländischen Grenzstädten aufweist. Insgesamt beträgt die gemeinsame
Grenze des Kreises Kleve mit den Niederlanden 138 km. Der südliche Teil des Kreises
Kleve ist dagegen stärker nach Duisburg, aber auch nach Krefeld orientiert. Zu Krefeld
bestehen starke arbeitsmarktliche Verflechtungen (Bayer Uerdingen); die Stadt bietet
aber auch attraktive Einkaufsmöglichkeiten. Es wird jedoch häufiger betont, daß die
Standortpräferenzen der Konsumenten sich in den letzten Jahren verändert hätten. Ein
entsprechende Untersuchung liegt aber nicht vor.

Der Kreis Wesel ist insgesamt für das Ruhrgebiet untypisch strukturiert. Er unterteilt
sich in eine eher landwirtschaftliche Zone (an Kleve angrenzend) und in eine noch vom
Bergbau dominierte Zone. Außerdem stellt sich die Flächenengpaßproblematik nicht so
dramatisch dar wie im Ruhrgebiet. Der Kreis Wesel ist stärker auf Duisburg orientiert
als der Kreis Kleve, aber auch hier sind starke arbeitsmarktliche Verflechtungen zu
Krefeld und zum Kreis Viersen vorhanden.

Die Stadt Duisburg ist das Oberzentrum der Region. Die Einbindung in das Ruhrgebiet, insbesondere nach Mülheim und Oberhausen ist ausgeprägt. Sehr starke wirtschaftliche und arbeitsmarktliche Verflechtungen, insbesondere des Duisburger Südens,
bestehen aber auch mit der Stadt Düsseldorf. Betont wird auch immer wieder die kulturelle Kooperation beider Städte (z.B. die Deutsche Oper am Rhein und neuerdings die
gemeinsame Werbung der Rheinstädte für ihre Kulturveranstaltungen).

Alternativen zur regionalen Abgrenzung

Die vorhandene regionale Abgrenzung wird zwar insgesamt als eine handlungsfähige
Grundlage angesehen und insbesondere als ein Fortschritt gegenüber dem vorigen
Zuschnitt der Region, in dem die Städte Essen, Mülheim und Oberhausen einbezogen
waren, doch gibt es auch Kritiken und Alternativvorstellungen im Hinblick auf den
jetzigen Zuschnitt der Region.

Eine Kritik bezieht sich darauf, daß diese Region angesichts des europäischen
Binnenmarktes zu klein geschnitten ist und strukturpolitisch kaum gemeinsame Handlungsfelder aufweisen. Hier wird als Alternative vorgeschlagen, die Region auf den

Einzugsbereich des Regierungspräsidenten Düsseldorf hin zuzuschneiden. Eine andere Alternative bezieht sich auf die Nichtberücksichtigung vorhandener arbeitsmarkt- und beschäftigungspolitischer Verbindungen. Dies betrifft in erster Linie die in den Kreisen Kleve und Wesel vorhandenen Beziehungen zu Krefeld und Viersen. Anstelle der bestehenden gebietskörperschaftlichen Strukturen wird hier ein Regionalkreis unter Einbezug der genannten Kommunen als Möglichkeit genannt.

Insbesondere im nördlichen Teil des Kreises Kleve (Emmerich und Kleve) werden verstärkt Anstrengungen der Wirtschaftsförderung im Hinblick auf eine Zusammenarbeit mit den holländischen Städten Nimwegen und Arnheim unternommen. An die "Regio Rhein-Waal" anknüpfend wird die Möglichkeit gesehen, mit den Niederlanden zu einer verstärkten regionalen Kooperation zu kommen. Auf niederländischer Seite bestehen z.T. ausgeprägte Leitvorstellungen und Konzepte bezogen auf ihre östlichen und südlichen Landesteile, u.a. zur Entwicklung der logistischen Infrastruktur und von Touristikzentren. Von besonderem Gewicht sind die Zielvorstellungen für den "Knooppunt Arnhem-Nijmegen" (Stichwort: "het kan"), der den Nordostbereich des niederländischen Städterings (stedenring) bildet. Hier soll ein großes Güterumschlagszentrum in Kombination mit den dortigen Häfen entstehen. Die niederländische Planung stellt eine Reaktion auf den EG-Binnenmarkt dar und betont grenzüberschreitende Zusammenhänge. Zur Verstärkung der grenzüberschreitenden Zusammenarbeit wünscht der Kreis Kleve, den Beitritt der Region Niederrhein mit Duisburg und den bisher nicht einbezogenen Kreisgebieten in die Regios.

Die vorhandene regionale Abgrenzung ist vor allem deswegen als stabil anzusehen, weil die in dem Prozeß der Regionalisierung der Strukturpolitik zusammengekommenen Partner zur Weiterführung dieses Prozesses eine stabile Struktur wünschen und zudem andere regionale Abgrenzungen, die räumliche "Zerschneidungsproblematik" letztlich nur verändern, aber nicht umgehen.

Chronologie der regionalisierten Strukturpolitik im Überblick

10.08.1989
Regionalkonferenz "Westliches Ruhrgebiet/Unterer Niederrhein". Sie tagte in dieser Abgrenzung nur einmal und wurde später entlang der IHK-Bezirksgrenzen zweigeteilt in die Regionen "Niederrhein" und "Westliches Ruhrgebiet".

06.11.1989
Erstes Arbeitstreffen zwischen den Hauptverwaltungsbeamten und dem IHK-Hauptge-
schäftsführer in der Region "Niederrhein". Es werden zwei Arbeitskreise "Regionales
Marketingkonzept" und "Aktivierung von Tourismus und Fremdenverkehr" verabredet.

10.01.1991
Vorstellung einer gemeinsamen PR-Konzeption und -Kampagne für den Standort
"NiederRhein" sowie eine Broschüre "Neue Zeichen für die Weltwirtschaft. Am Nie-
derRhein"
Bekanntgabe des baldigen Starts der Regionalkonferenz.

1. Märzhälfte 1991
Öffentliche, stark kontroverse Diskussion um die Legitimation der Regionalkonferenz
und die Aushöhlung der kommunalen Selbstverwaltung in Duisburg.

28.05.1991
Erste Zusammenkunft der Niederrhein-Konferenz.

Die Erstellung des "REK" soll auf der Grundlage der Kreisentwicklungskonzepte "Wesel
2000" und "Kleve 2000" und der Fortschreibung von "Duisburg 2000" durch einen externen Gutachter (Universität Duisburg) erfolgen.

November 1991
Bekanntgabe des Einbezugs der Region Niederrhein in den "Handlungsrahmen Kohlegebiete". Einbezogen ist ein Teilgebiet der Region, bestehend aus den 7 Rechar-Ge-
meinden des Kreises Wesel (Moers, Kamp-Lintfort, Neukirchen-Vluyn, Rheinberg,
Dinslaken, Hünxe und Voerde) und einem Teilgebiet des Duisburger Nordens.

29.11.1991
Konferenz der Landesregierung in der Region Niederrhein in Rheinhausen.

15.01.1992
1. Beratungsrunde zum Handlungsrahmen Kohlegebiete unter Beteiligung des
Oberkreisdirektors Wesel, der Gemeindedirektoren, des Rektors der Universität und
der Kammer auf Grundlagen, die zuvor von kurzfristig einberufenen Arbeitskreisen zu
den Themen Flächen, Verkehrsinfrastruktur, Technologie und Innovation sowie Qualifizierung erarbeitet wurden. Die bisherigen Ergebnisse sollen auf den Konferenzen am
23.01. und 30.01.1992 präsentiert werden.

23.01.1992
2. Niederrhein-Konferenz: Mündliche Präsentation des REK durch den Gutachter.
Verabredung eines Verfahrens- und Zeitplans. Beschlußfassung, daß das REK nur in
einer vom Regionalen Lenkungsausschuß modifizierten Fassung veröffentlicht wird.

Präsentation der bisher gemeinsam verabredeten Projekte für den Handlungsrahmen Kohlegebiete durch den Hauptgeschäftsführer der IHK Pieper.

30.01.1992
"Zukunftsrunde Kamp-Lintfort - Aufbruch zum Durchbruch" der Landesregierung in der Region Niederrhein.

06.02.1992
2. Beratungsrunde für den Handlungsrahmen Kohlegebiete.

20.03.1992
In einer größeren regionalen Abstimmungsrunde werden die im "Handlungsrahmen Kohlegebiete" anzumeldenden Projekte beraten und beschlossen.

31.3.1992
Das REK liegt dem Arbeitskreis "Regionales Entwicklungskonzept des Lenkungsausschusses zu in einer noch unvollständigen Fassung vor. Der AK erarbeitet die endgültige Fassung für den Lenkungsausschuss. Gegenüber der Planung der zweiten Niederrhein-Konferenz ist damit eine deutliche Zeitverzögerung eingetreten.

geplant:

Anfang Mai 1992
Vorlage einer modifizierten Version des REK durch den Regionalen Lenkungsausschuß.

Bis Mitte Juni 1992
Beratung des REK in den kreisangehörigen Gemeinden, die Ergebnisse sollen bis zum 15.06.1992 den Kreisen vorliegen. Die im Kreis Wesel geplanten örtlichen Strukturrunden entfallen aufgrund der Zeitverzögerung.

Bis Mitte Juli 1992
Durchführung von Kreisstrukturrunden zum REK in Kleve und Wesel (25.06.1992) sowie einer erweiterten Duisburg-Konferenz. Im Kreis Kleve soll das Kreisentwicklungskonzept parallel beraten werden.

13.10.1992
Die 3. Niederrhein-Konferenz soll sich mit dem dann aktuellen Stand des Regionalen Entwicklungskonzepts befassen.

Nov./Dez. 1992
Beschlußfassung in den Räten der Stadt und der Kreise.

3 Analyse der Regionalisierung von Strukturpolitik

3.1 Entscheidungsstrukturen und -verfahren

Die Bildung des Lenkungsausschusses

Nachdem in der Zukunftsinitiative Nordrhein-Westfalen (ZIN) keine neue Förderrunde eingeleitet wurde, sondern für die Weiterführung der Regionalisierten Strukturpolitik die Erstellung von Regionalen Entwicklungskonzepten (REK) nach der Regierungserklärung vom 15.08.1990 den Regionen mit Kabinettbeschluß vom 16.10.1990 (Ausgestaltung der regionalen Strukturpolitik/Handlungsempfehlungen) vorgegeben wurde, wurde in der Region Niederrhein die derzeitige formale Kooperationsstruktur für die Region festgelegt. Die Vorabsprachen erfolgten am 06.11.1990 in einer Gesprächsrunde der Hauptverwaltungsbeamten und des IHK-Hauptgeschäftsführers. Dieser Personenkreis bildete den später ins Leben gerufenen regionalen Lenkungsausschuß. Aus diesem Gespräch heraus wurden zwei Arbeitskreise, der Arbeitskreis "Regionales Marketingkonzept" und der Arbeitskreis "Aktivierung von Tourismus und Fremdenverkehr" eingerichtet. Desweiteren wurde die regionale Organisationsstruktur, der Teilnehmerkreis und das Procedere vorgeklärt. Für das Regionale Entwicklungskonzept verständigte man sich auf eine Erstellung durch einen externen Gutachter, der auf der Grundlage der bereits in der Entstehung befindlichen Kreisentwicklungskonzepte für Kleve und Wesel sowie einer Fortschreibung des Konzepts "Duisburg 2000" die regionalen Entwicklungsmöglichkeiten herausarbeiten soll.

Die erste Niederrhein-Konferenz

Am 28.05.1991 trat die Niederrhein-Konferenz zu ihrer konstituierenden Sitzung in Duisburg zusammen. Die o.g. Vorabklärungen sind im wesentlichen in einer einvernehmlich beschlossenen Geschäftsordnung festgehalten. Geschäftsordnungen finden sich in den übrigen Untersuchungsregionen nicht. Eine Begründung für die Geschäftsordnung der Region Niederrhein könnte in der legitimatorischen Absicherung der starken Stellung des Regionalen Lenkungsausschusses und der Exklusivität der Regionalkonferenz bestehen.

Die Zusammensetzung der Regionalkonferenz Niederrhein ist vor allem von dem Gedanken bestimmt worden, eine Ausdehnung dieser Konferenz über den Kreis der politischen und administrativen Spitze der Region hinaus zu vermeiden. Mitglieder der Regionalkonferenz sind:
- die beiden Oberkreisdirektoren,
- der Oberstadtdirektor,
- der Präsident und der Hauptgeschäftsführer der IHK,
- ein Vertreter der Handwerkskammer,
- ein Vertreter der Landwirtschaftskammer,
- der Rektor der Universität,
- die drei DGB-Bezirksvorsitzenden,
- die beiden Arbeitsamtsdirektoren,
- die Fraktionsvorsitzenden der in den Kreistagen und dem Rat der Stadt vertretenen Parteien,
- die beiden Landräte,
- der Oberbürgermeister; insgesamt sind es 27 Personen.

Die Möglichkeit der genannten Funktionsträger, sich vertreten zu lassen, ist explizit ausgeschlossen, um die Wichtigkeit und Gewichtigkeit der Regionalkonferenz zu sichern. Von ersten Vorstellungen, auch die stellvertretenden Fraktionsvorsitzenden einzubeziehen, wurde Abstand genommen. Zum Teil wurde auch die Teilnahme der Fraktionsvorsitzenden von ihnen selbst kritisch bewertet, da die Gefahr der Vermengung von politischen und administrativen Verantwortlichkeiten gesehen wird.

Bei der Zusammensetzung der Niederrhein-Konferenz ist eine von den Empfehlungen des MWMT abweichende, d.h. restriktivere Regelung in der Region gewählt worden. Die Konferenz wird geleitet von einem Vorsitzenden und zwei Stellvertretern. Im Jahr 1991, auf der 2. Niederrhein-Konferenz auf 1992 ausgedehnt, soll der Vorsitz vom Duisburger Oberbürgermeister geführt werden, danach soll der Vorsitz von den Landräten und dem Oberbürgermeister im jährlichen Wechsel wahrgenommen werden. Die Geschäftsführung wird von der jeweiligen Verwaltung der Gebietskörperschaft, deren Repräsentant den Vorsitz hat, wahrgenommen. Die Konferenz soll mindesten zweimal jährlich zusammentreten. Die 2. Niederrhein-Konferenz wurde auf den 25.11.1991 festgelegt. Dieser Termin wurde später wegen der Regionalkonferenz des Wirtschaftsministers (29.11.1991) und der zu kurz bemessenen Zeitdauer für die Erarbeitung des Regionalen Entwicklungskonzepts auf den 23.01.1992 verschoben.

Der Regionalkonferenz vorgelagert ist ein regionaler Lenkungsausschuß, der sich aus den beiden Oberkreisdirektoren, dem Oberstadtdirektor und dem Hauptgeschäftsführer der IHK zusammensetzt. Für diese Begrenzung der Zusammensetzung des Lenkungsausschusses, in dem die Gewerkschaft im Gegensatz zur IHK nicht vertreten ist, spricht die räumliche Klammerfunktion der IHK, die Balance zwischen den Gebietskörperschaften sowie die Integration der IHK-Mitglieder. Eine explizite Begründung gegen den DGB wurde nicht formuliert. Die Aufgabe des Lenkungsausschusses ist es, die Regionalkonferenzen vorzubereiten und die Tagesordnung festzulegen. Zur inhaltlichen Vorbereitung der Konferenzen ist der Lenkungsausschuß berechtigt Arbeitskreise aus den Verwaltungen einzurichten. Eine wesentliche Rolle ist dem Lenkungsausschuß in Konfliktfällen bei der Beschlußfassung über Beratungsergebnisse der Regionalkonferenz in den parlamentarischen Gremien der Kreise oder der Stadt zugedacht. In einem solchen Falle soll der Lenkungsausschuß versuchen, eine für alle drei Gebietskörperschaften tragfähige Kompromißformel zu finden; der Ausschuß entscheidet frei, ob er die Regionalkonferenz einbezieht oder nicht. Ein gebildeter Fond für gemeinsame Projekte (Werbematerialien, Regionskarte, Arbeitsunterlagen der Regionalkonferenz) in Höhe von 200.000 DM wird vom Lenkungsausschuß und nicht von der Regionalkonferenz eingesetzt. Die Summe wird zu gleichen Teilen von den Mitgliedern des Lenkungsausschusses aufgebracht. Eine weitere Funktion des regionalen Lenkungsausschusses scheint in einer möglichen Rolle als Selektionsinstanz für die Regionalkonferenz zu bestehen.

Neben dem Lenkungsausschuß sind insgesamt vier Arbeitskreise eingerichtet worden und zwar die beiden o.g. Arbeitskreise sowie ein weiterer zum Thema REK, der unter der Leitung der IHK tagen wird und ein weiterer Arbeitskreis Niederrhein, der Koordinierungsaufgaben für den Lenkungsausschuß wahrnehmen soll. Erste Termine der neuen Arbeitskreise waren ab Ende September 1991 vorgesehen. Zur Diskussion in der Niederrhein-Konferenz sollten die Themen "Abfallwirtschaft" und "Öffentlicher Personennahverkehr" vorbereitet werden.

Der Auftrag für die Erstellung des Regionalen Entwicklungskonzeptes wurde auf der Konferenz an Prof. Blotevogel (Universität Duisburg) vergeben, so daß die Arbeiten an der Konzeption unmittelbar an die Konferenz anschließend aufgenommen werden konnten. Vorabsprachen liefen bereits einige Monate vorher, in der Zeit konnte auch ein Förderantrag an das Land für das Haushaltsjahr 1990 gestellt werden. Die Kosten für das REK werden zu 50% vom Land bezuschußt, die verbleibenden 50% teilen sich

die beiden Kreise und die Stadt zu gleichen Teilen. Der Entwurf der Konzeption sollte bis zum 15.10.1991 vorliegen und die Arbeiten bis zum 15.12.1991 beendet sein und schließlich den Mitgliedern der Regionalkonferenz zugeleitet werden. Auf Grund dieser engen Terminierung sollte auf folgende Vorarbeiten zurückgegriffen werden, die zum Teil aber noch nicht vorlagen:
- Fortschreibung "Duisburg 2000" (September 1991),
- Kreisentwicklungskonzepte "Kleve 2000" (1. überarbeitete Fassung: Mai 1991, Beschlußfassung: Febr. 1992) und "Wesel 2000" (März 1991),
- der Bericht der Mikat-Kommission,
- das "Grenzüberschreitende Entwicklungskonzept Regio Rhein-Waal" (Mai 1990).

Das Konzept sollte keine umfassende Strukturbeschreibung mehr liefern, sondern eine kurzgefaßte Strukturanalyse, in der die Stärken und Schwächen der Region aufgezeigt werden. Als Hauptthemen des Gutachten wurden benannt:
- die Beschreibung und Rahmenbedingung der Region,
- die Strukturanalyse nach Potentialen und Restriktionen,
- das Regionale Leitbild,
- die regionalpolitischen Handlungsfelder.

Im auf der Konferenz vorgelegten Gliederungsentwurfs des Gutachters wurde insbesondere das Thema "Regionales Leitbild" ambitioniert angegangen. Dem Leitbild sollte eine "höhere, umfassendere Qualität zugemessen" werden als in bisher vorliegenden anderen Entwürfen. Es sollte ein einziges Leitbild mit einem "unverwechselbaren Standortprofil" skizziert werden, daß "zugleich als visionärer Anknüpfungspunkt für Identifikations- und Imagebildungsprozesse dienen" sollte. Das Leitbild sollte auf jeden Fall über den "üblichen Standortqualitätenmix" hinausgehen. Eine praktische Umsetzung der Leitbildkonzeption sollte durch zugeordnete Handlungsfelder gewährleistet werden, auf deren Grundlage wiederum erst Projekte und Maßnahmen entwickelt und Prioritäten gesetzt werden könnten.

Als Selbstverständnis der Wissenschaft wurde festgehalten, daß der Gutachter die Erarbeitung des Konzeptes nicht primär als wissenschaftliche Aufgabe verstehe, sondern die Notwendigkeit sehe, das Konzept im Konsens mit der Region zu entwickeln. Eine ständige Rückkopplung mit den Mitgliedern der Niederrhein-Konferenz und mit anderen regionalen Akteuren wurde vorgesehen.

Heftige Kritik ist in der Region an den prozeduralen Implikationen der Handlungsempfehlungen (Kabinettbeschluß vom 16.10.1990) geübt worden. Diese bezieht sich zum einem auf die "Beschlußfähigkeit" der Regionalkonferenz, zum anderen auf die Funktion der regionalen Entwicklungskonzepte, hinsichtlich ihrer strukturpolitische Bindungswirkung.

Im Hinblick auf das Verfahren der Abstimmung über das regionale Entwicklungskonzept ist in der Region ein Vorgehen beschlossen worden, das nicht nur eine Beratung und Empfehlung zu den Regionalen Entwicklungskonzepten durch die beiden Kreistage und den Rat der Stadt Duisburg vorsieht, sondern diesen Gremien auch die Möglichkeit der eigenen Gestaltung und Modifizierung und der letztendlichen Beschlußfassung einräumt. Die Gestaltungsmöglichkeiten werden analog dem ZIM-Verfahren gewünscht. Diese regionale Auffassung, die sehr deutlich formuliert wurde, wurde in einem Gespräch in Düsseldorf vom Wirtschaftsministerium akzeptiert. Parallel dazu fand von Seiten des Landeskabinetts eine Klarstellung zugunsten der Beschlußfassung über die Regionalen Entwicklungskonzepte durch die jeweiligen Räte statt. Skeptisch wird in diesem Zusammenhang auch eine endgültige Beschlußfassung durch die Bezirksplanungsräte beurteilt, aber eine Einspeisung in die Beratungskompetenz des Bezirksplanungsrates auf der Grundlage eines von den Kreistagen und dem Stadtrat beschlossenen regionalen Entwicklungskonzeptes wird als sinnvoll angesehen.

Die Funktion der Regionalkonferenz wird einheitlich als die eines Beratungs- und Empfehlungsorgans aufgefaßt, wobei diese wesentlich darauf reduziert bleibt, eine lockere Abstimmungsaufgabe zwischen den Kreisen und der Stadt Duisburg wahrzunehmen. Negativ wird insbesondere von den Hauptverwaltungsbeamten der hohe Abstimmungsaufwand gesehen, der mit der Regionalkonferenz verbunden sei. Angesichts der Tatsache, daß die Fördertöpfe und zur Verfügung stehenden Ressourcen immer geringer werden, wird dieses Verfahren zudem als ineffektiv eingeschätzt. Hiermit zusammenhängend wird auch die eingeschränkte inhaltliche Kompetenz der Regionalkonferenz kritisiert. Aufgrund der Tatsache, daß das Land sich nicht an die Beschlußfassung dieser Gremien binde (ressortbestimmte Prioritätenfestlegung) und die Ergebnisse des regionalen Handlungskonzepts "lediglich zur Kenntnis nehme", wird die inhaltliche Gestaltungsfähigkeit der Regionalkonferenz insgesamt als gering beurteilt. Wie bereits im ZIN-Verfahren, ist es den Ressorts möglich, quer zu den gemeinsam getragenen Voten aus der Region Bewilligungen zu befürworten oder Projektanträge zu blok-kieren. Diese Einschätzung trifft noch verstärkt für die Möglichkeit zu, Anträge für die gleichen Programme aus der Region heraus, an den regionalen Gremien vorbei, direkt an die Ressorts zu richten.

Ein weiterer wichtiger Faktor ist in diesem Zusammenhang die Einbindung der Kom-munen in den Prozeß der Regionalisierung: Der Kreis Kleve und der Kreis Wesel um-fassen kreisangehörige Gemeinden und Städte mit einer Einwohnerzahl, deren poli-tisch-administratives Gewicht (Größenklasse, zentralörtliche Funktion, etc.) sehr unter-schiedlich ist. Ihre bisherige Einbindung erfolgte während ZIN über örtliche Struktur-konferenzen (1989) und bei der Entwicklung der Kreisentwicklungspläne ebenfalls über örtliche Strukturkonferenzen (1990). Einen Einbezug in die neuen regionalen Gremien gibt es nicht und dies wird auch aufgrund des eigenen Potentials unterschiedlich bewer-tet.

Aufgrund des zeitlich unterschiedlichen Einbezugs in die regionalisierte Strukturpoli-tik lassen sich auch Ungleichzeitigkeiten in der Aufnahme der landespolitischen Impulse zur Erstellung von regionalen Entwicklungskonzepten feststellen. So waren Duisburg und Wesel bereits in ZIM einbezogen und aufgrund der "Aufbruchstimmung" in Duis-burg seit dem Rheinhausen-Konflikt gab es hier einige Erfahrungen mit auf gesellschaft-liche Kooperation angelegten Konferenzstrukturen. In den beiden Kreisen entstand erstmals durch ZIN die Möglichkeit zu einem Kreisentwicklungskonzept. Sowohl bei dem Entwicklungskonzept Kleve als auch dem Entwicklungskonzept Wesel teilen sich der Kreis und die kreisangehörigen Gemeinden die Kosten jeweils zur Hälfte. Hierfür ist den kreisangehörigen Gemeinden ein stadtspezifisches Konzept zugesagt worden, das getrennt von dem Gesamtgutachten den einzelnen Kommunen zur Verfügung gestellt wird. Im Verfahren der Erstellung der Entwicklungskonzepte sind die Kommunen dahingehend beteiligt worden, daß ihnen durch das Planungsbüro ein Fragebogen zugesandt wurde, der Auskünfte zu den Entwicklungsplanungen der einzelnen Kommu-nen enthielt und der in den einzelnen Kommunen ausgefüllt wurde. In einem zweiten Schritt wurden in örtlichen Strukturrunden (ohne politische und gesellschaftliche Betei-ligung) die Kommunen mit den ihr Gebiet betreffenden Aussagen des Gutachtens konfrontiert. Trotzdem ist insbesondere im Kreis Kleve heftige Kritik von den Kommu-nen an dem Verfahren der Erstellung des Entwicklungskonzeptes geübt worden, da dieses mit einem erheblichem Zeitdruck verbunden gewesen sei, der es den Kommunen unmöglich gemacht habe, ihre Vorstellungen, Entwicklungspläne, Leitideen, etc. angemessen in die Erarbeitung des Entwicklungskonzeptes durch das Planungsbüro einzubringen. Betont wird, daß die Kommunen ihr statistisches Material und ihre vorhandenen, bekannten Entwicklungsvorstellungen einbringen konnten, das Büro aber auch nach der jeweiligen Besprechung dieses nur reproduziert habe. In der Kritik an dem Planungsbüro wird i.d.R. auch auf die gleichen Erfahrungen bei der Erstellung des Entwicklungskonzeptes für die Regio Rhein-Waal verwiesen. Es wird insgesamt die Kritik geäußert, daß die Kreisentwicklungskonzepte lediglich eine Kumulation kommunaler Vorstellungen darstellen und eine Integration weder auf Kreisentwicklungsziele noch auf strukturwirksame Prioritätensetzung erfolgt sei. Es handele sich bei den vorliegenden Entwicklungskonzepten lediglich um eine Addition der diversen und nicht abgestimmten Entwicklungsvorstellungen, ohne innovative Ideen seitens des Planungsbüros.

Kritisiert wird in diesem Zusammenhang ebenfalls die Unmöglichkeit, die kommunalen Räte mit den jeweiligen Entwicklungsvorstellungen zu befassen und dementsprechend die geringe Möglichkeit auch auf der Ebene des Kreistages, eine Abstimmung zwischen stadtbezogenen Entwicklungsvorstellungen und den Entwicklungsvorstellungen des Kreises herbeizuführen. Da der Kreis gegenüber den Gemeinden als kommunalen Gebietskörperschaften keine Entwicklungskompetenz besitzt, wird ein Verfahren, das die einzelnen Gemeinderäte an der Abstimmung über das regionale Entwicklungskonzept beteiligt, auf der Ebene des Kreises als problematisch wegen der damit einhergehenden Gefährdung der kommunalen Selbstverwaltung angesehen.

Ein wichtiger Aspekt ist, daß die Beteiligung der kreisangehörigen Kommunen und Gemeinden jedoch auch im Kontext der ZIN-Runde (1989) gesehen werden muß. Hier gab es bspw. in allen 13 Gebietskörperschaften des Kreises Wesel örtliche ZIN-Konferenzen, die vorrangig auf die Verständigung zwischen den beteiligten gesellschaftlichen Gruppen über Projektprioritäten abzielten; dasselbe gilt für Kleve. In diese Konferenzen waren seitens der Politik die jeweiligen Fraktionsvorsitzenden einbezogen. Die Gemeinderäte befaßten sich anschließend mit den Ergebnissen und stimmten ohne nennenswerte gestalterische Aktivitäten zu entwickeln zu. Diese Phase ist einerseits von materieller Bedeutung für die derzeitige Erarbeitung des regionalen Entwicklungskonzepts Niederrhein, andererseits auch bedeutsam für die Orientierung der lokalen Akteure auf regionale und kooperative Denkmuster. Inwieweit hier aufeinander aufbauende Entwicklungen eingetreten sind oder der Zusammenhang jeweils wieder verloren ging, kann im Rahmen dieser Untersuchung nicht geklärt werden, da ohne eine Analyse auf

45

der Ebene Projektentwicklung und -implementation nur spekulative Aussagen möglich sind.

Besondere Aspekte des Regionalisierungsprozesses im 2. Halbjahr 1991

Das zweite Halbjahr 1991 ist in der Region Niederrhein geprägt durch die Arbeit am Regionalen Entwicklungskonzept und durch die Regional-Konferenz des Wirtschaftsministers im November 1991.

Mit Beschluß der ersten Niederrhein-Konferenz konnten die Arbeiten am REK durch den externen Gutachter Prof. Blotevogel aufgenommen werden. Die Grundlage des REK sollten die drei Teilkonzepte, die Kreisentwicklungskonzepte von Kleve und Wesel und das Konzept "Duisburg 2000" bilden. Der Auftrag bestand aber nicht darin, die drei Einzelkonzepte zu einem formal einheitlichen, aber sachlich additiven Regionalpapier zusammenzuführen, sondern mittelfristige regionale Entwicklungsvorstellungen zu entwerfen. Dies hieß auch die entsprechenden lokalen Blickverengungen zu überwinden. Vom zeitlichen Ablauf war geplant, daß ein erster Entwurf des Regionalen Entwicklungskonzeptes im Herbst 1991 vorgelegt und in der zweiten Niederrhein-Konferenz Ende 1991 beraten werden sollte, bevor er anschließend den parlamentarischen Gremien der drei Gebietskörperschaften zur Beschlußfassung vorgelegt werden sollte. Dieser sehr knapp bemessene Zeitrahmen schien durch die Vorarbeiten der Teilkonzepte plausibel. Aber bereits im Spätsommer 1991 wurde deutlich, daß der von der ersten Regionalkonferenz zur Kenntnis genommene Gliederungsentwurf von Prof. Blotevogel nicht in der durchgängig geplanten Intensität abgewickelt werden konnte, sondern Schwerpunkte gesetzt werden mußten. Die Abstimmungen in dieser Phase fanden mit dem regionalen Lenkungsausschuß und dem Arbeitskreis "Regionales Entwicklungskonzept" (unter dem Vorsitz der IHK) statt. Von den Kommunalverwaltungen der Stadt und der Kreise wurden die sie betreffenden Teile des Gutachtens zudem gegengelesen. Vertreter gesellschaftlicher Gruppen wurden nicht systematisch einbezogen. In einigen Fällen kam es jedoch zu Gesprächen zwischen dem Gutachter und Vertretern gesellschaftlicher Gruppen, die z.T. ihre Vorstellungen schriftlich mitteilten. Der Zeithorizont für die Vorlage des ersten Gesamtentwurfs des REK verschob sich deutlich. Die durch die Konferenz des Wirtschaftsministers notwendig gewordene Verschiebung der Niederrhein-Konferenz kam somit nicht ungelegen, schließlich wurde sie auf den 23. Januar 1992 terminiert. In einem Gespräch am 13.Januar 1992 zwischen dem Gutachter und dem regionalen Lenkungsausschuß Anfang Januar 1992 wurde festgelgt, daß das Gutachten auf der zweiten Niederrhein-Konferenz nur mündlich vorgetragen wird, die endgültige Fassung aber dem regionalen Lenkungsausschuß, aber nicht - wie ursprünglich geplant - der Regionalkonferenz Ende Februar 1992 zugehen soll.

Die Konferenz des Wirtschaftsministers fand am 29.November 1991 in der Rheinhausenhalle in Duisburg statt. Ihr Stellenwert ist angesichts der Diskussionspunkte zwischen Wirtschaftsministerium und Region für die Region insgesamt positiv zu bewerten. Zum einen bot die Konferenz der Region in dieser Phase, die Möglichkeit den Regionalisierungsprozeß stärker in das Bewußtsein der regional relevanten Akteure zu verankern, zum anderen aber auch den regionalorientierten Handlungsbedarf sichtbar werden zu lassen. Dies muß vor dem Hintergrund gesehen werden, daß in den Regionalisierungsprozeß dieser Region bislang nur verhältnismäßig wenige Personen involviert wurden und daß die Region Niederrhein erst wenige Tage vor dieser Konferenz in den Handlungsrahmen Kohlegebiete aufgenommen wurde. Auf der Konferenz wurde auch deutlich, daß der Selbstfindungsprozeß der Region noch nicht abgeschlossen ist. So wurde beispielsweise vom DGB, die Einbeziehung in den regionalen Lenkungsausschuß angemahnt. Andererseits zeigte sich aber auch, daß der Niederrhein sich als Region selbstbewußt artikuliert und handelt; dies sollte im Verhältnis Wirtschaftsministerium-Region nicht als Abwehrhaltung gegenüber dem Regionalisierungsansatz gewertet werden. Die auf der Konferenz zwischen RP und Region strittige Frage des zur Regionalisierung notwendigen Zeitbudget stellt sich in jeder Region anders. Neben der Präsentation der Probleme in der Region nahm die Frage der Weiterführung der Regionalisierten Strukturpolitik einen breiten Raum ein. Insbesondere für den Umgang mit dem REK Niederrhein unterstrich der Duisburger Oberstadtdirektor, daß neben dem REK auch die Teilentwicklungskonzepte in die Beratungen der Landesregierung eingehen müßten. Zusammenfassend läßt sich festhalten, daß die Konferenz in "atmosphärischer" Hinsicht eine stabilisierende Rolle beizumessen ist.

Die zweite Niederrhein-Konferenz

Die zweite Niederrhein-Konferenz fand am 23.Januar 1992 statt. Die Hauptthemen dieser Konferenz waren die Vorstellung der bisherigen Arbeiten zum REK, die Festlegung des weiteren Regionalisierungszeitplans und die Präsentation der bisherigen Arbeitsergebnisse für den Handlungrahmen Kohlegebiete.

Betrachtet man zunächst den Zeitrahmen für die weitere Erarbeitung und Diskussion des Regionalen Entwicklungskonzeptes, so weist der neu anvisierte Zeithorizont beträchtlich über die ursprünglichen Vorstellungen der Landesregierung hinaus, allerdings mit expliziter Zustimmung des MWMT. Nach der Abgabe des Gutachtens von Prof. Blotevogel (Februar 1992) beabsichtigt der regionale Lenkungsausschuß, das Konzept im März zu überarbeiten und anschließend in die Region weiterzuleiten. Bis Mitte Juni ist die Beteiligung der kreisangehörigen Gemeeinden und Städte geplant. Mitte Juli sollen in Kleve und in Wesel je eine Kreisstrukturrunde sowie in Duisburg eine erweiterte Duisburg-Konferenz wie bei ZIN stattfinden. Für Anfang September ist die Beratung im Regionalen Lenkungsausschuß und für den 13.Oktober 1992 die dritte Niederrhein-Konferenz geplant. Im November bzw. Dezember sollen dann die Kreistage Kleve und Wesel und der Rat der Stadt Duisburg entscheiden. Voraussichtlichtlich, d.h. wenn kein weiterer Abstimmungsbedarf erforderlich wurde, wird das REK dann Ende des Jahres 1992 dem Bezirksplanungsrat und dem RP zugeleitet. Die im weiteren Procedere vorgesehene Nichtveröffentlichung der Gutachterfassung des REK ist in der Konferenz auf die Kritik der Grünen gestoßen. Aber auch andere Mitglieder der Regionalkonferenz kritisieren dieses Verfahren. Diese Frage wurde auch in der örtlichen Presse kritisch kommentiert.

Bei der Diskussion der verbal präsentierten Arbeitsergebnisse für das REK sind zwei Aspekte hervorzuheben:

1. Es liegt zwischen Gutachter und Regionalkonferenz eine unterschiedliche Akzentuierung in der Flächen- und Verkehrspolitik vor. In der Gesamtbetrachtung dominiert in der Regionalkonferenz eine angebotsorientierte Flächenmobilisierungsstrategie, die gerade in bedeutendem Maße auf neue, unbelastete Flächen setzt. Demgegenüber formuliert der Gutachter eine behutsamere, auf Ausgleich der Interessen ausgerichtete Position.
2. Bezogen auf die Leitbildthematik herrschte auf der ersten Niederrhein-Konferenz, eine sehr euphorische Position vor. Angeregt durch die Handlungsempfehlungen des Kabinetts wurde die Vokabel "unverwechselbares Standortprofil" mit der des Leitbildes gleichgesetzt. Die Erwartungshaltung an den Gutachter war durch ihn selbst mitgetragen sehr hoch. Im Laufe der Erarbeitung des REK wurde aber erkennbar, daß eine externe Leitbildproduktion nicht möglich ist. Vielmehr wird jetzt in einem partizipativen Verfahren die Chance gesehen, ein solches Leitbild thematisch zu entwickeln, das dann vor allen Dingen auch erst die gewünschte Bindungswirkung

erreichen kann. Insofern wurde die Erwartungshaltung der Konferenzteilnehmer nicht befriedigt. Allerdings legte der Gutachter drei Leitbildelemente vor, auf deren Grundlage eine regionale Leitbilddiskussion initiiert werden kann. Die Leitbildelemente beziehen sich erstens auf die Entwicklung einer regionalen Identität "im Denken und Handeln der regionalen Akteure", die einer "Fundierung im Bewußtsein der Bevölkerung" bedürfe, zweitens auf die Entwicklung der "Standortqualität des Wirtschaftsraums" hinsichtlich der Aspekte Verkehr, Flächen, Qualifizierung, Wohnen und Freizeit sowie drittens die Entwicklung des Niederrheins unter der Perspektive eines "attraktiven Lebensraumes", der insbesondere durch ein "anregendes, weltoffenes und innovationsfreundliches soziokulturelles Klima" gekennzeichnet ist.

Die Präsentation der bisherigen Arbeitsergebnisse für den "Handlungsrahmen Kohlegebiete" auf der Niederrhein-Konferenz wurde durch den IHK-Hauptgeschäftsführer vorgenommen. Eine operative Verbindung vom "Handlungsrahmen Kohlegebiete" und der "Regionalisierten Strukturpolitik - Phase REK" ist damit aber (noch) nicht erfolgt.

Nach insgesamt zwei Niederrheinkonferenzen und einer geplanten dritten Konferenz kann resümiert werden, daß die Gestaltungsmöglichkeit der Konferenz sehr gering ist (wie vom Lenkungsausschuss geplant war). Sie stellt faktisch ein informatorisches und legitimierendes Bindeglied zwischen zwei handelnden Ebenen dar: zum einem die Ebene des regionalen Lenkungsausschuß und den Arbeitskreisen und zum anderen die Gebietskörperschaften, deren Einbezug für den Frühsommer anvisiert ist. Diese Charakterisierung zeigt einen deutlichen Unterschied zu anderen Regionen auf, in denen es auf regionaler Ebene eine höhere Zahl von Akteuren gibt, die unabhängiger an einem Regionalen Entwicklungskonzept arbeiten konnten. Die entscheidende Frage wird sein, wie sich diese unterschiedlichen Verfahren im materiellen Ergebnis nach der Diskussion in den politischen Entscheidungsgremien der Gebietskörperschaften darstellen. Die Rolle der Regionalkonferenz kann durchaus den spezifischen Regionalisierungsbedingungen angemessen sein. Ein langfristiges Festhalten an dieser Rolle wird sich aber als problematisch erweisen und zwar erstens hinsichtlich der Moderations- und Integrationskapazitäten des regionalen Lenkungsausschusses und zweitens hinsichtlich der Fähigkeit zur Erarbeitung regionaler Vorstellungen - nach Ausscheiden des externen Gutachters - aus den örtlichen Gebietskörperschaften heraus.

Weitere Entwicklungen (Stand: April 1992)

Die Zeitplanung für die Beratung des REK Niederrhein, in der Fassung des regionalen Lenkungsausschusses, hat sich gegenüber der Planung auf der zweiten Niederrhein-Konferenz verändert. Zum Zeitpunkt der Fertigstellung dieses Berichts (31.03.1992) waren die Arbeiten am REK durch den Gutachter Prof.Blotevogel noch nicht abgeschlossen. Entsprechend verzögert sich auch die Überarbeitung durch den Arbeitskreis Regionales Entwicklungskonzept, der die Fassung des regionalen Lenkungsausschuß erarbeitet. Als neuer Zeitpunkt für die Veröffentlichung des REK Niederrhein wurde Anfang Mai 1992 genannt.

Die im Kreis Wesel geplante Beratung des REK in örtlichen Strukturrunden ist wieder abgesagt worden. Damit stellt sich die Frage in welcher Form der Einbezug der kreisangehörigen Gemeinden stattfindet. Die Zeitphase für die Beratung des REK in den kreisangehörigen Gemeinden ist damit (zunächst) von drei Monaten auf knapp zwei Monate geschrumpft.

Der Handlungsrahmen Kohlegebiete

Die Region Niederrhein ist als vierte und letzte Region in den Handlungsrahmen Kohlegebiete aufgenommen worden. Allerdings sind nur Teile der Region in den Handlungsrahmen tatsächlich einbezogen. Dies sind die sieben "Rechar"-Gemeinden des Kreises Wesel (Dinslaken, Hünxe, Kamp-Lintfort, Moers, Neukirchen-Vluyn, Rheinberg und Voerde) sowie die nördlichen Stadtteile Duisburgs. Der Kreis Kleve hingegen bleibt außen vor. Für den Regionalisierungsprozeß stellt diese räumliche Unterteilung durchaus eine Belastung dar, da es nun Gebiete der Region gibt, in die Fördergelder definitiv fließen werden und Gebiete, in denen Förderung durch das Land aufgrund der Haushaltslage eher skeptisch beurteilt wird. Die von der Landesregierung beabsichtigte Verknüpfung des Handlungsrahmen Kohle mit den Regionalen Entwicklungskonzepten ist in der Region Niederrhein aufgrund des Entwicklungsstandes zumindest für die erste Förderrunde nicht durchführbar. Die Vorbereitung der Projektanträge läuft zudem in fünf eigenen Arbeitskreisen der Teilregion zu den Themen Verkehrsinfrastruktur, Flächenmobilisierung, Technologie und Innovation, Qualifizierung und später eingerichtet auch zu dem Thema Städtebau. In operativer Hinsicht gibt es zwischen Handlungs-

50

rahmen und REK noch keine Verknüpfung, wenn auch die Arbeitsergebnisse der Arbeitskreise auf der Niederrhein-Konferenz vorgestellt wurden. Es muß jedoch beachtet werden, daß es sich von der regionalen Differenzierung abgesehen um weitgehend dieselben Akteure, mit Ausnahme der Vertreter aus dem politischen Raum handelt.

Die Konferenz in Kamp-Lintfort am 30.Januar 1992 ist bezogen auf die Entwicklung von Projekten, die im Handlungsrahmen angemeldet werden sollen, zwar nur als Zwischenergebnis zu werten, aber deutlich wurden die Übereinstimmungen bei den Themen Verkehr und Flächen mit den Positionen, wie sie in der Niederrhein-Konferenz zum Thema REK vorgetragen wurden. Gerade das Thema Flächen stellte im Konferenzverlauf zwischen Landesregierung und RP einerseits und Region andererseits einen intensiven Diskussionspunkt dar. Dabei wurde der Region deutlich signalisiert (v.a. durch den RP), daß neue Flächen nur bei sog. "intelligenten Lösungen", freigegeben werden. Eine der hervorgehoben intelligenten Lösungen, die in der Region projiziert wird, liegt in der Kooperation von mehreren Gemeinden bei der Erschließung, Gestaltung und Nutzung von neuen Gewerbeflächen. In diesem Zusammenhang wird auch über die Einrichtung einer gemeinsamen Entwicklungsagentur nachgedacht. Da in der Konferenz die gesamte Region Niederrhein eingeladen war, war die teilräumliche Programmbetroffenheit Thema der Veranstaltung. Hier wurde im Rahmen des Regionalisierungsprozesses (REK) eine besondere Berücksichtigung von außerhalb des Programmgebiets liegenden, als Wohnort betroffenen Gemeinden in Aussicht gestellt. Im Gegensatz zu der Erarbeitung des REK ist der DGB prinzipiell in den Arbeitskreisen für den Handlungsrahmen Kohlegebiete vertreten.

Im Anschluß an die Konferenz wurden Probleme deutlich, die nicht auf ihr angesprochen wurden. In der örtlichen Presse des Kreises Wesel kam es zu einer Kritik an den Ergebnissen der Konferenz, die sich auf eine Dominanz der "Duisburger" Institutionen IHK und Universität bezog, wohl aber insbesondere auf den fehlenden Einbezug der politischen Akteure abzielte. Das Problem der unterschiedlichen Selektionsleistungen der so besetzten Gremien ist evident. Tatsächlich liegt hierin ein wesentlicher Unterschied zur Regionalisierten Strukturpolitik in der Region, der nur unzureichend mit dem Zeitdruck begründet werden kann.

Von einer Vernüpfung von Handlungsrahmen Kohlegebiete und REK kann für die Region Niederrhein noch nicht gesprochen werden, weder materiell noch verfahrenstechnisch. Allerdings ergeben sich aus der Problem- und Zielkonstellation heraus, Impulse und Ansatzpunkte für eine Zusammenführung. Die eigentliche Frage, die sich aber stellt, ob bei den örtlichen Diskussionen des REK Verbindungen zum Handlungsrahmen Kohlegebiete stattfinden.

3.2 Gesellschaftliche Kooperation

Die niederrheinische Industrie- und Handelskammer

Der Gesamtprozeß der Regionalisierung wird von der Industrie- und Handelskammer positiv beurteilt. Dies bezieht sich sowohl auf die formale Strukturierung der Region, die als homogener gegenüber der ursprünglichen Gebietsabgrenzung beurteilt wird, als auch auf die wirtschaftlichen Implikationen der Regionalisierung. Der Kammerbezirk, der seit 1977 existiert und mit der Region identisch ist, wurde aufgrund der bestehenden wirtschaftlichen Verflechtungen geschaffen. Kritisch wird von der IHK die Form der Institutionalisierung der Regionalisierung beurteilt, die zu einer z.T. "zwanghaften Konsensfindung" geführt habe. Abgelehnt werden in diesem Zusammenhang zusätzliche Entscheidungsgremien wie etwa die Regionalkonferenzen. Die Funktion der Regionalkonferenzen wird in der Herstellung eines Konsenses zwischen verschiedenen gesellschaftlichen Gruppen gesehen, wobei es wesentlich um öffentliche Infrastrukturmaßnahmen (Verkehr, Energie, Entsorgung, Qualifizierung) in der Arbeit dieser Konferenzen gehe, und nicht um die Förderung privater Investitionsvorhaben, die auch nicht Gegenstand einer derartigen Regionalkonferenz sein können. Die für den Konsens relevanten gesellschaftlichen Gruppen sind nach Ansicht der IHK in der Niederrhein-Konferenz vertreten. Der Einbezug von Gleichstellungsbeauftragten, Wohlfahrtsverbänden, Umweltverbänden, etc. in die Regionalkonferenz wird abgelehnt, da nicht erkennbar sei, was diese Einrichtungen sinnvolles für die regionale Entwicklung einbringen können. Gegenüber anderen Einrichtungen wie dem Landschaftsverband Rheinland oder den Kirchen wird eine punktuelle Hinzuziehung zu den diese Institutionen betreffenden Fragestellungen befürwortet. Dies bezieht sich vor allem auf die Arbeit der Arbeitskreise, aber auch auf Themen der Regionalkonferenz. Die Beteiligung der Kommunen am Prozeß der Regionalisierung wird als ausreichend definiert, da diese in die Erarbeitung der Teilentwicklungskonzepte hinreichend einbezogen gewesen seien. Ihre Beteiligung darüber hinaus würde nach Ansicht der Industrie- und Handelskammer die Arbeitsfähigkeit der regionalen Abstimmungsgremien gefährden. Das

Hinzuziehen von Unternehmen in die Niederrhein-Konferenz wird dagegen prinzipiell aus ordnungspolitischen Überlegungen abgelehnt. Mit der Industrie- und Handelskammer und dem DGB sei die Seite der Wirtschaft ausreichend in den regionalen Gremien vertreten.

Die Industrie- und Handelskammer Niederrhein nimmt insgesamt in der Region eine hervorgehobene Stellung ein. Die regionale Abgrenzung ist identisch mit dem Einzugsbereich der Kammer und diese ist an allen relevanten Arbeitsgremien der Region z.T. in Leitungsfunktion beteiligt. Diese exponierte Position wird auch daran deutlich, daß die Industrie- und Handelskammer die Moderation und Sprecherrolle für die Region bei der Konferenz der Landesregierung über den Handlungsrahmen Kohlegebiete am 30. Januar 1992 in Kamp-Lintfort übernommen hat. Diese "Moderatorenfunktion" drückt sich zusätzlich darin aus, daß die IHK eine "Filterfunktion" für die Arbeitskreise wahrnimmt, in deren Zusammenhang die Projekte, die im Handlungsrahmen Kohlegebiete umgesetzt werden sollen, eingebracht und diskutiert werden. Auch auf der Konferenz des Wirtschaftsministers für die Region Niederrhein (Einert-Konferenz) hat die Industrie- und Handelskammer in hervorgehobener Position die Entwicklungsperspektiven der Region Niederrhein vertreten und eine wichtige Funktion in der Außendarstellung wahrgenommen.

Trotz der gegenüber den regionalen Akteuren und der Regionalisierung eher zurückhaltenden Einschätzungen der Industrie- und Handelskammer wird von ihr die auf die Region bezogene Entwicklungsperspektive immer wieder nachhaltig betont. Dabei werden insbesondere die Aspekte der wirtschaftsnahen Infrastrukturentwicklung hervorgehoben, die aus Sicht der Industrie- und Handelskammer die entscheidenden Eckpfeiler der regionalen Perspektive darstellen. Insofern bilden die Themen Mobilisierung von Flächen, Verkehrsinfrastruktur, Technologie und Innovation sowie Qualifizierung die Schwerpunkte, der von der IHK immer wieder betonten regionalen Maßnahmenentwicklung. Ein Indiz des Engagements der IHK im Rahmen der regionalen Kooperation stellt auch die Tatsache dar, daß diese sich 1991 mit 50.000 DM an einem Beschluß der Kreistage Wesel und Kleve und des Rats der Stadt Duisburg beteiligte, die Aktivität der Region zu fördern. Die Kreise und die Stadt Duisburg beteiligten sich an diesem Fonds ebenfalls mit 50.000 DM.

Gegenüber dem ZIN-Verfahren, an dem die zu starke Eigenständigkeit der Beschlußfassung über die Projektförderung durch die Landesregierung kritisiert wird, wird eine stärkere Kompetenzverlagerung in die Region gefordert, die auch zusätzliche Mittel einschließen müsse. Die Perspektive der Regionalisierung wird analog zu dem Vorgehen in Rheinhausen in einer engeren Kooperation von Wirtschaft und kommunaler regionaler Politik und Verwaltung auf der regionalen Ebene gesehen, die auch zu einer stärkeren gemeinsamen Handlungsorientierung gegenüber Land und Bund führen könne.

Die Gewerkschaften

Die Gewerkschaften sind in der Region Niederrhein mit drei DGB-Kreisen vertreten, die jeweils einen Vertreter in die Regionalkonferenz entsenden. Der Politik der DGB-Kreise Duisburg und Kleve wird vor allem durch die IG-Metall, die Politik des DGB-Kreises Wesel hingegen durch die IG-Bergbau und Energie dominiert. Aufgrund der organisationsrelevanten Betriebsstruktur gibt es traditionell wenig Kooperationsbedarf. Von den Gewerkschaften wird insgesamt die Einbindung sowohl in die Zukunftsinitiative Montanregionen als auch in die Zukunftsinitiative Nordrhein-Westfalen positiv beurteilt. Dies bezieht sich sowohl auf die formale Komponente der Regionalisierung einschließlich der Institutionalisierung in Form von Regionalkonferenzen als auch auf die inhaltlichen Aspekte im Zusammenhang mit der Erarbeitung regionaler Entwicklungskonzepte. Kritisiert wird hierbei, daß die Gewerkschaften im Zuge der Erarbeitung der Entwicklungskonzepte zu gering beteiligt worden sind. Ebenfalls negativ beurteilt wird seitens des DGB die Tatsache, daß zwar die IHK im Lenkungsausschuß der Region vertreten ist, nicht aber die Gewerkschaften. Die Gewerkschaften sind auch in den regionalen Arbeitskreisen nicht vertreten. Die Tatsache, daß Gleichstellungsbeauftragte, Wohlfahrtsverbände, Umweltverbände, etc. nicht in die Regionalkonferenz einbezogen worden sind, wird demgegenüber durchaus für vertretbar gehalten. Allerdings sollten diese Organisationen stärker in die Arbeitskreise der Regionalkonferenz einbegezogen werden. Dies sollte nicht nur punktuell erfolgen, sondern auch um deren Kompetenz für die Entwicklung von Problemlösungen zu nutzen. Die Einrichtung der Regionalkonferenz wird im wesentlichen als Abstimmungs- und Konsensfindungseinrichtung und nicht als Gestaltungsorgan beurteilt, wobei die relativ starke Stellung des Lenkungsausschusses gegenüber der Regionalkonferenz als problematisch beurteilt wird. Dem entspricht auch die Kritik an der personellen Zusammensetzung der Regionalkonferenz, die insbesondere durch das starke Gewicht der Mitglieder aus dem politischen Raum und dementsprechend durch die geringe Repräsentanz kompetenter Fachleute charakterisiert sei. Auf der Ebene des Kreises Wesel war der DGB bei allen dreizehn örtlichen ZIN-Konferenzen beteiligt. Die Ergebnisse dieser Konferenzen werden sowohl für die Gemeinden als auch für die Überlegungen zu einer regionalen Strukturpolitik insgesamt als äußerst positiv beurteilt.

Aus der Sicht des DGB wird insbesondere die "Sprecher- und Führungsrolle" der IHK und die geringe Beteiligung der politischen Ebene an regionalen Initiativen (insbesondere des Handlungsrahmens Kohlegebiete) kritisch beurteilt. Dies führe zu einer einseitigen Betonung von Infrastruktur- und Wirtschaftsförderungsaspekten gegenüber der notwendigen Orientierung insbesondere auf umweltrelevante Fragestellungen. Im Hinblick auf die Erarbeitung und Diskussion des regionalen Entwicklungskonzeptes wird von seiten des DGB kritisiert, daß der Erstentwurf des Konzeptes von Prof. Blotevogel als interne Diskussionsgrundlage des Lenkungsausschusses behandelt und der Öffentlichkeit nicht zur Verfügung gestellt wird. Dies vertrage sich insbesondere nicht mit der Rolle der Industrie- und Handelskammer, die als öffentliche Institution nicht unter deren Ausschluß über die regionalen Entwicklungsperspektiven so weitgehend mitbestimmen könne. Nach Auffassung des DGB hat auch die politische Ebene zuwenig Handlungsbereitschaft im Hinblick auf die regionale Zusammenarbeit erkennen lassen. Deutlich geworden sei dies an der exponierten Rolle der Industrie- und Handelskammer auf der Kohlerunde in Kamp-Lintfort, die auch in der Presse heftig diskutiert wurde. Die Bürgermeister der kreisangehörigen Gemeinden haben diese sichtbar werdende geringe Verkoppelung mit der politischen Ebene mit erheblicher Kritik aufgenommen und Korrekturnotwendigkeiten festgestellt. Seitens des DGB-Kreises Wesel wird eine weitgehende Identifikation mit dem Teilentwicklungskonzept des Kreises festgestellt. Bezogen auf den Handlungsrahmen Kohlegebiete wird vom DGB-Wesel der Einbezug der Gewerkschaften positiv hervorgehoben. Dieses Konzept müsse weiter als Handlungsorientierung aufrechterhalten bleiben und dürfte nicht durch ein Gesamtkonzept der Region "verwässert" werden. Als Input in das regionale Entwicklungskonzept wurden vom DGB insbesondere auch gleichstellungspolitische Gesichtspunkte eingebracht, die er insgesamt als vernachlässigt in der regionalen Diskussion einstuft. Hierzu wurde eine Studie zur Situation von Frauenarbeitsplätzen in Auftrag gegeben, in der auch der diesbezügliche Bedarf erhoben werden soll. Die Ergebnisse dieser Studie sollen nach Vorstellung des DGB Bestandteil des regionalen Entwicklungskonzeptes werden.

Im Hinblick auf das Regionalbüro des Europäischen Sozialfonds, das für einen Teil des Kreises Wesel eingerichtet wurde, ergibt sich aus Sicht des dortigen DGB eine insgesamt positive Entwicklung: Das Regionalbüro wird zwar nach wie vor insbesondere wegen des langwierigen Procedere der Projektabwicklung kritisch eingeschätzt, aber dies sei weniger auf die Arbeit des Regionalbüros Teilkreis Wesel als auf die Funktion der Landesversorgungsamt (LVA) zurückzuführen, die zu nicht angemessenen Verzögerungen bei der Projektbearbeitung führt.

Auch die ursprüngliche Einschätzung der Gewerkschaften, daß die Arbeiten des Büros und der entsprechenden Regionalkonferenz des ESF in der Region nicht von allen Akteuren ernstgenommen wird, hat sich nach ihrer Einschätzung positiv verändert. Die verbleibende Kritik richtet sich insbesondere an die Kommunen und deren Bereitschaft, eigene Projekte in diesem Zusammenhang einzubringen. Davon unberührt bleibt die punktuelle Kritik an einzelnen geförderten Qualifikationsmaßnahmen, die aus Sicht der Gewerkschaft zuwenig auf Effizienz hin angelegt waren. Insgesamt steht der DGB dem bisherigen Verlauf auch des Regionalisierungsprozesses in der Region positiv gegenüber, da dieser die einzige gegenwärtig verfügbare Alternative darstellt. Ein Rückfall in eine "Kirchturmpolitik" läßt sich nach Ansicht der Gewerkschaften schon aufgrund des bisherigen Ablaufs der Regionalisierung nicht mehr vorstellen. Die Schwierigkeiten werden insbesondere an dem gewählten Verfahren der Regionalisierung festgemacht, dessen Exklusivität aus Sicht der Gewerkschaften nicht nachvollziehbar sei. Positiv bewertet wird auch die vorhandene regionale Abgrenzung, die als handhabbar und entwicklungsfähig angesehen wird. Dabei bleibt aus Sicht der Gewerkschaft weiterhin offen, inwiefern sich zwischen den beteiligten Gebietskörperschaften auch auf lange Frist eine rationelle Arbeitsteilung entwickeln kann. Dieser Prozeß wird auch davon abhängig gemacht, inwiefern die Regionalisierung durch das Land unterstützt und mit entsprechenden auch finanziellen Inputs vorangetrieben wird.

Die Entwicklung der akteursbezogenen Funktionsaufteilung in der Region

Trotz der durchgehenden gleichbleibenden Strategie im Hinblick auf die Organisation des Regionalisierungsprozesses haben sich im zeitlichen Verlauf deutliche Veränderungen der Rolle der beteiligten Akteure ergeben:

- Das Gesamtspektrum der in die regionale Kooperation einbezogenen Akteure ist breiter geworden. Dieser Effekt ergibt sich sowohl durch die Ausweitung der Arbeitskreise der Regionalkonferenz als auch durch die mit der Regionalkonferenz des Wirtschaftsministers und der anschließenden Kohle-Konferenz verbundene Ausweitung der (öffentlichen) Diskussion um regionale Zielperspektiven. Dies hat zwar bislang noch nicht zu einer Veränderung der formalen Beteiligungsmodi geführt, die erweiterte Strategie bei der Diskussion um das regionale Entwicklungskonzept läßt sich aber als Indiz dafür interpretieren, daß diese breitere Beteiligung in Zukunft auch zu organisatorischen Überlegungen über die Weiterentwicklung des Beteiligungsverfahrens führt;
- die Kooperationsintensität in der Region ist dichter geworden. Dem steht nur scheinbar gegenüber, daß die Niederrhein-Konferenz bisher lediglich zweimal zusammengetroffen ist. Inzwischen finden quer zu dieser Organisationsstruktur verschiedene Arbeitskreise und Abstimmungsrunden mit eindeutig regionalem Bezug statt, aus denen die politische Ebene bislang allerdings weitgehend ausgeschlossen ist. Es läßt sich im Hinblick auf die notwendigen Kooperationen die Tendenz feststellen, diese funktional zu organisieren und dabei den regionalen Bezug zu verstärken;
- von Anfang an hat die Industrie- und Handelskammer eine Promotorenrolle im Prozeß der regionalen Kooperation eingenommen. Diese Funktion hat sich im Verlauf des bisherigen Prozesses der Regionalisierung eher verstärkt, so daß die IHK auch in der Außendarstellung eine "Moderatoren- und Sprecherfunktion" für die Region ausübt. Diese nicht unumstrittene Rolle, die vor allem wegen der einseitigen Betonung wirtschaftsnaher Infrastrukturentwicklung kritisiert wird - wird auf absehbare Zeit durchaus als veränderbar angesehen. Insbesondere durch die Beteiligung der politischen Ebene am Prozeß der regionalen Kooperation wird eine mögliche Veränderung dieser Funktion erwartet. Bislang ist die IHK diejenige Institution, die sowohl aufgrund ihrer verfügbaren Infrastruktur als auch aufgrund ihrer Organisationsform am ehesten in der Lage ist, regionalbezogene Themen aufzugreifen und sich in den regionalen Prozeß einzubringen. Eine Veränderung der Funktion der IHK ergibt sich auch durch die Teilnahme an den Regionalkonferenzen im Rahmen des Europäischen Sozialfonds in der Teilregion Kreis Wesel, die anfangs nicht wahrgenommen wurde und die inzwischen zu einer regelmäßigen Beteiligung der IHK geführt hat;
- die mangelhafte Beteiligung einer Vielzahl von Organisation am Regionalisierungsprozeß ist nicht nur auf die exklusive Organisationsform der regionalen Zusammenarbeit zurückzuführen. Insbesondere den Organisationen des gesellschaftlichen Bereichs fehlt die regionale Orientierung und Strukturierung der Tätigkeit, so daß ein Bezug auf lokale Probleme und Entwicklungen eindeutig im Vordergrund steht. Inwieweit sich im Verlauf der zukünftigen Entwicklung diese Orientierung verändert, wird auch davon abhängen, inwieweit diesen Akteuren die (formelle) Beteiligung an regionalen Kooperationsstrukturen eröffnet wird;
- die politische Ebene hat zwar in der Diskussion um die Schaffung regionaler Organisationsstrukturen eine bedeutende Rolle gespielt, ist aber im faktischen Verlauf

insbesondere in der Erarbeitung der Kreisentwicklungskonzepte und des regionalen Entwicklungskonzeptes wenig integriert. Erste Auseinandersetzungen um die defizitären Folgen dieses Tatbestands haben sich im Zusammenhang mit dem Handlungsrahmen Kohlegebiete ergeben. Eine Aktivierung der politischen Ebene ist allerdings erst in der Diskussion des regionalen Entwicklungskonzeptes zu erwarten, in dessen Zusammenhang diese auch formal einbezogen werden.

Die Funktionsaufteilung in der Organisation des regionalen Entwicklungskonzeptes hat sich insgesamt - auch angesichts der komplizierten Ausgangssituation - als stabil erwiesen. Eine prinzipielle Kritik oder Auseinandersetzung mit dieser Konstellation hat es in der Region nicht gegeben. Insofern konnte innerhalb der gegebenen Strukturen bislang der regionale Konsens gesichert werden. Aus innerregionaler Sicht ist diese Stabilität auch ein Grund dafür, daß sich die Region ihre Handlungsfähigkeit bewahren konnte.

3.3   Inhalte des regionalen Entwicklungskonzepts

Erarbeitung und bisherige Präsentation des Regionalen Entwicklungskonzepts Niederrhein

Das regionale Entwicklungskonzept der Region Niederrhein wird von einem Gutachter der Universität, Professor Blotevogel, im Rahmen eines Projektes erstellt, das zu 50% vom Land Nordrhein-Westfalen gefördert wird. Die Grundlage des regionalen Entwicklungskonzeptes der Region Niederrhein bilden die Kreisentwicklungskonzepte der Kreise Wesel und Kleve sowie das Programm Duisburg 2000, das die Fortschreibung eines Stadtentwicklungskonzeptes darstellt. Ursprünglich war geplant, einen ersten Entwurf des regionalen Entwicklungskonzeptes bis zum Herbst 1991 zu erarbeiten und diesen dann in der Niederrhein-Konferenz zu beraten und anschließend von den parlamentarischen Gremien der drei Gebietskörperschaften zu beschließen. Die von diesem Ursprungsplan abweichende Zeittafel für die Verabschiedung des regionalen Entwicklungskonzeptes sieht zum gegenwärtigen Zeitpunkt folgendermaßen aus:
- März/April: Vorlage des Gutachtens durch Professor Blotevogel
- bis Anfang Mai: Beratung und Versendung eines Konzepts durch den Lenkungsausschuß
- bis Mitte Juni: Beteiligung der Gemeinden an der Diskussion um das regionale Entwicklungskonzept

- bis Mitte Juli: erweiterte Duisburg-Konferenz, Kreisstrukturunde Wesel, Kreisstrukturrunde Kleve
- bis Anfang September: Abschlußberatung im regionalen Lenkungsausschuß
- 13. Oktober 1992: Niederrhein-Konferenz
- November/Dezember 1992: Beratung des Entwicklungskonzepts im Rat der Stadt Duisburg, Kreistag Kleve, Kreistag Wesel; Verabschiedung des regionalen Entwicklungskonzeptes.

Die Erarbeitung des regionalen Entwicklungskonzeptes durch Professor Blotevogel wurde von Anfang an durch einen Arbeitskreis "Regionales Entwicklungskonzept", in dem die Vertreter des Lenkungsausschusses mitarbeiten, begleitet und unterstützt. In einer späteren Phase sind verwaltungsinterne Stellungnahmen zu einzelnen Passagen des regionalen Entwicklungskonzepts erarbeitet worden, die dem Gutachter zur Verfügung gestellt wurden. An einer Erarbeitung solcher Kommentare hat sich auch die Industrie- und Handelskammer beteiligt. Die Erarbeitung des regionalen Entwicklungskonzeptes sah auch die funktionelle Hinzuziehung gesellschaftlicher Gruppen bzw. der Gewerkschaften, der Gleichstellungsbeauftragten und anderer Institutionen vor. Dies wurde durch bilaterale Gespräche des Projektteams um Professor Blotevogel mit den einzelnen Verbandsvertretern bzw. Gewerkschaften etc. auch umgesetzt. Hierbei wurden z.T. auch schriftliche Stellungnahmen eingebracht, die in das regionale Entwicklungskonzept eingearbeitet werden sollten.

Dabei ist allerdings auch festzustellen, daß sich die Einbringung dieser Akteure in das regionale Entwicklungskonzept nicht gleichmäßig gestaltete. So sind zwischen den Gleichstellungsbeauftragten Absprachen im Hinblick auf die aus ihrer Sicht zentralen Themen des regionalen Entwicklungskonzepts getroffen worden, während eine solche Abstimmung zwischen den Verbänden der Kreise bzw. der Stadt Duisburg nicht erfolgte.

In der öffentlichen Diskussion stand zunächst das regionale Leitbild im Vordergrund. Auch aus Sicht der Hauptverwaltungsbeamten bestand eine Aufgabe des Gutachters darin, ein solches Leitbild für die Region im regionalen Entwicklungskonzept zu entwerfen und vorzuschlagen.

Der Gutachter selbst ist der Auffassung, daß die Entwicklung eines solchen Leitbildes nur das Ergebnis eines Diskussionsprozesses in der Region darstellen kann. Insofern sieht er seine Aufgabe darin, Leitbildelemente zu formulieren, die den Anstoß für einen derartigen Diskussionsprozeß liefern können. Im Entwurf des regionalen Entwicklungskonzeptes werden demnach drei Leitbildelemente aufgegriffen:

- Leitbildelement 1: "Entwicklung zur Region Niederrhein"
- Leitbildelement 2: "Wirtschaftsraum mit Standortqualität"
- Leitbildelement 3: "Alternativer Lebensraum Niederrhein"

Desweiteren gliedert sich der Entwurf lt. einer Vorlage für die Niederrhein-Konferenz vom Januar 1992 in ausgewählte regionalpolitische Handlungsfelder, von denen neun explizit genannt werden:

1. Forschung, Entwicklung und technologische Modernisierung
2. Verbesserung der Verkehrsinfrastruktur
3. Sicherung der Abfallentsorgung
4. Flächenmobilisierung
5. Bildung und berufliche Qualifizierung
6. Soziale Infrastruktur
7. Landschafts- und Umweltqualität
8. Förderung des Fremdenverkehrs
9. Regionsmarketing

Das regionale Entwicklungskonzept enthält ebenfalls eine Analyse der Stärken bzw. Entwicklungspotentiale (z.B. europäische Zentrallage; dichtes und leistungsfähiges Verkehrssystem; Universität und vorhandene Forschungsinstitute) und der Schwächen bzw. Entwicklungsengpässe (z.B. weiterer Arbeitsplatzabbau im Steinkohlebereich und der Stahlindustrie; dringend benötigte Infrastruktur der Abfallwirtschaft).

Das jetzt gewählte Verfahren der Erarbeitung des regionalen Entwicklungskonzeptes in der Region, indem, abweichend von früheren Festlegungen, das Gutachten Prof. Blotevogels als "Beratungshilfe für den Lenkungsausschuß" definiert wird und vom Lenkungsausschuß eine selbstverantwortete Fassung in die öffentliche Diskussion gegeben wird, stellt sich auch als Ergebnis von Auseinandersetzungen um das regionale Entwicklungskonzept im entsprechenden Arbeitskreis der Niederrhein-Konferenz dar. Insbesondere die Tatsache, daß die Themen Flächen und Verkehr von den beiden Kreisen zunehmend als die zentralen Themen des regionalen Entwicklungskonzeptes herausgestellt wurden und daß ein zusätzlicher Bedarf auch an Freiflächen zu einem zentralen Punkt der Entwicklungsperspektive der Kreise Wesel und Kleve zählt, kann als ein nicht konsensfähiger Bereich des regionalen Entwicklungskonzeptes gewertet werden.

Seitens der Mitglieder des Lenkungsausschusses wird auch hervorgehoben, daß der der Öffentlichkeit vorgelegte Entwurf von der Verwaltung der beiden Kreise und der Stadt Duisburg verantwortet werden muß. Ein wichtiger Bestandteil des regionalen Entwicklungskonzeptes, der vom Gutachter im Verlauf der Erarbeitung stärker gewichtet und herausgearbeitet wurde, ist der Bereich sozialer Infrastrukturentwicklung. Hier werden insbesondere Defizite an Plätzen in Kindertagesstätten und in Einrichtungen der Altenpflege genannt. Diese Aspekte sind auch von den Vertretern der freien Verbände an den Gutachter herangetragen worden.

Das jetzt gewählte Verfahren der Diskussion des regionalen Entwicklungskonzepts in den Kreisen und der Stadt Duisburg wurde auf der Niederrhein-Konferenz im Jahre 1992 beschlossen. Nach diesem Verfahren ist der Diskussionsprozeß mit der Verabschiedung des regionalen Entwicklungskonzepts im November/Dezember 1992 abgeschlossen. Dieses gegenüber anderen Regionen zeitlich weitgestreckte Verfahren beinhaltet auch die Durchführung von Kreisstrukturkonferenzen auf der Ebene der beiden Kreise und einer erweiterten Duisburg-Konferenz auf der Ebene der Stadt Duisburg.

Hierbei soll auch die Einbeziehung der gesellschaftlichen Gruppen gewährleistet sein, die auf diesen Konferenzen erstmals die Gelegenheit erhalten, auch formal zum regionalen Entwicklungskonzept Stellung zu beziehen.

Inwiefern insbesondere die Kritik aus den kreisangehörigen Gemeinden an der Beteiligung bei der Erarbeitung der Teilentwicklungskonzepte dazu geführt hat, eine längere Phase der Diskussion des regionalen Entwicklungskonzepts auf der Ebene der Gemeinden und der Stadt Duisburg einzuplanen, kann nicht festgestellt werden.

Zu den Teilentwicklungskonzepten

In der Region Niederrhein sollen neben dem Regionalen Entwicklungskonzept auch die beiden Kreisentwicklungskonzepte "Kleve 2000" und "Wesel 2000" sowie das Konzept "Duisburg 2000 - Mitten im Strukturwandel" im Regionalisierungsprozeß eine Rolle spielen. Die Teilentwicklungskonzepte sollten eine Basis für die externe Erarbeitung des REK bilden. Zusätzlich ist beabsichtigt, alle Konzepte an die Landesregierung weiterzuleiten. Insofern ist ihre sachliche Bedeutung hinsichtlich der regionalisierten Strukturpolitik zu klären. Bei der Beurteilung der Kreisentwicklungskonzepte ist aber ihr unterschiedlicher Erarbeitungsweg (hierzu siehe v.a. Kapitel 3.3) und ihr Stellenwert in der jeweiligen Gebietskörperschaft zu berücksichtigen.

Das Duisburger Konzept ist die zweite Fortführung des Konzeptes "Duisburg 2000 - Perspektiven für eine neue wirtschaftliche Entwicklung" aus dem Jahr 1988, das aus einer Zusammenarbeit von Stadt und IHK hervorgegangen ist. Alle drei Konzepte stehen in einer sachlichen Kontinuität. Mit ihnen ist eine Stärken-/Schwächen-Analyse geleistet worden, an die sich aber keine Leitbilddiskussion, sondern eine Image-Politik anschloß. Dennoch ergeben sich nach dem neuesten Stand des Konzepts Hinweise für eine regionale Leitbilddiskussion. So wehrt sich Duisburg vor allem gegen die negativen images einer altindustrialisierten Region; dies betrifft z.b. den Begriff "Stadt Montan" und das Ruhrgebiet insgesamt. Daraus wird die Konsequenz gezogen, sich als Stadt am Rhein und als niederrheinisches Oberzentrum zu bezeichnen. Ein deutlicher Nachholbedarf im Angebot hochwertiger Dienstleistungen wird gesehen, die aber im Kontext mit der Ansiedlung und Entwicklung zukunftsträchtiger Industrie erst für möglich gehalten werden. Insofern profiliert sich Duisburg als industrieller Standort, der dabei ist, entsprechend moderne Infrastrukturen aufzubauen und die sog. endogenen Potentiale zu mobilisieren. Als Standortfaktor wird auch das kommunale Verwaltungshandeln (Innovationsfähigkeit, Dynamik, public-private-partnerships, etc.) betrachtet. Als Aktionsfelder werden benannt:

1. Innovations- und Technologieförderung
2. Zukunftsorientierte Qualifikation der Arbeitnehmer
3. Arbeitsplatzbeschaffung und Arbeitsplatzsicherung
4. Ausbau und Modernisierung der Infrastruktur
5. Verbesserung der Umwelt- und Energiesituation
6. Soziale Begleitmaßnahmen

Den einzelnen Aktionsfeldern sind insgesamt ca. 85 laufende oder beantragte Projekte (in ZIM, ZIN oder EG-Fonds) zugeordnet. Die Projekte sind dem kommunalen Aufgabenkreis zuzurechnen, wenn auch einige von regionaler Bedeutung sind und Duisburg in der Funktion als Oberzentrum stärken, insbesondere die universitäts- bzw. technologiebezogenen Maßnahmen. Soweit aus dem Konzept ersichtlich, befindet sich kein Projekt in der Liste, daß auf einer interkommunalen Zusammenarbeit fußt oder darauf abzielt. Das Konzept nimmt explizit Bezug auf die Regionalisierung der Strukturpolitik und die Region Niederrhein, allerdings wird eine sachliche Verzahnung nicht thematisiert.

Die Kreisentwicklungskonzepte Kleve und Wesel sind durch das Planungsbüro Jansen, also extern, erstellt worden. Sie stellen für die Kreise in beiden Fällen das erste Entwicklungskonzept dar; insofern erklärt sich auch der jeweils sehr umfangreich ausgefallene deskritive Teil der Konzepte. Insgesamt sind beide Kreisentwicklungskonzepte analog konzipiert und gegliedert. Das Planungsbüro hat im wesentlichen die Gliederungsvorgaben der Handlungsempfehlungen der Landesregierung übernommen. Häufig finden sich Hinweise auf regionsweite Zusammenhänge, ohne daß jedoch für die Analyse und die Handlungsvorschläge für die Kreise deshalb sachliche Konsequenzen deutlich würden, dies ist auch erst denkbar auf der Grundlage des REK. Neben einer synoptischen Stärken-/Schwächenanalyse werden für die Kreise sogenannte regionale Leitbilder genannt:

1. Gewährleistung einer vorausschauenden räumlichen Planung
2. Steigerung des Wohnwerts
3. Aktivierung und zukunftsorientierte Qualifizierung des Erwerbspersonenpotentials
4. Stärkung des Wirtschaftsstandortes
5. Intensivierung des Innovations- und Technologiepotentials
6. Bereitstellung eines leistungsfähigen Verkehrssystems
7. Sicherstellung einer umweltverträglichen Ver- und Entsorgung
8. Erhaltung, Wiederherstellung und Entwicklung der natürlichen Potentiale
9. Attraktivierung des Freizeit- und Erholungswertes

und nur für den Kreis Kleve:

10. Grenzüberschreitende Abstimmung der räumlichen Planung und Kooperation

Es wird bereits aus der Vielzahl der Leitbilder deutlich, daß es sich eigentlich um allgemeine Handlungfelder handelt, die in ihrer Spezifikation oft eine Umkehrung negativer oder eine Fortschreibung positiver Trends formulieren, die im analytischen Teil konstatiert wurden. Die Projekt- bzw. Aufgabenlisten sind ausschließlich kreisbezogen, im Anhang finden sich zudem die Projektlisten der kreisangehörigen Gemeinden. Die skeptische Einschätzung der Kreisentwicklungskonzepte bezieht sich nicht auf ihre Bedeutung für die Kreise, sondern auf ihre Bedeutung innerhalb des Regionalisierungsprozesses. Für die Kreise und kreisangehörigen Gemeinden liegen mit den Konzepten umfangreiche Entwicklungsvorstellungen, mit denen weitergearbeitet werden kann, insbesondere dann, wenn auf der Grundlage des REK, Abstimmungen und Einordnungen vorgenommen werden können.

3.4   Integration von Fachpolitiken

Zu Beginn der regionalisierten Strukturpolitik sorgte die Gleichzeitigkeit von Regionalisierungsansätzen in der Folge von ZIN umd im Rahmen der Europäischen Sozialfonds in der Region für Irritationen. Sowohl für die ZIN als auch für den ESF gibt es Regionalkonferenzen, deren Teilnehmerkreis institutionell und personell teilidentisch sind. In den Regionen wurde diese Parallelität als Ausdruck der unterschiedlichen Ressortinteressen des MWMT und des MAGS sowie als mangelnde fachliche Integration der verschiedenen Regionalisierungsfelder interpretiert. Für die Regionen sichtbar wurde zumindest, daß gegenüber der Praxis des ZIN-Verfahrens das MAGS innerhalb des ESF auf einen höheren Grad an fachlicher Integration abzielte. Verstärkt wurde diese Sichtweise in den ESF-Regionen noch dadurch, daß je nach Projektmaßnahme, bei der Antragstellung entweder das MAGS (Qualifizierung Arbeitsloser) oder das MWMT (Qualifizierung Beschäftigter) bzw. bei der Projektabwicklung entsprechend das LVA oder der RP zuständig waren.

Im Verlauf der letzten zwei Jahre ist aber der Grad der Akzeptanz beider Ansätze, nicht zuletzt durch sich einspielende Routinen bei den wichtigsten regionalen Akteuren, gestiegen. Dieser Effekt verdankt sich sicherlich auch der Tatsache, daß im Rahmen des ESF und nun auch im Rahmen von "Rechar" Fördermittel vergeben werden. Dennoch ergeben sich weiterhin Schwierigkeiten, die Transparenz der regionalen Institutionen dauerhaft zu vermitteln und für den betroffenen regionalen Arbeitsbereich Qualifizierung und Weiterbildung sind Aufwands- und Reibungsverluste vorprogrammiert.

Versuche zu einer verfahrenstechnischen Integration zu gelangen, stehen bekanntlich vor dem Dilemma, unterschiedliche Konsensbezüge aufrecht erhalten zu müssen. Die Zusammenführung von Akteuren mit unterschiedlichen Zugängen zu Fördermöglichkeiten in den "ZIN-Regionen" und damit verbunden die Anbindung an die Konsenssuche in den dortigen Regionalkonferenzen ist nicht praktikabel, da entweder mit einer Selbstblockade zu rechnen ist oder eine Separierung der regionalen Diskussionskontexte innerhalb eines Kreises organisiert werden müßte. Die derzeitige "Lösung", von vorneherein unterschiedliche Teilräume zu belassen, führt aber im Falle der Region Niederrhein zu einer mehrfachen räumlichen Zerschneidung der Region. Die unterschiedlichen Formen der Ausgestaltung beider Regionalisierungsansätze in den jeweiligen Regionen führen zusätzlich zu der Notwendigkeit, bei Integrationsabsichten einzelfallorientiert zu diskutieren, solange auf Ressortebene keine Lösung gefunden wird. In der

Region Niederrhein existieren bspw. zwei unterschiedliche Typen der Anbindung der ESF-Regionalsekretariate: zum einen ist in Duisburg das Regionalsekretariat beim Amt für Statistik, Stadtforschung und Europaangelegenheiten angebunden und zum anderen ist im Teilkreis Wesel das dortige Regionalsekretariat eher als "Agentur" eingerichtet. Eine solche, administrativ unabhängige Anbindung des Regionalsekretariats wird aus der Sicht des Kreises Wesel kritisiert. Der Versuch einer Anbindung an die Kreisstadt ließ sich auch deswegen nicht realisieren, weil das Sekretariat im ESF-Programmgebiet liegen mußte; auch hierdurch wird eine Integration beider Strukturen komplizierter. Eine Integration in die "ZIN-Regionalisierung" würde sich noch komplexer gestalten. Andererseits besteht mit den aktuellen "Qualifizierungskonferenzen" die Chance, im Rahmen der regionalisierten Strukturpolitik regionale Kooperation und integrierte Maßnahmen zu entwickeln. Gelänge dies, reduzierten sich die möglichen Differenzen in den Teilräumen und Institutionen im wesentlichen auf die Anforderungsprofile der jeweiligen Förderprogramme. Eine Sicht, die für die Träger von Qualifizierungs- und Weiterbildungsmaßnahmen per se im Vordergrund steht.

In den ESF-Regionen soll die Maßnahmenentwicklung ebenfalls auf der Basis von Entwicklungskonzepten erfolgen. Hier zeigen sich in der Region Niederrhein erste Abstimmungen zwischen den beiden Regionalisierungsansätzen. In Duisburg verweist das Regionalsekretariat auf das Konzept "Duisburg 2000" als Handlungsgrundlage, im Teilkreis Wesel ist dagegen auf der Grundlage des Kreisentwicklungskonzeptes "Wesel 2000" ein eigenes Konzept erstellt worden, das sich als regional-spezifische Konkretion versteht. Zudem war im Teilkreis Wesel das Regionalbüro in die Erstellung des Kreisentwicklungskonzepts einbezogen, so daß das Teilkonzept keine Placebofunktion für die ESF-Programmanforderungen darstellt.

3.5   Zum Verhältnis von Politik und Verwaltung

Zu dem Verhältnis von Politik und Verwaltung können Aussagen für die Region Niederrhein nur in begrenztem Umfang getroffen werden. Nach dem Fahrplan der Regionalisierung beginnt mit der geplanten Veröffentlichung des Regionalen Entwicklungskonzepts in der Fassung des Regionalen Lenkungsausschusses erst die Diskussion im politischen Raum, den Räten und Parteien in der Stadt, den Kreisen und den kreisangehörigen Städten und Gemeinden.

Allerdings gab es drei, für diese Frage bedeutsame Diskussionsthemen:

1. die Einbindung der Räte in den Entscheidungsprozeß der regionalisierten Strukturpolitik,
2. die Zusammensetzung der Regionalkonferenz,
3. die Konsensfindung für den "Handlungsrahmen Kohlegebiete" bis zur Konferenz im Kamp-Lintfort.

zu 1: Die in den Handlungsempfehlungen vom 26.11.1990 ausgesprochene Beratungsfunktion der Kommunen stellte für diese ein doppeltes Problem dar: zum einen sah man die kommunale Selbstverwaltung gefährdet und zum anderen war die politische Legitimation der Regionalkonferenz über den Bezirksplanungrat nur unzureichend gewährleistet. Die Handlungsempfehlungen bewegten sich damit genau im Focus der von den kommunalen Spitzenverbänden formulierten Kritik an ZIN. In der Region Niederrhein wurde diese Kritik sehr vehement vorgetragen und letztlich die Position der Region gegenüber dem MWMT bekräftigt. Danach werden die Räte der Kreise und der Stadt nach der Regionalkonferenz abschließend ihr Votum zum REK geben, bevor es dem Bezirksplanungsrat weitergeleitet wird. Im weiteren Diskussionverlauf des Jahres 1991 übernahm das MWMT diese Position.

zu 2: Die Zusammensetzung der Regionalkonferenz in der Region Niederrhein wurde weitgehend durch den Personenkreis des späteren Lenkungsausschusses vorbestimmt. Die Regionalkonferenz sollte ein insgesamt arbeitsfähiges Gremium darstellen. Die Gewichtigkeit der Konferenz sollte durch die Exklusivität des Teilnehmerkreises sowie durch eine personalgebundene Teilnahmemöglichkeit gesichert werden. Neben der Frage der Beteiligung der gesellschaftlichen Gruppen stellte sich die Frage der Beteiligung der Politik. Zur Diskussion stand die Frage, ob neben den Fraktionsvorsitzenden auch ihre Stellvertreter beteiligt werden sollten. Da von - bis dato - 27 Konferenz-Mitgliedern bereits 11 Fraktionsvertreter waren, sah man bei einem Einbezug der Stellverteter die Proportionen zwischen Politik und Verwaltung gefährdet. Aber auch die Teilnahme der Fraktionsvorsitzenden wurde z.T. von diesen selbst kritisch gesehen, da eine mangelnde Gewaltentrennung zwischen Politik und Verwaltung die Rollen verwische und Legitimationskonflikte heraufbeschwöre. Dagegen überwog aber das Interesse der Fraktionsvorsitzenden, auf die stattfindenden Planungen auf regionaler Ebene gestalterischen Einfluß zu wahren. Die Möglichkeit, die örtlichen Parteien als solche miteinzubeziehen wurde nicht erörtert. Parteien galten als über die Fraktionen einbezogen.

zu 3: Die regionalen Aktivitäten hinsichtlich des "Handlungsrahmen Kohlegebiete" sind bislang ohne Beteiligung der Räte der betroffenen Gebietskörperschaften entwickelt worden. Einerseits fühlen sich die Akteure materiell und verfahrenstechnisch unter einen hohen Zeitdruck gesetzt, andererseits steht dieses Verfahren im Widerspruch zum Vorgehen bei der Erstellung des regionalen Entwicklungskonzeptes. Die pressewirksam vorgetragene Kritik an den Konferenzergebnissen in Kamp-Lintfort, die sich insbesondere auf "Duisburger" Institutionen wie die IHK und die Universität bezog, sind in erster Linie Ausdruck der - bis dato - nicht vorhandenen politischen Beteiligung und der, allerdings verhalten geäußerten Kritik, an den sachlichen Selektivitäten des bis dahin entwickelten Maßnahmenkatalogs. Andererseits wird deutlich, da die Kritik aus kreisangehörigen Gemeinden und Städten, hier des Kreises Wesel kam, daß bei der Diskussion über das REK Niederrhein möglicherweise noch weitere oder auch konfligierende Interessen vorgetragen werden.

Insgesamt muß das Verhältnis von Politik und Verwaltung noch weiter untersucht werden. Eine bislang noch ausgeklammerte, aber zentrale Frage ist die, welche Rolle die Politik in der Konferenz und in den Arbeitskreisen langfristig spielen wird, ob es ihr gelingen wird, zu einem operativen Faktor, einem endogenen Potential zu werden. Eine wesentliche Funktion, die der Politik per se in diesem Prozeß zukommt, ist die der Reflexion der in der Konferenz oder REK-Entwurf gesetzten Selektivitäten. Darüber hinausgehende, längerfristig orientierte Fragen beziehen sich auf die Abstimmungsprozesse mit explizit formulierten Bürgerinteressen und auf Rückwirkungen des Regionalisierungsprozesses auf Strukturen der politischen Willensbildung, z.B. bei Parteien und Initiativen.

3.6 Vertikale Kooperation

Die Entwicklung der Kooperationsbeziehungen in der Region Niederrhein ist geprägt durch ein geringes Maß an externer Intervention in den Regionalisierungsprozeß. Die Anstoßfunktion, die der Regierungspräsident mit der Einladung zu den Regionalkonferenzen im ersten Halbjahr 1989 ausgeübt hat, beinhaltete zunächst die Schaffung einer Großregion, bestehend aus den Städten Duisburg, Oberhausen, Mülheim, Essen und den Kreisen Wesel und Kleve. Nachdem sich die beteiligten Gebietskörperschaften über die Aufteilung dieser Region in verschiedene selbständige Regionen verständigten und sich die Region Niederrhein konstituierte, wurde in dieser (im Unterschied zu anderen Regionen) sehr schnell ein Verfahren etabliert, in welches der Regierungspräsident nur in geringem Maße eingebunden ist. Die zurückhaltende Moderatorenfunktion des RP wird dabei in der Region durchweg befürwortet. Dies geht einher mit einer auf der Ebene der Verwaltung der Gebietskörperschaften eher skeptischen Beurteilung der Sinnfälligkeit der gegebenen politisch-administrativen Arbeitsteilung. Dies bezieht sich sowohl auf die komplizierten Abstimmungsverfahren zwischen Landschaftsverbänden, Regierungspräsidenten und dem Kommunalverband Ruhrgebiet als auch auf die Frage der Rationalität der gegebenen gebietskörperschaftlichen Abgrenzung infolge der Gebietsreform. Eine besondere Bedeutung kommt hierbei den Bezirksplanungsräten zu, die zwar formell als Institutionen am Regionalisierungsverfahren beteiligt werden, deren materieller Einbezug in den Prozeß der Erarbeitung des regionalen Entwicklungskonzeptes allerdings bislang noch ungeklärt ist. Inwieweit den Bezirksplanungsräten eine abschließende Funktion bei der Befassung mit dem regionalen Entwicklungskonzept zukommen kann, ist innerhalb der Region umstritten.

Das Verhältnis von Region und Landesebene war zu Beginn des Regionalisierungsprozesses geprägt durch Auseinandersetzungen um die in den Handlungsempfehlungen der Landesregierung beschriebene Funktion der Regionalkonferenzen. Hier waren die regionalen Akteure der Auffassung, daß neben den bereits bestehenden gesetzlich legitimierten regionalen Gremien keine zusätzlichen Instrumente geschaffen werden sollten, deren Beschlüsse über reine Beratungsfunktionen hinausgehen. Diese Kritik korrespondierte mit der Einschätzung, daß die Funktion der Bezirksplanungsräte im Hinblick auf deren Beratungsrecht seitens des Landes nicht immer ernst genug genommen wird.

Die hohe Autonomie, mit der der Regionalisierungsprozeß in der Region Niederrhein bislang gesteuert wurde, läßt sich dabei auch als der Versuch interpretieren, Interventionen in diesen Prozeß seitens landespolitischer Akteure soweit wie möglich zu minimieren und dabei jede Form externen Einflusses, die zu einer veränderten Aufgabenstellung der Gebietskörperschaften bzw. zu einer veränderten Funktionsaufteilung führen könnte, von vornherein abzuwehren.

Die Beziehungen der Region zum Regierungspräsidenten und zur Landesebene basieren in hohem Maße auch darauf, die Durchsetzungsfähigkeit regionaler Forderungen zu erhöhen. Das Selbstbewußtsein der Stadt Duisburg, das wesentlich durch ihre bisherigen Erfolge bei der Bewältigung strukturpolitischer Probleme gestützt wird, reflektiert sich innerhalb dieses Prozesses auch in der Konfliktbereitschaft gegenüber der Landesebene. Diese wird dahingehend kritisiert, daß die strukturpolitische Förderung aus der Zukunftsinitiative Nordrhein-Westfalen zuwenig mit den lokalen Projektvorstellungen abgestimmt worden ist und daß hierdurch eine große Verunsicherung auf lokaler Ebene erzeugt wurde. In der Konsequenz dieser Logik der Regionalpolitik ergibt sich aus Sicht der regionalen Akteure eine Unsicherheit im Hinblick auf die Kontinuität des Gesamtverfahrens. Diese Kritik, die auch auf der Regionalkonferenz des Wirtschaftsministers deutlich wurde, geht einher mit der Einschätzung, daß viele der durch die Landesregierung geforderten Elemente der regionalisierten Strukturpolitik (public private partnerships; Mobilisierung endogener Potentiale) auf regionaler Ebene aufgegriffen und umgesetzt worden sind.

3.7 Interkommunale Kooperation

Eine Besonderheit der Region Niederrhein bildet der Tatbestand, daß mit den Kreisen Kleve und Wesel zwei Gebietskörperschaften die Region mitkonstituieren, die über mehrere kreisangehörige Gemeinden verfügen. Diese kreisangehörigen Gemeinden sind an dem Gesamtverfahren der regionalen Kooperation nur punktuell beteiligt worden. Sowohl im Kreis Wesel als auch im Kreis Kleve sind die Gemeinden in die Erarbeitung der jeweiligen Kreisentwicklungskonzepte durch das Planungsbüro Jansen einbezogen worden. Hierzu haben im Kreis Wesel örtliche Strukturrunden (ZIN-Konferenzen) stattgefunden, während im Kreis Kleve - auch unter dem Gesichtspunkt eines hohen Zeitdrucks, mit dem das Kreisentwicklungskonzept erarbeitet wurde - eine Darstellung des Profils der Städte und Gemeinden in Absprache mit den jeweiligen Kommunen erfolgte, ohne daß hierbei auf kommunaler Ebene ein breiter Diskussionsprozeß initiiert wurde. Insbesondere in den kreisangehörigen Gemeinden des Kreises Kleve ist der Prozeß der Erarbeitung des Kreisentwicklungskonzeptes und dessen letztendliches materielles Ergebnis auf erhebliche Kritik gestoßen. Am Verfahren wurde insbesondere die Kritik geäußert, daß es den Gemeinden nicht möglich war, ihre Entwicklungsvorstellungen ausreichend in das Konzept einzubringen und daß dieses im Endergebnis nur die jeweiligen strukturpolitischen Vorstellungen der Gemeinden reproduziere, ohne zusätzliche Entwicklungsperspektiven aufzuzeigen. Inhaltlich wird insbesondere in den Nordgemeinden des Kreises Kleve die Kritik geäußert, daß die grenzüberschreitende Komponente der Zusammenarbeit mit den Niederlanden zuwenig herausgearbeitet wird und die Ausrichtung des nördlichen Kreisgebietes auf den geplanten städtischen internationalen Knotenpunkt Arnheim/Nimwegen nicht genügend aufgegriffen wird.

Auch die kreisangehörigen Gemeinden des Kreises Wesel üben Kritik am Verfahren bei der Erstellung des Kreisentwicklungskonzeptes Wesel und an der vorausgegangenen Beteiligung am ZIN-Verfahren. Hier habe man in aller Eile die vorhandenen Schubladenpläne herausgeholt, sei damit zum Oberkreisdirektor gegangen und anschließend sei "ohne Spesen nichts gewesen" (so ein befragter Stadtdirektor). Auf der Ebene der kreisangehörigen Gemeinden existiert auch die Auffassung, daß im Verhältnis zum Oberzentrum Duisburg die Gemeinden zu konkurrenzschwach sind, um eigene Interessen nachhaltig durchsetzen zu können. Diese schon zu Beginn des Regionalisierungsprozesses geäußerte Einschätzung hat sich im Rahmen der Diskussion um die Ergebnisse des Handlungsrahmens Kohlegebiete in Kamp-Lintfort durch entsprechende öffentliche Äußerungen noch verstärkt und führte im Ergebnis zu entsprechenden Irritationen insbesondere zwischen der Stadt Duisburg und der Stadt Moers.

Im Hinblick auf das Kreisentwicklungskonzept Wesel wird der Zeitdruck bemängelt, in dem das Konzept erstellt wurde, wobei insbesondere die Beteiligung der politischen Ebene der Gemeinden vernachlässigt worden ist. Das zeitaufwendige Abstimmungsverfahren, das aus Sicht der Kreise im Verhältnis zu den kreisangehörigen Gemeinden erforderlich ist, wird in deren Perspektive ebenfalls dadurch erschwert, daß eine umfassende Entwicklungsplanung im kooperativen Verfahren kaum realistisch ist. Als ein Beispiel hierfür wird die Tatsache genannt, daß im Rahmen des Europäischen Sozialfonds Förderregionen existieren, die mit der Gesamtregion und dem Kreis nicht identisch sind, nur einen Teil des Kreises erfassen, so daß die Kreisebene ungenügend in die Entscheidungsverfahren des Regionalbüros integriert ist.

Der insgesamt geringe Einbezug der kreisangehörigen Gemeinden in den bisherigen Prozeß der regionalen Kooperation drückt sich auch darin aus, daß diese in die Erarbeitung des regionalen Entwicklungskonzeptes so gut wie nicht einbezogen worden sind. Dieser Einbezug sollte nach Vorlage des Konzepts durch den Lenkungsausschuß erfolgen und durch örtliche Strukturkonferenzen organisiert werden. Inwieweit hierbei auch die politische Ebene der Gemeinden aktiviert wird, bleibt abzuwarten. Als Defizit kann hier auf jeden Fall der Tatbestand festgestellt werden, daß die Diskussion um ein regionales Leitbild bislang auf der Ebene der kreisangehörigen Gemeinden nur unzureichend geführt wurde und dieses Thema durch das regionale Entwicklungskonzept von "außen" an die Kommunen herangetragen wird. Eine neue Qualität der kommunalen Zusammenarbeit, die bislang auf wenige Politikfelder begrenzt war, zeichnet sich infolge der auf der Kohle-Konferenz in Kamp-Lintfort geforderten Flächenerschließung im Kreis Wesel ab. Hier haben sich einige betroffene Gemeinden zu einer gemeinsamen Flächenausweisung zusammengeschlossen und sind bereit, Lösungen im Hinblick auf die Gewerbesteueraufteilung zu entwickeln.

4 Zusammenfassung und Bewertung

Aufgrund der in der Region Niederrhein vorhandenen drei Teilregionen ist zunächst einmal die Sinnfälligkeit der vorhandenen regionalen Abgrenzung einzuschätzen. Hierzu existieren auf der Ebene der befragten Akteure durchaus widersprüchliche Einschätzungen, da sowohl die Abgrenzung gegenüber dem Raum Krefeld als auch die Abgrenzung gegenüber dem Raum Düsseldorf als "künstlich" angesehen werden. Allerdings läßt sich auch feststellen, daß die gegebene regionale Abgrenzung durchaus als eine operative Basis für eine regionale Weiterentwicklung definiert wird und die regionale Zusammenfassung auf der Basis eines Industrie- und Handelskammerbezirkes als sinnvoll angesehen wird. Als besonders schwierig erweist sich in diesem Zusammenhang die Tatsache, daß in den drei Teilregionen der Region Niederrhein sowohl die Beteiligung an der Zukunftsinitiative Montanregionen und der Zukunftsinitiative Nordrhein-Westfalen als auch die Beteiligung an der Erarbeitung regionaler Entwicklungskonzepte auf unterschiedliche regionale Voraussetzungen trifft. So befindet sich die Stadt Duisburg bereits seit 1987 in einer permanenten Stadtentwicklungsdiskussion und für das derzeitig zu erstellende regionale Entwicklungskonzept ist "Duisburg 2000" fortgeschrieben worden. "Duisburg 2000" stellt dabei kein traditionelles Stadtentwicklungskonzept dar, sondern ist selbst ein handlungs- und projektbezogenes Konzept, das bereits aus einer Kooperation von IHK und Stadt hervorgegangen ist. Die Tatsache, daß eine Vereinheitlichung eines regionalen Entwicklungskonzeptes über drei Teilentwicklungskonzepte erfolgt, die zudem auf unterschiedlichen Wegen erstellt wurden und entsprechend mehr oder weniger verankerte Konzepte der jeweiligen Akteure sind, verdeutlicht eine geringe Verständigung zwischen den drei Teilregionen im Hinblick auf die Gesamtvorstellung des Entwicklungsprozesses. Diese Einschätzung wird auch durch die

Tatsache unterstrichen, daß die Regionalisierung von der Mehrzahl der befragten Akteure als ein von außen an sie herangetragener Prozeß angesehen wird, der allerdings (außer landespolitisch induziert zu sein), auch aufgrund weiterer Vorgaben wie den ökonomischen Globalisierungstendenzen, der bevorstehenden Vollendung des EG-Binnenmarkts und der zunehmenden Bedeutung der EG-Programme als unvermeidlich anzusehen ist.

Die vorhandenen Disparitäten in der wirtschaftsstrukturellen Ausgestaltung und Ausrichtung der Kreisgebiete Wesel und Kleve und der Stadt Duisburg als regionales Oberzentrum, läßt auch die Ausgangsbedingungen der Regionalisierung als besonders kompliziert erscheinen. So sind sowohl die Ausrichtungen auf die Niederlande bzw. auf den Krefelder Raum bei der zukünftigen wirtschaftlichen Entwicklung zu berücksichtigen als auch die Folgewirkungen, die aus einer stärkeren Orientierung Duisburgs auf den niederrheinischen Raum resultieren. Dabei ist zu berücksichtigen, daß insbesondere die beiden Kreisgebiete sich in hohem Maße als eigene Region mit jeweils eigenständigen Kreisentwicklungsvorstellungen definieren. Die Vereinheitlichung der Willensbildung zwischen den kreisangehörigen Gemeinden und Städten gilt ihnen bereits als schwierig. Aus ihrer Sicht ergibt sich nun die Gefahr, daß die Stadt Duisburg durch eine Politik der sukzessiven Abkoppelung vom Ruhrgebiet den Niederrhein zunehmend als "Hinterland" der dominierenden Stadtregion definiert.

Die Regionalisierung wird in sehr starkem Maße als Aufgabe operativer Führung in der Region begriffen, die dementsprechend auch eine hohe Kompatibilität zu den vorhandenen politisch-administrativen Verfahrensweisen aufzuweisen hat. Folgende kritische Punkte lassen sich im Hinblick auf die Bewertung der Regionalisierung (bezogen auf die regionalen Entwicklungsbedingungen) feststellen:

- Der Verdacht, es handelt sich bei den Regionalkonferenzen bzw. der stärkeren Formalisierung der Regionalpolitik um "Spielwiesen" für Konsensbildungsprozesse, die angesichts fehlender finanzieller Ressourcen zu einer "Beschäftigungstherapie" gegenüber den regionalen Akteuren führt, die zugleich nicht in Übereinstimmung mit den Kompetenzen und Zuständigkeiten der legitimierten politischen Gremien vollzogen werden;
- die Einschätzung, die regionalrelevanten Projekte und Entwicklungsvorschläge seien (auch der Landesregierung) bekannt und diesbezüglich ließen sich auch durch verstärkte regionale Kooperationen keine zusätzlichen Mittel bzw. Veränderungen vorhandener Prioritäten erzielen. Auch können keine Ansatzpunkte für die Beschleunigung der Umsetzung vorhandener regional bezogener Projektvorstellungen identifiziert werden, da diese in hohem Maße von der Mittelzuwendung von Land oder Bund abhängig sind;

- die Skepsis gegenüber einer möglichen Mobilisierbarkeit endogener Potentiale. Diese werden entweder als schlichtweg nicht vorhanden charakterisiert oder aber es wird auf die bereits vorhandene gute Zusammenarbeit in der Region verwiesen, die in ihren Entwicklungsmöglichkeiten schon ausgeschöpft ist. Die vorhandenen Engpässe einer regionalen Entwicklung (vorhandene Gewerbeflächen; Frage der Beteiligung von Privaten an der Ausweisung von Gewerbeflächen etc.) werden als Themenfelder definiert, die bislang zuwenig in die Auseinandersetzung um eine Regionalisierung der Strukturpolitik einbezogen worden sind. Konkrete Entwicklungsmöglichkeiten einer stärkeren Kooperation mit privaten Akteuren werden kaum gesehen, da die diesbezüglichen Potentiale schon weitgehend ausgeschöpft sind.
- die Feststellung einer nach wie vor vorhandenen einseitigen wirtschaftsstrukturellen Ausgestaltung der Region, die durch keine gegenwärtig verfügbaren Alternativen kompensiert werden kann. In diesem Zusammenhang wird auf die nach wie vor vorhandene starke Abhängigkeit der Region von Kohle und Stahl verwiesen, die auch durch die bisherige Entwicklung des Dienstleistungsbereichs nicht aufgelöst werden konnte. Die in ZIM und ZIN geförderten Projekte haben in den zurückliegenden drei bis vier Jahren zwar in kleinen Teilräumen der Region neue Impulse (vor allem in Duisburg: Hafen, Mikroelektronik, etc.) setzen können, den Gesamttrend der Negativanpassung bei Kohle und Stahl aber kurzfristig noch wenig beeinflußt. Die Förderung wird auch weniger unter arbeitsmarktpolitischen, als unter wirtschaftsstrukturellen Aspekten positiv bewertet. Die Schere wird längerfristig als geöffnet gesehen, kompensatorisch wirkende Industrieansiedlungen für eher unwahrscheinlich gehalten;
- der Verweis auf die vorhandene regionale Fragmentierung, die formal schon in der Vorlage dreier Teilentwicklungskonzepte zum Ausdruck kommt, die den jeweiligen Kreisentwicklungskonzepten bzw. dem Stadtentwicklungskonzept Duisburg 2000 entsprechen und deren Entwicklungsziele aufgreifen. In diesem Zusammenhang ist auch die geringe Auseinandersetzung um tatsächliche regionale (also zwischen den drei Teilregionen zu realisierende) Projektideen bzw. Konzepte zu benennen;

Vor dem Hintergrund der Fragmentierung der politisch-administrativen Akteure in der Region Niederrhein läßt sich ein besonders hoher Bedarf an Diskursivität und Auseinandersetzung um die politischen Kerninhalte der Regionalisierung feststellen, die u.U. erst eine Klärung der Ausgangsbedingungen der Regionalisierung herbeizuführen hätte. Insofern ist der Prozeß der Regionalisierung in der Region Niederrhein in hohem Maße vom Engagement und den Kooperationsmöglichkeiten einzelner Personen abhängig. Probleme für die Gesamtentwicklung der Regionalisierung resultieren insbesondere daraus, daß in der Region in der Anfangsphase der Entwicklung von Kreiskonzepten ein artifizieller Zeitdruck erzeugt worden ist, der mit den sachlichen Vorgaben der Landesregierung (Handlungsempfehlung) allein nicht zu erklären ist. Die Verfahrensweise bei der Erstellung des regionalen Entwicklungskonzepts zeigt, daß hier Fragen der operationalen Machbarkeit und/oder Erwünschtheit im Vordergrund stehen. Das zweigeteilte Vorgehen, zunächst einmal in drei Teilräumen Konzepte zu erstellen, bevor sie nachträglich vereinheitlicht und auf das Regionale hin gedacht werden, hat eine ca. sechsmonatige Zeitverzögerung bewirkt, die um so negativer bewertet werden muß, da die Kritik an den Teilkonzepten Wesel und Kleve sowohl ihre Innovativität als auch ihre Regionalität trifft. Aber auch für die Fortschreibung von Duisburg 2000 gilt, daß die regionalen Bezüge unterbelichtet sind. Eine Auseinandersetzung um regionale Leitbilder und Zielvorstellungen für die Region Niederrhein ist so in den Hintergrund gedrängt. Deutlich wird dieser Tatbestand insbesondere in der Leitbilddiskussion, die auf der Ebene der kreisangehörigen Gemeinden kaum stattgefunden hat und die in ihren Nuancierungen in der Region ganz unterschiedlich bewertet wird. Der gesamte Prozeß der Erstellung der regionalen Entwicklungskonzepte leidet zudem zeitlich und inhaltlich an der externen Vergabe der Konzepterstellung. Dies ist keine prinzipielle Kritik an der externen Vergabe, sondern zielt im konkreten Fall als Kritik auf die zeitlich zu begrenzte und mangelnde Intensität der Reflexion über die Regionalisierung seitens der regionalen bzw. eben lokalen Akteure. Besonders auffallend ist die hohe Selektivität der politisch-administrativen Organisation der Regionalisierung in der Region Niederrhein. Sowohl die Zusammensetzung der Regionalkonferenz als auch die Beteiligungsdichte in der Region ist von vornherein seitens der Hauptverwaltungsbeamten der Region bewußt restriktiv gehandhabt worden. So sind aufgrund der Nichtübereinstimmung mit geltenden politisch-administrativen Verfahrensweisen andere gesellschaftliche Gruppen aus der Niederrhein-Konferenz ausgeschlossen worden. Deren Einbeziehung erfolgt aus deren Sicht ungenügend und findet in erster Linie auf örtlicher Ebene statt.

Eine Gesamtbewertung des Entwicklungsstandes der Region Niederrhein kann nur vor dem räumlichen und wirtschaftsstrukturellen Hintergrund der Region vorgenommen werden. Die Region war zu Beginn der regionalisierten Strukturpolitik gekennzeichnet durch
- eine besondere wirtschaftsstrukturelle Heterogenität,
- unterschiedliche, über die Region hinausreichende räumliche Orientierungen,
- ein geringes intraregionales Kooperationsniveau,
- das Überwiegen konkurrenzbezogener Verhaltensweisen und Wahrnehmungen der Partner untereinander, das insbesondere durch ihr unterschiedliches ökonomisches Gewicht gefördert wird.

Die strukturelle Verfestigung dieser verschiedenen Komponenten stellt für die regionalisierte Strukturpolitik andere Anforderungen als in Regionen mit homogeneren Strukturen. Die in der Umsetzung der regionalisierten Strukturpolitik entstandene Typisierung der Region als "Problemregion" hinsichtlich ihres Eingehens auf diesen Politikmodus bedarf vor diesem Hintergrund einer differenzierten Bewertung, die sich
a) auf die prozeduralen Verfahren und deren Angemessenheit für die Region und
b) die sich auf die materiellen Ergebnisse der regionalen Kooperation bezieht.

Zu a): Die Durchführung der Regionalisierung ist gekennzeichnet durch eine hohe Exklusivität der Beteiligungsstruktur und eine intensive Vorklärung der einzelnen Regionalisierungsschritte durch den regionalen Lenkungsausschuß. Hierdurch ist die Entwicklung einer kooperativen Grundstruktur sichergestellt worden, ohne deren Existenz weitergehende Beteiligungen keinen Ansatzpunkt haben würden. Eine Gleichzeitigkeit der Integration der verschiedenen Interessen ist auch dadurch erschwert, daß deren Träger häufig nicht über eine regionale Zielperspektive verfügen. Eine funktionale Einbindung ihres Potentials hängt aber davon ab, inwieweit sie selbst im Hinblick auf die Regionalisierung aktiv werden und sich auf dieser Grundlage in regionalen Arbeitszusammenhängen beteiligen können. Die Einbindungsmöglichkeit auf kreislicher bzw. städtischer Ebene ist für einige dieser Organisationen ein wichtiger, aber keineswegs ausreichender Schritt.

Das Verfahren bei der Erarbeitung der Teilentwicklungskonzepte in den Kreisen stand unter einem hohen Verfahrensdruck, der im Verhältnis von Kreis und kreisangehörigen Gemeinden deutliche Abstimmungsdefizite hervorgerufen hat; dies wurde noch durch die Erstellung der Teilentwicklungskonzepte durch einen externen Gutachter verstärkt. Dennoch stellen diese Konzepte für die Kreise einen wichtigen Integrationsschritt dar, die für diese zugleich eine Basis für ihre Beteiligung an der Regionalisierung implizieren. Auch die Erarbeitung des regionalen Entwicklungskonzeptes durch einen externen Gutachter hat dazu geführt, daß die Diskussion und Auseinandersetzung um regionale Kooperations- und Entwicklungsmöglichkeiten behindert wurde. Andererseits hat die Region sich zu diesem Zeitpunkt von einer Aufgabe entlastet, deren Notwendigkeit ihr zwar klar war, für deren Realisierung sie aber noch über keine endogenen Anknüpfungspunkte verfügte. Auf der Grundlage der Auseinandersetzung um den externen Konzeptentwurf ist allerdings auch deutlich geworden, daß die Tragfähigkeit eines regionalen Entwicklungskonzeptes und dessen Verantwortbarkeit nur über eine regionseigene Erarbeitung erreicht werden kann.

Die Fortführung der Regionalisierung in der Region Niederrhein wird perspektivisch auch zu Überlegungen führen müssen, wie die Kooperationsbedingungen stabilisierend wirken können. Es ist zu vermuten, daß im Falle einer weiteren Intensivierung der regionalen Zusammenarbeit die bestehenden Strukturen hinsichtlich der Legitimations-, Moderations- und Gestaltungsfunktion verändert werden müssen. Im weiteren Fortgang der Regionalisierung könnten sich hierzu Serviceeinrichtungen, wie sie in anderen Regionen eingerichtet wurden, als nützlich erweisen.

Zu b): Die materiellen Ergebnisse der regionalen Kooperation sind ebenfalls vor dem Hintergrund der Besonderheit der Region Niederrhein zu bewerten, die über wenige gemeinsame Projektvorstellung bzw. Projektentwicklungen verfügt und eine geringe strukturpolitische Homogenität aufweist.

Im Vordergrund der von der Region gekennzeichneten Engpässe der wirtschaftlichen Entwicklung stehen die Themen Flächen und Verkehr. Die Bedeutung dieser Themen, die für die beteiligten Gebietskörperschaften keineswegs einheitlich ist, stellt den bleibenden Gegenstand der regionalen Auseinandersetzung dar. Die von einigen Kommunen im Rahmen des Handlungsrahmens Kohlegebiete begonnene Zusammenarbeit im Hinblick auf intelligente Lösungen bei der Flächenausweisung und ähnliche Überlegungen zur rationellen Gestaltung vorhandener Infrastruktur zwischen den Gebietskörperschaften lassen sich als erstens Indiz dafür interpretieren, daß die Vorteile einer regionalen Kooperation auch im Hinblick auf die konkrete Projektgestaltung wahrgenommen werden. Es lassen sich zum gegenwärtigen Zeitpunkt noch wenig Ansatzpunkte dafür identifizieren, wie dieser Prozeß gezielt gestützt und fortentwickelt werden kann. Auf jeden Fall sollte eine regionale Förderstrategie im Hinblick auf diesen Zusammenhang konzipiert werden.

Skeptisch reagiert die Mehrzahl der befragten regionalen Akteure auch auf Stichworte wie "public private partnership" oder "Mobilisierung endogener Potentiale". Gleichwohl werden hierin angesichts der knapper werdenden Förderkulisse durchaus Ausweichstrategien gesehen, zu einer intensiveren Ausschöpfung vorhandener wirtschaftlicher Potentiale zu gelangen. Die kaum vorhandene Integration privatwirtschaftlicher Akteure in den Regionalisierungsprozeß stellt vor diesem Hintergrund ein deutliches Defizit dar. Demgegenüber steht eine Orientierung der Wirtschaftsförderung auf gebietskörperschaftlicher Ebene, die in der Zusammenarbeit mit Privaten deutliche Impulse für die Gesamtentwicklung der Region erwartet.

Die Anzahl gemeinsamer, regional relevanter Projekte ist vor dem Hintergrund der heterogenen Wirtschaftsstruktur der Region begrenzt. Auch die Zusammenarbeit zwischen den kreisangehörigen Gemeinden auf Kreisebene und deren Orientierung auf regionale Projekte ist wenig entwickelt. Die Möglichkeit des Oberzentrums Duisburg, Potentiale in die Region abgeben zu können, muß als sehr begrenzt angesehen werden. Vor diesem Hintergrund gewinnen die Auseinandersetzung um die Standortbezogenheit von Projekten eine besondere Bedeutung im Hinblick auf die Durchsetzung regionaler Orientierungen. Einen Faktor von besonderem Gewicht stellt hierbei die Universität dar, die auf die Gesamtregion bezogen ist und von deren Entwicklung regionale Effekte ausgehen. Die begonnene Diskussion um die Regionalrelevanz von Projekten, die nicht an den unmittelbar betroffenen Standorten realisiert werden, zeigt, daß sich die Entwicklungsplanung in der Region im Ansatz auf regionale Strukturen auszurichten beginnt. Lokale Entwicklungsschwerpunkte müssen in diesem Zusammenhang aufgegriffen und fortentwickelt werden. Einen Faktor stellen hierfür die Kreisentwicklungskonzepte dar, deren Verknüpfung mit dem regionalen Entwicklungskonzept zum gegenwärtigen Zeitpunkt noch nicht geklärt ist, die aber innerhalb der Kreise eine wichtige Anstoßfunktion zur Entwicklung gemeindeübergreifender Kooperation haben.

Regionalbericht Emscher-Lippe

Josef Hilbert und Wolfgang Potratz

1 Skizze der Region

Die einzigen förmlichen Abgrenzungen der "Region Emscher-Lippe" finden sich im Gebietsentwicklungsplan Münsterland, Teilabschnitt "Nördliches Ruhrgebiet", und in der Abgrenzung der Vestischen Gruppe in der Industrie- und Handelskammer zu Münster dokumentiert und umfassen hier die kreisfreien Städte Gelsenkirchen und Bottrop sowie den Kreis Recklinghausen (s. Karte). Administrativ gehört diese Region zum Regierungsbezirk Münster.

Die Entwicklung der Bevölkerungszahlen in der Gesamtregion ist seit Anfang der 70er Jahre bis einschließlich 1986 negativ verlaufen. Seit 1986 ist wieder ein leichter Aufwärtstrend zu erkennen, getragen durch Wanderungsgewinne in allen Teilregionen.

Wie im Ruhrgebiet insgesamt, ist die Stabilität der Branchenstruktur, gemessen an den Beschäftigtenanteilen der jeweils sechs größten Branchen, auch in der Region Emscher- Lippe unübersehbar. Aus der Zeitreihe von 1978 bis 1990 ergeben sich jeweils nur geringe Schwankungen im Rangplatz. In den Teilregionen Bottrop und Gelsenkirchen dominiert immer noch der Bergbau (mit Energie- u. Wasserversorgung), während er im Kreis Recklinghausen seit 1985 auf den zweiten Platz abgerutscht ist. An zweiter und dritter Stelle liegen Handel und Dienstleistungen, die in Recklinghausen bereits den Bergbau verdrängt haben. Danach folgen in Bottrop das Baugewerbe und die Gebietskörperschaften, in Gelsenkirchen die Chemische Industrie und der Stahl- und Fahrzeugbau und im Kreis Recklinghausen die Chemische Industrie und das Baugewerbe. Schließlich spielen in Bottrop noch die Verkehrswirtschaft, in Gelsenkirchen das Baugewerbe und im Kreis Recklinghausen die Gebietskörperschaften und Sozialversicherungen als Arbeitgeber eine wichtige Rolle.

Auch innerhalb des Verarbeitenden Gewerbes ist es im Zeitraum von 1978 - 1990 nur zu geringen Veränderungen in der Branchenstruktur gekommen. In Bottrop war der Stahl- und Fahrzeugbau führend, bis er 1990 von der Chemischen Industrie ein- und überholt wurde. In Gelsenkirchen ist die Struktur des Verarbeitenden Gewerbes zwar

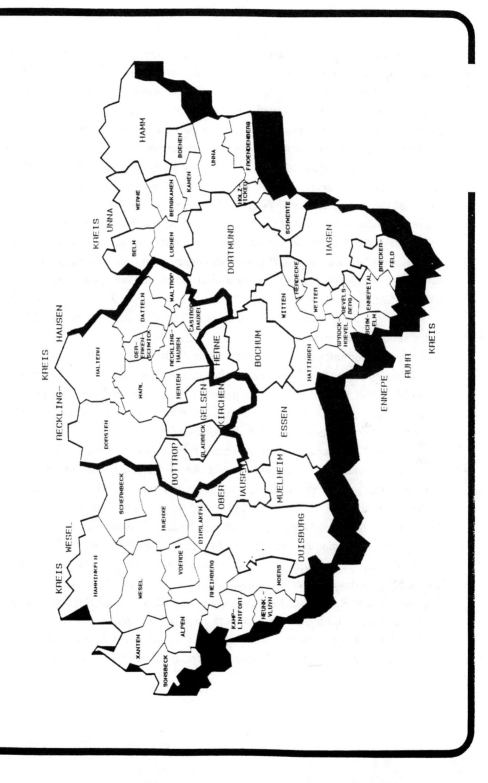

im großen und ganzen der in Bottrop ähnlich, zeigte aber deutlichere Schwankungen. Einen stetigen Aufwuchs zeigte hier nur der Stahl- und Fahrzeugbau, der noch 1981 nur den dritten Rang eingenommen hatte, dann aber die bereits von der Chemischen Industrie vom ersten Platz verdrängte Eisen- und Metallerzeugung überholte und 1990 an die Spitze vorrückte. Im Kreis Recklinghausen blieb das Verhältnis der großen Wirtschaftsgruppen zueinander seit 1985 unverändert; bereits in diesem Jahr hatten der bislang dominierende Bergbau (mit Energie und Wasser) und der Bereich der Dienstleistungen die Plätze getauscht. 1990 stellen die Dienstleistungen den größten Bereich dar, gefolgt vom Bergbau, dem Handel und der Chemischen Industrie.

Zusammengenommen stehen Beschäftigungsverlusten im Bergbau und im Verarbeitenden Gewerbe der Region von rd. 13.000 Beschäftigungsgewinne in den Dienstleistungsbereichen von rd. 25.000 gegenüber, immerhin ein positiver Saldo von 4,5% zwischen 1978 und 1990. Der Verlierer war vor allem die Teilregion Gelsenkirchen: während Bottrop zwischen 1978 und 1990 einen Zugewinn an Beschäftigten von fast 22% verbuchen konnte und auch der Kreis Recklinghausen um immerhin rd. 7% zunahm, verlor Gelsenkirchen knapp 8%.

Ein Spiegel der unterschiedlichen Entwicklung der Branchen ist die Entwicklung der Industriebeschäftigten mit Dienstleistungsfunktionen. Während in Bottrop zwischen 1978 und 1990 eine deutliche Zunahme um rd. 28% und im Kreis Recklinghausen auch noch um etwas über 7% zu verzeichnen ist, sind die Dienstleistungsfunktionen in der Industrie in Gelsenkirchen um rd. 15% abgebaut worden.

Der "innere" Strukturwandel der Unternehmen und Branchen drückt sich auch im Status der Arbeitnehmer aus, und dies nicht nur im Verhältnis von Angestellten zu Arbeitern, das sich durchgängig zugunsten der Angestellten verschoben hat, sondern auch am Verhältnis von Facharbeitern zu "sonstigen", d.h. ungelernten Arbeitern. In den Jahren von 1970 bis 1987 hat sich die Zahl von Facharbeitern im Verarbeitenden Gewerbe der Gesamtregion zwar um 7,5% verringert, dramatisch aber verlief die Entwicklung für die ungelernten Arbeiter: ihre Zahl nahm in diesen Jahren in der Gesamtregion um rd. 54% ab, das waren 24.788 Arbeitsplätze. Die Frauenbeschäftigung erhöhte sich insgesamt in der Region um 18,5%, wobei sich der Zuwachs allerdings nahezu ausschließlich auf die Teilregionen Bottrop und den Kreis Recklinghausen verteilte, während die Entwicklung in Gelsenkirchen stagnierte. Das Gros der neuen Frauenarbeitsplätze lag, dem allgemeinen Trend folgend, im tertiären Bereich.

Spiegelbildlich zur Beschäftigung entwickelte sich die Arbeitslosigkeit in der Region. Sie stieg über die 80er Jahre hinweg stetig an und erreichte ihren Höhepunkt 1988 mit über 53.000 Arbeitslosen, was teilregional Quoten von zwischen 16,7% in Gelsenkirchen und 14,2% im Kreis Recklinghausen entspricht. Das Ergebnis für den Kreis wird im wesentlichen durch die Städte Recklinghausen und Castrop-Rauxel im Ballungskern bestimmt, die Städte der Ballungsrandzone weisen deutlich günstigere Werte auf. Dabei hat sich bereits das Erwerbspersonenpotential seit Mitte der 70er Jahre, insbesondere in Gelsenkirchen, stetig verringert.

Im Zuge der allgemeinen Konjunktur hat sich zwar auch die Arbeitsmarktsituation in dieser Region gebessert, aber immer noch liegen die Gesamtregion wie die Teilregionen deutlich über dem Durchschnitt des Ruhrgebiets wie dem des Landes und des Bundes.

Die gesamtwirtschaftliche Situation, wie sie mit der Beschäftigungslage und der Arbeitslosigkeit beschrieben wurde, drückt sich auch in der Entwicklung der Bruttowertschöpfung und der regionalen Einkommenssituation aus. Die Bruttowertschöpfung verlief in der Region recht ungleichmäßig. Während Bottrop von 1986 auf 1987 einen Zuwachs von 3,9% und der Kreis Recklinghausen von 4,3% verbuchen konnte, verlor Gelsenkirchen 0,8%. Auch von 1987 auf 1988 nahm Bottrop mit 2,8% und der Kreis Recklinghausen mit 4,7% deutlich stärker zu als Gelsenkirchen mit nur 1,6%. Umgerechnet auf die BWS/Erwerbstätigen ergibt sich allerdings ein anderes Bild: hier liegen Bottrop und der Kreis Recklinghausen deutlich unter dem Landesdurchschnitt, während Gelsenkirchen in beiden Zeiträumen um mehr als 30% darüber liegt.

Die Summe der Bruttoverdienste in der Region stieg zwischen 1982 und 1989 insgesamt um 8,6%, wobei sich zwischen den Teilregionen jedoch deutliche Unterschiede zeigten: im Kreis Recklinghausen wuchsen die Einkommen um rund 16%, in Bottrrop immerhin noch um etwas mehr als 8%, in Gelsenkirchen nahmen sie um knapp 3% ab. Dennoch liegt die Region insgesamt über dem KVR-Durchschnitt mit 6,2%. Bis 1984 war die Entwicklung allgemein rückläufig, wobei Gelsenkirchen mit -13.3% den stärksten Einbruch erlebte. Seit 1984 sind überall Anstiege zu verzeichnen, wobei Gelsenkirchen und der Kreis Recklinghausen zwischen 1986 und 1987 mit 9% bzw. 5,6% die stärksten Steigerungen erfuhren; in Gelsenkirchen deutete sich allerdings bereits 1988 wieder ein Absinken an.

Die kommunalen Haushalte der Region sind in einer nach wie vor schwierigen Situation. Zwar hat sich die allgemein verbesserte Einnahmesituation der Kommunen auch hier niedergeschlagen, dennoch ist die Finanzkraft der Städte dieser Region weiterhin unterdurchschnittlich, im Vergleich zum Land wie zum Regierungsbezirk Münster. Innerregional läßt sich dabei noch ein Gefälle zwischen den Lippe- und den Emscherstädten feststellen, deren Situation noch schwieriger ist. Die Städte Bottrop, Gelsenkirchen und Castrop-Rauxel konnten jahrelang den zwingend vorgeschriebenen Ausgleich des Verwaltungshaushalts nicht erreichen; erst in den letzen zwei Jahren konnte der Ausgleich wieder hergestellt werden. Bei einer hohen Verschuldung sind die Investitionsspielräume entsprechend gering.

2   Chronologie der Regionalisierung von Strukturpolitik

Die "Regionalisierung der Strukturpolitik" in NRW wurde offiziell zwar erst im Sommer 1987 mit der "Zukunftsinitiative Montanregionen" eingeleitet, in der Region Emscher-Lippe hatte diese Politik aber bereits Vorläufer; die Stationen dieser Entwicklung sollen in den nächsten Abschnitten in ihren großen Linien nachgezeichnet werden.

Das erste "Handlungskonzept Emscher-Lippe"

Die Idee für ein "Handlungskonzept" entstand zu Beginn der 80er Jahre im Verlauf der Aufstellung des Gebietsentwicklungsplans (GEP) "Nördliches Ruhrgebiet", die von erheblichen Querelen zwischen den Emscher- und Lippe- Städten begleitet war. Den Lippe-Städten wurde aus der Sicht der Emscher-Städte ein zu großer Flächenspielraum zugestanden, der die Akquisitions- und Entwicklungschancen des Emscher-Raumes verminderte. Gelsenkirchen z.B. vertrat - nicht zuletzt aufgrund der eigenen Flächenknappheit - die Position, Freiräume auch tatsächlich weitestgehend frei zu halten und nur bereits ausgewiesene Flächen neu zu nutzen. Diese Philosophie des Flächenrecycling wurde zwar nach außen hin in der gesamten Region hochgehalten, mit den tatsächlichen Flächenanforderungen im GEP-Verfahren aber völlig unterlaufen. Da Gelsenkirchen - ebenso wie Bottrop und die anderen Emscher-Städte - ohnehin schon in den letzten Jahren erhebliche Abwanderungen an Einwohnern und Betrieben hinnehmen mußte, war man hier nicht länger bereit, eine weitere Abwanderung von Potentialen aus dem Ballungskern zuzulassen und allein die Kosten für eine vernünftige Flächenpolitik zu tragen. Diese und weitere Probleme wurden von den Städten im

Erörterungsverfahren auch offen angesprochen; gleichzeitig drohten sie glaubhaft mit der Verweigerung der Zustimmung zum GEP, was das Aufstellungsverfahren noch einmal in die Länge gezogen hätte.

In den mit dieser Frage befaßten Dezernaten des RP Münster wurde deshalb bereits 1984/85 damit begonnen, ein Konzept zu entwickeln, das auf der Grundlage eines allgemeinen Konsenses über die raumplanerischen Aspekte hinaus auch wirtschaftsstrukturelle Entwicklunglinien aufzeigen sollte. Die erste grobe konzeptionelle Vorstellung bestand darin, eben im Gegensatz zum GEP, ein projekt- und vollzugsorientiertes Konzept zu formulieren. Gegenstand sollten die Wirtschaft und die wirtschaftsnahe Infrastruktur sein. Politisch ging es um eine Selbstverpflichtung und Selbstbindung der Kommunen, in einem gegebenen konzeptionellen Rahmen ihre Entwicklungsziele und Maßnahmen abzustimmen, zu koordinieren und zu realisieren. Pate standen dabei die positiven Erfahrungen "regionaler" Zusammenarbeit und Interessendurchsetzung während der Erstellung des LEP I/II Ende der 70er Jahre, vor allem aber das 1983/84 entwickelte und verabschiedete Haldenkonzept: Dies war ebenso wie das jetzt geplante "Handlungskonzept" auf einer kooperativen Grundlage im "rechtsfreien" Raum entstanden und hatte mehr Spielraum für Kompromisse und einen Interessenausgleich als die formalen Verfahren ermöglicht. "Rechtsfrei" heißt in diesem Zusammenhang: Es besteht kein gesetzlicher Auftrag für ein derartiges Handlungskonzept; es handelte sich also um eine genuin politische, eigenverantwortliche Entscheidung der beteiligten Akteure.

Diese Idee wurde dann von der SPD-Gruppe im Bezirksplanungsrat Münster (BPR) als Kompromißlösung für die im GEP-Verfahren entstandenen Konflikte aufgegriffen und weiter vorangetrieben. So wurde am 16.12.85 der GEP im Bezirksplanungsrat verabschiedet und gleichzeitig der Beschluß gefaßt, den Regierungspräsidenten (RP) aufzufordern, ein Strukturkonzept für die Emscher-Region (nicht: Emscher-Lippe!) zu entwickeln.

Auch wenn das Konzept keineswegs im Alleingang entwickelt und durch einen Beschluß des BPR sanktioniert worden war, zeigten sich der RP wie der seinerzeitige Bezirksplaner zunächst noch durchaus zögerlich. Die abwartende Haltung gründete auf Unsicherheiten über den Kreis der Teilnehmer, die möglichen Inhalte des Konzepts und die Organisation des Verfahrens - wichtige Punkte, die zu der Zeit und in dem Entwicklungsstadium tatsächlich noch vage und ungeklärt waren. Nachdem diese Vorbehalte mit der weiteren Ausformulierung überwunden werden konnten, wurden die Arbeiten auch von der Spitze des Hauses energisch vorangetrieben.

In der Region fiel die Idee eines "Handlungskonzepts" insofern auf einen 'bereiteten Boden', als die Industrie- und Handelskammer Münster/ Vestische Gruppe (IHK) mit sog. "Kammer-Foren" und die SPD-Unterbezirke mit "Emscher-Lippe-Foren" sich bereits seit längerem bemühten, kommunale Konkurrenzen einzugrenzen, den Emscher-Lippe-Raum als Region nach außen darzustellen und einen Dialog zwischen Wirtschaft und Kommunen zu organisieren.

Auch einzelne Städte der Region hatten sich - z.T. im Zusammenwirken mit der IHK - bereits mit Wirtschaftsrunden, - gesprächen oder -empfängen um einen besseren Kontakt mit "ihren" Unternehmen bemüht und dabei Kommunikation und Kooperation als Handlungsressource entdeckt. Erste wichtige Schritte waren damit getan. Innerhalb und zwischen den Städten und Gemeinden kam es deshalb zu keiner breiteren oder gar kontroversen Diskussion über diese vom Bezirksplanungsrat und dem Regierungspräsidenten eingeschlagene Strategie. Die Kommunen verhielten sich insgesamt positiv, und wo die Euphorie etwas geringer war, zumindest nicht destruktiv. Durch die zugrunde liegende Philosophie, Gemeinsamkeit zu fördern und nicht lösbare Konflikte zumindest vorläufig auszuklammern, erschien das Konzept auch wenig konfliktträchtig. Tendenziell kritische oder ablehnende Positionen in Teilen der Verwaltungen fanden deshalb auch wenig Resonanz und fielen nicht ins Gewicht.

Geschäftsführung und Gremien der IHK - die übrigens als einzige Institution den Raum organisatorisch abdeckt und sich von daher als "natürliche" Klammer anbot - standen dem sich entwickelnden Prozeß der Regionalisierung "von unten" von Anfang an offen und positiv gegenüber. Sie übernahm eine aktive Rolle, die durchaus über die "normalen" politischen Aktivitäten einer Kammer hinausging. Dies hat allerdings viel mit der Personenkonstellation ihrer Führungs- und Leitungsgremien zu tun. Die Kammer betrachtete sich dabei als "den" Vertreter der Wirtschaft und legte Wert darauf, auch als alleiniger Ansprechpartner an den diversen Gesprächen, Beratungen und Konferenzen teilzunehmen.

Interviews zufolge zeigten sich auf Seiten der Unternehmen selbst regional bezogenes Denken und eine Bereitschaft zu regionalem Engagement eher bei großen Unternehmen als bei kleinen und mittleren Unternehmen. Aber auch bei den kleineren Unternehmen muß differenziert werden: überregional und exportorientierte Unternehmen zeigten sich problembewußter als eher kleinräumig ausgerichtete Unternehmen. Insofern fanden sich natürlich auch Skeptiker, doch wurde die Situation auch von den Unternehmen ebenfalls als so prekär empfunden, daß diese Form der Zusammenarbeit zwischen Kammer und Kommunen/RP - mit dem "Staat" also - zumindest keinen deutlich artikulierten Widerspruch fand.

Die Reaktion des Kreises auf die Idee, ein Handlungskonzept zu erstellen, war stark durch die politische Philosophie der "Selbstbeschränkung" des Oberkreisdirektors (OKD) bestimmt: Die Städte des Kreises Recklinghausen sind relativ stark, so daß - aus Sicht des OKD - dem Kreis für eine aktive Politik nur wenig Raum bleibt und Koordination und Ausgleich kommunaler Interessen im Vordergrund steht. So spielte der OKD in persona zwar in der Entstehungsgeschichte des Handlungskonzept eine wichtige Rolle, nahm sich dann aber zurück und brachte relativ schnell die Städte - einschließlich ihrer politischen Spitzen - selbst ins Spiel: "... Dabei ist die Sicht der Verwaltung allein nicht ausreichend. Vielmehr müssen gerade auch die Kräfte, welche ausschlaggebend in der öffentlichen und politischen Verantwortung stehen, maßgeblich eingebunden und beteiligt sein. ..." Allerdings fand diese Sichtweise im weiteren Verlauf keine Mehrheit.

In mehreren, teils formellen, teils informellen Gesprächsrunden mit RP, Oberstadtdirektoren der Städte Gelsenkirchen und Bottrop, dem OKD des Kreises Recklinghausen und dem Geschäftsführer der IHK als "hartem Kern" wurde die Entwicklung des Grundkonzepts weiter vorangetrieben und Vereinbarungen über Arbeitsweise und Organisation des weiteren Vorgehens getroffen. Dabei wurde u.a. das zunächst vorgesehene "Emscher-Konzept" zum "Emscher-Lippe-Konzept" erweitert. Ende 1986 wurde ein von der Bezirksplanungsbehörde formulierter Entwurf des Konzepts vorgestellt und im Februar 1987 mit der Bitte um Stellungnahme bis Juli 1987 den Kommunen und übrigen Akteuren zugesandt.

Explizit herausgehoben wurde in dem Entwurf die Selbstverpflichtung der Akteure zur Kooperation: "Seine [des Handlungskonzepts] Wirksamkeit wird ausschließlich davon abhängen, daß alle Städte, der Kreis und letztlich auch die Fachplanungsträger das Konzept als Leitlinie für das Handeln der nächsten Jahre anerkennen und in enger Abstimmung für die Realisierung Sorge tragen."

Am 14.3.88 wurde das "Handlungskonzept Emscher-Lippe" vom BPR beschlossen. Am 27.4.88 konstituierte sich die "Regionalkonferenz Emscher-Lippe" (RK), die sich zusammensetzte aus dem RP Münster, den Oberstadtdirektoren der kreisfreien Städte Bottrop und Gelsenkirchen, dem Oberkreisdirektor des Kreises Recklinghausen, den Stadtdirektoren der kreisangehörigen Städte, den Hauptgeschäftsführern der Kammern (IHK, HWK und LWK) und verantwortlichen Vertretern der Gewerkschaften (d.h. des DGB). Ohne Absprache mit den Beteiligten, aber auch ohne ihren Widerspruch, "koop-

tierte" der RP die Städte Oberhausen und Herne, die zwar außerhalb des Regierungsbezirks Münster liegen, aber nach Struktur und Problemlage als der Emscher-Lippe-
Region zugehörig betrachtet wurden.

Die Zukunftsinitiative Montanregionen - ZIM

Im Frühjahr 1987 kumulierten die Anpassungsprobleme bei Kohle und Stahl so, daß
Massenentlassungen unvermeidlich schienen. Die Landtagsfraktionen reagierten darauf
mit einer "Gemeinsamen Erklärung", in deren Gefolge zunächst im Mai 1987 ein "Stän-
diger Interministerielle Ausschuß Montanregionen" (SIAM) gegründet und Anfang Juni
vom Kabinett die "Zukunftsinitiative für die Montanregionen" (ZIM) beschlossen
wurde, die Mitte Juli auf einer großen "Auftaktveranstaltung" in Oberhausen den politischen Mandatsträgern, administrativen Spitzen und der Wirtschaft der Regionen vorgestellt wurde. Es folgten Spitzengespräche mit den Kommunen, Regierungspräsidenten
und Verbänden, in denen Konzept und Verfahren der ZIM dargelegt wurden. In die
ZIM einbezogen war aus der "Region Emscher-Lippe" zunächst aber nur die Arbeitsmarktregion (AMR) Gelsenkirchen; die AMR Recklinghausen wurde erst im Frühjahr
1988 nachträglich in die ZIM aufgenommen. Termin für die erste "Antragsrunde" war
der 02.11.87 - also ein relativ kurzer Zeitraum, um ein in sich stimmiges, regional abgestimmtes "Antragspaket" zu erarbeiten und vorzulegen.

Aufgrund der Übereinstimmung der Philosophien der Zukunftsinitiative und des
Handlungskonzepts wurde ZIM in der Region allgemein - bei durchaus bestehenden
Vorbehalten gegenüber einzelnen Aspekten, wie etwa dem "Konsenszwang" - begrüßt.
Beispielsweise sah die Stadt Gelsenkirchen darin nur zusätzliche Chancen, so daß eine
kontroverse Debatte darüber gar nicht aufkam. Die Zukunftsinitiative wurde als eine
richtige Strategie gesehen, über Projektmittel gezielt die Entwicklung der Region anzu-
stoßen, statt, was ja auch öfter diskutiert wurde, die allgemeinen Schlüsselzuweisungen
zu erhöhen.

Anders als von den Kommunen wurde ZIM von der IHK zunächst durchaus als "auf-
gepfropft" empfunden. Die darin enthaltene Dezentralisierungsidee wurde zwar grundsätzlich begrüßt, Stein des Anstoßes war aber auch bei ihnen der Konsenszwang, wie er
zumindest für die erste ZIM-Runde noch postuliert worden war. Im Hintergrund stand
die Befürchtung, hier würden durch die Hintertür Wirtschafts- und Sozialräte einge-

führt, wogegen erhebliche (ordnungs-)politische Bedenken bzw. klare Gegenpositionen bestanden. Unklar, und deshalb beargwöhnt, war u.a. auch die Frage, welche Projekte Gegenstand der Beratungen und des Konsenses sein sollten; für die anfänglich abwartende Haltung spielte aber sicher auch das Meinungsklima in der nordrhein- westfälischen Kammerlandschaft insgesamt eine gewisse Rolle.

LIP und ZIN

Das Landesinvestitionsprogramm (LIP), das als haushaltsmäßige Umsetzung des Strukturhilfegesetzes (nach Art.104a GG) am 17.03.1989 im Landtag verabschiedet wurde, schaffte zwar Verwirrung, stellte die Region im Prinzip aber vor keine neuen Anforderungen, ebensowenig wie die kurz darauf am 30.05.89 vom Kabinett beschlossene "Zukunftsinitiative für die Regionen Nordrhein-Westfalens"(ZIN). Geändert wurde allerdings der regionale Zuschnitt. Während die Förderkulisse der ZIM auf den Abgrenzungen der Arbeitsmarktregionen (wie sie der Gemeinschaftsaufgabe "Verbesserung der regionalen Wirtschaftsstruktur" zugrunde liegen) basierte, blieb es unter ZIN den Kommunen selbst überlassen, sich zu "Regionen" zusammenzufinden. Zufällig oder nicht, formierten sich die "neuen" Regionen nach den Abgrenzungen der Bezirke der Industrie- und Handelskammern. Für die "Region Emscher-Lippe" war dies der Bereich der Vestischen Gruppe in der Industrie- und Handelkammer zu Münster und damit zugleich der Bereich des "Handlungskonzepts". Wie zuvor wurden die Städte Oberhausen und Herne wieder als "kooptierte Mitglieder" miteinbezogen.

Handlungskonzept - Fortschreibung

Nach den positiven Erfahrungen mit dem Handlungskonzept beschloß der Bezirksplanungsrat im März 1990 eine Aktualisierung und Fortschreibung. Nach den Vorstellungen des RP sollte dies - im Gegensatz zum ersten Handlungskonzept - eine Aufgabe der Region sein, zu der die Behörde lediglich koordinierende Dienstleistungen und eine Aktualisierung des Analyseteils beisteuern wollte, auf dessen Grundlage dann die Regionalkonferenz selbst die Entwicklungsperspektiven und -strategien überarbeiten und Projektvorschläge erstellen sollte. Die RK beschloß dagegen, "..., die Entwicklungsperspektiven durch eine noch zu bildende kleine Arbeitsgruppe der Regionalkonferenz mit der Bezirksplanungsbehörde zu entwickeln." Diese "kleine" Arbeitsgruppe (sie umfasste 16 Personen) wurde auf der nächsten RK am 09.08.90 eingesetzt und ihre Leitung dem OStD Gelsenkirchen übertragen. Über das Verfahren der Erarbeitung sollte die Arbeitsgruppe selbst entscheiden. Nach drei Sitzungen wurde im Februar 1991 ein erster Entwurf vorgelegt und in der RK am 14.03.91 ein erstes Mal diskutiert. Die Kommunen sollten bis Mitte/Ende Juni 1991 ihre Stellungnahmen abgeben, um das Konzept dann im September in der RK zu "verabschieden" und dem BPR zur Beschlussfassung vorzulegen. Aber während über die Analyse relativ schnell Einverständnis hergestellt werden konnte, erforderte die Konsensfindung über den Projektteil ein weit höheres Maß an Diskussion und Koordination, das die Arbeitsgruppe nicht mehr leisten konnte. Diese Aufgabe übernahm wieder die Geschäftsstelle der RK beim RP. Nach einer ersten Diskussionsrunde in der RK bereits im Mai und einer weiteren im September 1991 wurde das Konzept dann im November 1991 abgeschlossen und dem BPR vorgelegt, der es am 9.Dezember 1991 verabschiedete.

3 Analyse der Regionalisierung von Strukturpolitik

Die folgende Analyse des Regionalisierungsprozesses in Emscher- Lippe gliedert sich in einen Überblick über die inhaltliche Struktur des Handlungskonzepts und eine Skizze der dem Prozeß zugrunde liegenden Entscheidungsstrukturen. Im Anschluß daran werden die Entscheidungsprozesse selbst, die Rolle einzelner Akteure und die Koordinationsprobleme dargestellt.

3.1 Inhalte des regionalen Entwicklungskonzepts

Der erste Entwurf des Handlungskonzepts, der im November 1985 vorgelegt worden war, enthielt im wesentlichen eine knappe Skizze der Ausgangssituation, die sich primär auf die Beschäftigungsproblematik, veränderte Standortanforderungen der Unternehmen wie der Wohnbevölkerung, die Schwächung der kommunalen Finanzkraft und schließlich auf das Qualifikationsniveau der Beschäftigten und die geographische Lage als die zentralen Standortvorteile konzentrierte. Für das Handlungskonzept wurden daraus sechs "Aktionsfelder" abgeleitet:

88

* Stärkung der Wirtschaftskraft durch Stärkung mittelständischer Unternehmen, des tertiären Sektors und der Förderung von Forschungsaktivitäten;
* Belebung des Arbeitsmarktes durch Bildung, Ausbildung und Weiterbildung;
* Stadterneuerung und Wohnumfeldverbesserung;
* Reduzierung der Umweltbelastung;
* Förderung des kulturellen Lebens ("Imageverbesserung")
* Verbesserung des schienengebundenen ÖPNV.

Diese Felder entsprechen denen des "Aktionsprogramms Ruhr" von 1980 - 1984. Für die einzelnen Aktionsfelder wurden aber noch keine Projekte ausformuliert, sondern lediglich Beispiele für Maßnahmen benannt, verbunden mit der Aufforderung an die Kommunen, in Anlehnung daran konkrete, kurzfristig realisierbare Vorschläge auszuarbeiten.

Für das auf dieser Grundlage im Januar 1988 vorgelegte erste "Handlungskonzept für den Emscher-Lippe-Raum im Regierungsbezirk Münster" wurde der Analyseteil dennoch weiter ausgearbeitet, um die komplexe Problemlage eines traditionellen Industriegebietes deutlich werden zu lassen:

* die problematische Struktur des Arbeitsmarktes, der Arbeitslosigkeit und der teilregionalen Disparitäten;
* die Haushaltssituation der Kommunen und ihre eng begrenzten Investitionsmöglichkeiten;
* das "Kapital" einer ausgebauten industriellen Infrastruktur und die räumliche Lagegunst.

Das Handlungskonzept definierte dann zehn Entwicklungsziele, in denen sich die längerfristigen Vorstellungen der Region ausdrückten:

(1) Stärkung der Wirtschaftskraft (Hebung des Regionaleinkommens)
(2) Verbesserung der Beschäftigungssituation (direkt und indirekt)
(3) Sicherung des Standortes Emscher-Lippe-Raum (Verbesserung des Flächenangebotes, der Verkehrsinfrastruktur etc.)
(4) Förderung des wirtschaftlichen Strukturwandels durch
    - neue Produktionstechniken
    - Verbesserung der Qualifikation
    - Auflockerung der Betiebsgrößenstruktur
    - Auflockerung der Branchenstruktur
    - Ausweitung des Tertiärsektors
    - Erweiterung der Forschungs- und Entwicklungsaktivitäten

(5) Beitrag zur Stadterneuerung, Wohn- und Wohnumfeldverbesserung
(6) Verbesserung des Natur- und Landschaftsschutzes
(7) Verringerung der Umweltbelastung
(8) Imageverbesserung
(9) Verbesserung von Kultur- und Freizeitangeboten, Sozialeinrichtungen etc.
(10) Verbesserung der regionalen Zusammenarbeit

Die Ziele des Handlungskonzepts richten sich primär auf eine Verbesserung der Wirtschaftsstruktur insgesamt, also nicht nur auf einzelne, ausgewählte Bereiche. Der Projektteil weist ein ausdifferenziertes System von Leit-, vorrangigen, ergänzenden und weiteren Projekten aus, in denen jeweils Ziele, Maßnahmen und Träger enthalten sind. Ein erheblicher Teil ist, zumindest der Sache nach, bereits als Kooperationsprojekt angelegt. Der Schwerpunkt liegt auf der Bereitstellung und Mobilisierung von Flächen für Gewerbe und Industrie, aber auch für den Wohnungsbau, einer ersten Forderung zum Ausbau der wissenschaftlich-technischen Infrastruktur und ersten Überlegungen zum Ausbau der Region als Güterverteil- und Logistikzentrum.

Der Analyseteil des ersten Handlungskonzepts war nicht zuletzt deshalb nur grob durchstrukturiert, weil über die Bewertung der Situation praktisch kein Dissens bestand. Dies hat sich auch mit der im Frühjahr 1990 eingeleiteten "Fortschreibung" nicht verändert, wohl aber die Notwendigkeit einer differenzierteren Außendarstellung in Konkurrenz zu den Hellweg-Städten. Die Analyse ist dementsprechend in allen Bereichen weiter ausgefeilt, detaillierter und nimmt die Entwicklung der letzten Jahre auf. Danach ist der Flächenbedarf nach wie vor groß und unbefriedigt, gerade auch in der Perspektive des Auf- und Ausbaus des Verkehrs- und Logistikbereichs. Der Dienstleistungssektor weist in der Region eine deutliche Schwäche, insbesondere im Bereich der wissenschaftlich-technischen Dienstleistungen auf. Unter Berufung auf die Erfolge der Universitätsansiedlungen in der Hellweg-Zone und auf frühere Forderungen und Planungen wird die Notwendigkeit des Aufbaus einer "Wissenschaftslandschaft Emscher-Lippe" zur Schließung dieser Lücke herausgearbeitet. Im Vergleich zum ersten Handlungskonzept wird außerdem der Bereich Kultur und Freizeit stärker in den Vordergrund geschoben. Im Projektteil liegen die Schwerpunkte wiederum im Bereich der wirtschaftsnahen Infrastruktur (im Konzept ausgewiesen als "Aktionsfeld Wirtschaft und Arbeitsmarkt") und der Flächenpolitik. Wiederum sind eine Reihe von Projekten explizit als Kooperationsprojekte ausgewiesen (darunter auch einige, die aus dem ersten Handlungskonzept übernommen und fortgeschrieben worden sind).

Beiden Handlungskonzepten gemein ist der pragmatische Ansatz in der Analyse wie in der Projektentwicklung; damit fügt sich das Konzept problemlos in die "Handlungsempfehlungen" des MWMT ein. Das Konzept verzichtet auf Spekulationen über technologische und weltwirtschaftliche Entwicklungstrends und konzentriert sich konsequent auf die Aspekte, die auch regionalen Aktivitäten zugänglich sind. Unter dem Motto "Leben und Arbeiten im Park" ist die Mehrzahl der Projekte so angelegt, daß zusätzliche Finanzmittel zwar nicht verzichtbar sind, aber die Eigenbeiträge den Willen der Kommunen und der Region dokumentieren, eine neue Perspektive zu entwickeln und dafür die eigenen Potentiale auszuschöpfen.

3.2 Entscheidungsstruktur und -verfahren

Organisationsstrukturen

Über den zur Entwicklung und Umsetzung des Handlungskonzepts notwendigen organisatorischen Unterbau, wie später auch von ZIM/ZIN, ist nie explizit diskutiert worden. Organisation und Verfahren sind vielmehr "gewachsen", d.h.: in den Gesprächsrunden des RP mit den Hauptverwaltungsbeamten und der IHK sind Verabredungen über Inhalte und Arbeitsweisen getroffen worden, die dann arbeitsteilig und in jeweils eigener Verantwortung umgesetzt wurden. Es gab nur eine, wenn auch erst später dokumentierte, explizite Organisationsentscheidung: die Selbstdefinition der Runde als "Chefkonferenz" der Hauptverwaltungsbeamten (also des RP und der Stadtdirektoren) und Geschäftsführer der Kammern und des DGB. Ansonsten gab es für den anlaufenden Prozess keine besondere organisatorische Infrastruktur. Beim RP war es ein Dezernat in der Bezirksplanungsbehörde, das die Koordination übernahm, beim Kreis und in den Städten waren es i.d.R. die Planungs- und/oder Stadtentwicklungsämter, die die Beiträge erarbeiteten, oder einzelne, mit einem "Sonderauftrag" der Verwaltungsspitze bedachte Mitarbeiter. Gesonderte "Arbeitskreise" oder "Projektgruppen" gab es in dieser ersten Phase nicht.

Erst mit der Verabschiedung des Handlungskonzepts, und nicht zuletzt auch unter dem Einfluß von ZIM, wurde dann auch beschlossen, zur Umsetzung die bisherige "Chefkonferenz" in eine "Regionalkonferenz" (RK) umzuwandeln; sie konstituierte sich am 27.4.88 und verstand sich ausdrücklich als administratives Arbeitsgremium. Diese

Regionalkonferenz sollte 2 - 3 mal pro Jahr zusammentreten und als Lenkungsorgan die Prioritäten für die weitere Entwicklung und Umsetzung des Handlungskonzepts festlegen; für die Konkretisierung der Leitprojekte durch förder- und entscheidungsfähige Einzelprojekte wurden Arbeitskreise (AK) mit definierten Aufgaben eingerichtet (s. Grafik). Den Vorsitz in den Arbeitsgruppen übernahmen jeweils Spitzenbeamte der Städte, wobei die Auswahl vom RP nach fachlicher Kompetenz und administrativer Kapazität gesteuert wurde, so daß die Besetzung nicht als Ausdruck politischer Gewichtigkeit der Städte oder der Personen angesehen wurde. Der RP stellte wie bisher eine Geschäftsstelle für die notwendigen Koordinierungsleistungen.

Diese Struktur blieb auch über die Laufzeit der ZIM hinweg im Prinzip so erhalten und gilt noch heute. Der Kreis der Teilnehmer wurde nach und nach um die Direktoren der Arbeitsämter Recklinghausen und Gelsenkirchen, eine Vertreterin der Frauenbeauftragten der Region sowie um den Geschäftsführer der Emscher-Lippe-Agentur (ELA) erweitert. Die Thematik und die konkrete Aufgabenstellung einzelner AK hat sich geändert (z.B. kümmert sich der AK " Regionales Flächenentwicklungsprogramm" jetzt um die weitere Ausarbeitung des Konzepts der "Gewerbekette"), andere werden sich auflösen, weil ihr Auftrag erledigt ist. Wieder andere, wie z.B. der AK "Kultur" und ein AK "Wissenschaftslandschaft Emscher- Lippe" als ad hoc-Arbeitskreis unter Teilnahme auch externer Berater (IAT, FH) sind neu eingerichtet worden. Für die Fortschreibung des Handlungskonzepts wurde ein eigener Arbeitskreis gegründet, weil die Regionalkonferenz dafür inzwischen für zu groß gehalten wurde. Dieser Arbeitskreis setzte sich aus dem RP, dem Kreis, den großen Städten und einigen Vertretern der kreisangehörigen Städte, der Kammer und der ELA zusammen und tagte unter dem Vorsitz des OStD Gelsenkirchen (s. Grafik).

Um den Anforderungen der ZIM genüge zu tun, wurde in Gelsenkirchen eine "Aktionskonferenz" (2.10.87) unter Einschluß der "gesellschaftlichen Gruppen" organisiert, die den Konsens über ein "Aktionsprogramm" herstellte, das sich im wesentlichen aus dem Handlungskonzept speiste. In der AMR Recklinghausen, die erst später, im Frühjahr 1988, in die ZIM aufgenommen worden war, wurden anstelle einer - zunächst geplanten - kreisweiten Aktionskonferenz in den Städten lokale Konferenzen organisiert. Beim RP stellte eine "Projektgruppe ZIM", bestehend aus den für die gewerbliche Wirtschaft zuständigen Dezernaten und der Geschäftsstelle der RK, einen Abgleich der Projekte her; eine Schlußkonferenz fand nicht statt (weil die meisten Projekte ohnehin dem Handlungskonzept entstammten, über das bereits ein regionaler Konsens bestand).

Entwicklungsprogramm
Emscher-Lippe Organisation

Regionalkonferenz

Leitung:

RP Schleberger

Geschäftsstelle:

RP Münster
Bezirksplanungsbehörde

Vorsitz:
RP Schleberger

Stellvertreter:
- Stadt Recklinghausen
- IHK
- DGB

Mitglieder:

HVB
- Stadt Bottrop
- Stadt Gelsenkirchen
- Kreis Recklinghausen
- 10 kreisangehörige Gemeinden
- Stadt Herne
- Stadt Oberhausen

HGF
- IHK
- HWK
- LWK

Sonstige
- Emscher-Lippe-Agentur
- DGB (GE+RE)
- Arbeitsverwaltung (GE+RE)
- Gleichstellungsbeauftragte

Arbeitskreise

Regionales Flächen-entwicklungs-programm	Entwicklungs-konzept Lippetal	Regionales Fernwärme-konzept	Kultur	Regionaler Beirat
Vorsitz: Stadt Bottrop	Vorsitz: Stadt Marl	Vorsitz: Stadt Dorsten	Vorsitz: Stadt Recklinghausen	Vorsitz: LR Marmulla

Handlungskonzept Emscher-Lippe

- Aufbauorganisation für die Umsetzung -

REGIONALKONFERENZ

Mitglieder:

- **Hauptverwaltungsbeamte**
  - kreisfreie Stadt Bottrop
  - kreisfreie Stadt Gelsenkirchen
  - Kreis Recklinghausen
  - 10 kreisangehörige Gemeinden
  - kreisfreie Stadt Herne
  - kreisfreie Stadt Oberhausen

- **Hauptgeschäftsführer**
  - Industrie- und Handelskammer
  - Handwerkskammer
  - Landwirtschaftskammer

- Vertreter des DGB

Leitungsgremium:

- Vorsitz
  Regierungspräsident Schleberger

- Stellvertreter:
  - Stadtdirektor Dr. Vesper
  - Herr Neinhaus (IHK)
  - Herr Sommerfeld (DGB)

Geschäftsstelle:

Regierungspräsident Münster
Bezirksplanungsbehörde

- Abteilungsleiter Diedrich
- Regierungsrat Dr. Sparding

Arbeitskreis 1 Regionales Flächenentwicklungsprogramm	Arbeitskreis 2 Regionale Wirtschaftsförderung	Arbeitskreis 3 Regionales Weiterbildungs- und Umschulungskonzept	Arbeitskreis 4 Entwicklungskonzept Lippetal	Arbeitskreis 5.1 Attraktivitätssteigerung ÖPNV - westl. Teilgebiet	Arbeitskreis 5.2 Attraktivitätssteigerung ÖPNV - östl. Teilgebiet	Arbeitskreis 6 Regionales Fernwärmekonzept
Vorsitz: Stadt Bottrop	Vorsitz: Stadt Herten	Vorsitz: Stadt Gladbeck	Vorsitz: Stadt Marl	Vorsitz: Stadt Gelsenkirchen	Vorsitz: Stadt Recklinghausen	Vorsitz: Stadt Dorsten

Für die erste (und einzige) ZIN-Runde 1989 wurde aus der inzwischen konstituierten Regionalkonferenz ein Arbeitsausschuss gebildet, in dem alle an der Regionalkonferenz beteiligten Akteure vertreten waren. Dieser Ausschuss erarbeitete eine Projekt-/Prioritätenliste für die Region, die dann dem MWMT vorgelegt wurde.

Die im Kontext des Handlungskonzepts gegründete Regionalkonferenz ("Chefkonferenz") und ihre Arbeitskeise bildet also so etwas wie eine Grundstruktur für die Regionalisierung "von unten" (Handlungskonzept) wie "von oben" (ZIM/ZIN). Eine "Politisierung" wie in anderen Regionen konnte dadurch verhindert werden, daß dem BPR angeboten wurde, bei "förderrelevanten" Themen jeweils die regional betroffenen BPR-Mitglieder einzuladen (wozu es bislang jedoch noch nicht gekommen ist).

Obwohl die Regionalkonferenz zahlenmäßig klein, in sich geschlossen und klar strukturiert geblieben ist, nahm sie im weiteren Verlauf von ZIM/ZIN und der Fortschreibung des Handlungskonzepts doch Züge eines "Legitimationsgremiums" an; fachpolitische Diskussionen finden hier zwar nach wie vor statt, aber im wesentlichen nur noch auf der Grundlage der Berichte der Arbeitskreise. Die inhaltliche Arbeit an der ZIN-Projektliste für 1990 war bereits einem Arbeitsausschuß übertragen worden, und ebenso die Fortschreibung des Handlungskonzepts.

Strukturelle Rückwirkungen auf die Organisation der kommunalen Verwaltungen sind auf Randerscheinungen begrenzt geblieben. Einzelne Städte haben "Stabsstellen" oder Projektgruppen aufrechterhalten, die neben den kommunalen Planungsaufgaben auch die ihnen aus der Regionalisierungspolitik zugewachsenen regionalen Funktionen wahrnehmen. Wirklich gravierende oder nachhaltige Änderungen der Organisationsstruktur sind jedoch nirgends, zumindest nicht als Rückwirkung der intensivierten Kooperation zu beobachten. Der durch die Regionalisierungspolitik bedingte zusätzliche organisatorische Aufwand der Kommunen hält sich damit - entgegen ersten Erwartungen - durchaus in Grenzen.

Verfahren

Eine bewußte "Konzipierung" möglicher Kooperationsverfahren und -modalitäten hat es im Rahmen des Handlungskonzepts ebensowenig gegeben wie Überlegungen zur Gestaltung einer besonderen organisatorischen Infrastruktur. Der Prozess verlief in Anlehnung an das GEP-Verfahren auf den herkömmlichen "bürokratischen" Wegen der GGO. Die Federführung lag, begründet durch den Auftrag des BPR, bei der Bezirksplanungsbehörde, die auf der einen Seite eng mit den Städten und dem Kreis zusammenarbeitete, und auf der anderen den BPR laufend über den Sachstand unterrichtete. Durch die aktive Rolle des BPR in der Entstehungsgeschichte des Handlungskonzepts und die Verknüpfung von Rats- und BPR-Mitgliedschaft war dieses Verfahren - wie seinerzeit das Haldenkonzept - politisch, aber auch rechtlich, so abgesichert, daß es von keiner Seite - jedenfalls nicht ernsthaft - in Frage gestellt wurde. Hinzu kam, daß sowohl dem Handlungskonzept wie den ZIM-/ZIN-Projekten durchgängig Ratsbeschlüsse zugrunde lagen. Im folgenden werden deshalb die Umgangsweisen der Akteure mit diesen Verfahrensregeln in der Durchsetzung ihrer Interessen skizziert.

Die IHK

Die IHK betrachtete die "neue" Zusammenarbeit mit den Kommunen und den politischen Ebenen der Region ganz pragmatisch als eine "Zweckgemeinschaft", in der unter Wahrung der jeweils eigenen Interessen Vereinbarungen und Verabredungen getroffen und arbeitsteilig, d.h. jeweils in eigener Verantwortung, vollzogen wurden. Konflikte konnten dadurch gemindert werden, aber es blieben auch weiterhin Felder bestehen, in denen nach wie vor unterschiedliche Auffassungen gegeneinander stehen. Dies gilt in Bereichen wie z.B. Energie, Abfall, Verkehr und industrielle Großvorhaben, in denen neben Kammer und Kommunen/Region Dritte, also z.B. das Land und der Bund, einen starken Einfluß haben. Das konkrete Interesse der Kammer galt mehr "public-private-partnerships" (z.B. die geplanten Institute für Glasbau, Kanalisationstechnik, etc.) und wirtschaftsnaher Infrastruktur, und weniger der - wie später von der Zukunftsinitiative Montanregionen angestrebten - Integration originär privater Vorhaben in das Handlungskonzept. Es kam auch zu einem entsprechenden Konsens unter den Akteuren darüber, private und öffentliche Projekte auseinander zu halten.

Der Pragmatismus der Kammer bedeutete aber keineswegs Leidenschaftslosigkeit; vielmehr stellte ihr politisches und inhaltliches Engagement und ihre Bereitschaft zur Zusammenarbeit mit den Kommunen die Grundlage dar, auf der eine Realisierung des Handlungskonzepts erfolgreich in Angriff genommen werden konnte. Diese von keinem der Akteure bestrittene Leistung für das gemeinsame Vorhaben ließ es zu, daß eine dezidierte Interessenvertretung (beispielsweise in der Behandlung privater Projekte oder der Förderung von Qualifizierungs- und Beschäftigungsinitiativen) mit einer Schlichter- oder Moderatorenrolle einhergehen konnte, wenn der Stand der Diskussion oder die Interessenkonstellation der übrigen Akteure dies erforderte. Natürlich setzten diese Aktivitäten auch eine intensive Rückkopplung der Geschäftsführung mit den Gremien der Kammer und den Meinungsführern in der Unternehmerschaft voraus, d.h. auch die Kammergeschäftsführung hatte Legitimationsprobleme zu beachten.

Die Kommunen

Die Art und Intensität der Beteiligung an der Entwicklung des Handlungskonzepts lag nach dem Prinzip der Freiwilligkeit ganz in der Entscheidung der Städte selbst, und sie wurde auch durchaus unterschiedlich gehandhabt. Während einzelne Kommunen sich auch mit dem Konzept auseinandersetzten und eigene längerfristige konzeptionelle Vorstellungen erarbeiteten, stellten andere nur eine Wunschliste von Vorhaben zusammen. Die Heterogenität der Beteiligung erforderte im Verlauf des Verfahrens eine Abweichung von den ursprünglichen Vorstellungen, nach denen die Kommunen Projektlisten entwickeln sollten, die der RP dann überarbeiten und zusammenfassen sollte, hin zu einer doch stärkeren konzeptionellen Rolle des RP. Das Verfahren gestaltete sich daraufhin so, daß der RP eigenständig einen Entwurf des Handlungskonzepts erarbeitete und vorlegte, die Beteiligten Stellungnahmen und Änderungsvorschläge abgaben, und der RP bzw. die Geschäftsstelle daraus dann den "Entwurf" formulierte.

In den Kommunalverwaltungen waren die Beiträge zum Handlungskonzept, wie später die Angelegenheiten der RK, durchgängig "Chefsache". So ist z.B. in Gelsenkirchen das Verfahren überwiegend zwischen OStD und einigen wenigen Mitarbeitern des Amtes für Stadtentwicklungsplanung abgewickelt worden. Beiträge anderer Ämter wurden auf dem üblichen Dienstweg eingefordert und (hierarchisch) koordiniert. Hauptsächlich durch die kurzen Fristsetzungen entstand zwar eine zeitweilige Personalbindung und zusätzliche Belastung, aber insgesamt kein außerordentlich erhöhter Organisations- oder Personalaufwand.

Wenn auch die Arbeit am Handlungskonzept in den Kommunen explizit als "Verwaltungsarbeit" ausgewiesen wurde, so achteten doch alle darauf, sich jeweils für ihre Beiträge, Stellungnahmen etc. die Zustimmung der Räte zu sichern. Inzwischen enthalten die Vorlagen der Verwaltungen z.T. auch abweichende Stellungnahmen von Fraktionen oder Gruppen - was von verschiedenen Akteuren als deutlicher Hinweis darauf gewertet wird, daß der Konsensfindungsprozeß in den Kommunen schwieriger geworden ist und damit auch die Verhaltensunsicherheit der Verwaltungen in Hinblick auf die Legitimation ihres Handelns zugenommen hat.

Die Arbeitsweise der Regionalkonferenz und der Arbeitskreise war von Beginn an sehr pragmatisch geprägt und auf das von einer Administration "Machbare" ausgerichtet. Die Geschäftsführung und die Leitung der Konferenz liegt beim RP und wird dementsprechend von ihm geprägt.

"Pragmatisch" bedeutet in diesem Kontext: Bei der Erarbeitung des Handlungskonzepts wurde keine Zeit mit langwierigen, differenzierten und möglicherweise konflikthaften Analysen und grundsätzlichen Diskussionen vertan, sondern man einigte sich relativ schnell auf einige Kernthemen und praktische, "anfassbare" Projekte, die man für "zukunftsweisend" hielt und an denen entlang dann das Programm formuliert wurde. Im Falle Emscher-Lippe waren dies primär Flächen, Verkehr und Logistik, mit der Fortschreibung kam die "Wissenschaftslandschaft Emscher-Lippe" hinzu. Im übrigen folgte man dem Prinzip der negativen Koordination, d.h. es hatten alle Projekte eine Chance, die das Kriterium "es schadet niemand anderem" erfüllten. Grundsatzfragen und Konflikte wurden ausgeklammert, und längerfristig angelegte strategisch-konzeptionelle Kalküle und Überlegungen sind den Interviews und Gesprächen zufolge selten. Die "Strukturrelevanz" einzelner Vorhaben - gemessen an ihrem Beitrag zu einer längerfristig ausgerichteten Umorientierung der Region - darf deshalb auch aus der Sicht von Beteiligten nicht allzu scharf hinterfragt werden.

Für die Fortschreibung des Handlungskonzepts beispielsweise erarbeiteten die Bezirksplanungsbehörde, die IHK und der Kreis Recklinghausen im Auftrag des Arbeitskreises eine aktualisierte Analyse, über die relativ schnell Konsens hergestellt wurde. Das eigentliche Handlungskonzept sollte dann zunächst nicht mehr als 5-6 Leitprojekte enthalten. Ohne die "alten" Projekte auf ihre Wirksamkeit hin diskutiert und bewertet zu haben, wurden neue "Anträge" eingebracht und "auf Zuruf" als "Leitprojekt", regional oder lokal bedeutsam eingestuft, weil der Arbeitskreis sich aufgrund mangelnder Repräsentativität nicht befugt und in der Lage sah, Vorschläge definitiv zu beurteilen und ggfs. auch zurückzuweisen. Die so zusammengestellte Liste von Projekten wurde dem RP vorgelegt, der einige als "nicht mit den Zielen der Landesplanung vereinbar" - dem Vernehmen nach ohne größeren Widerspruch - zurückwies und aus dem Rest den Projektteil konzipierte.

Am Ende war dem RP damit wieder eine politisch-strategische Schlüsselposition zugefallen. Ein Grund dafür liegt darin, daß der AK offensichtlich keine hinreichende

Integrationskraft aufgebracht hat und deshalb, vor allem bei den kleineren, Kommunen die Befürchtung bestand, sie könnten bei einer "selbstgesteuerten" Prioritätenauswahl benachteiligt werden. Der Neutralität des RP wurde mehr Vertrauen entgegen gebracht als dem Arbeitskreis. Ein weiterer Grund ist aber sicher auch in der begrenzten Regelungsfähigkeit der Prinzipien der negativen Koordination und Nicht-Entscheidung zu suchen. So ist der einzige neue Aspekt in der Fortschreibung, die Idee einer "Wissenschaftslandschaft Emscher-Lippe", nur dadurch in das Handlungskonzept aufgenommen worden, daß der OStD Gelsenkirchen als Vorsitzender des Arbeitskreises dies - überfallartig - auf der Regionalkonferenz des MWMT im Frühjahr 1991 in Recklinghausen so verkündete.

Weil Strukturen und Verfahren "aus der Sache heraus" gewachsen sind, gibt es weder explizit formulierte und dokumentierte Entscheidungsregeln noch ein ausdrücklich vereinbartes Konzept der Konfliktregelung. Weder in der RK noch in den Arbeitskreisen wird abgestimmt, sondern, sofern sich kein Widerspruch erhebt, ein "Konsens festgestellt". Dieses Verfahren birgt, theoretisch wie empirisch, durchaus ein gewisses Konfliktpotential, z.B. wenn die Beteiligten aus einer Situation jeweils andere Schlüsse ziehen. Eine der auf diese Weise gewachsenen zentralen Entscheidungsregeln besagt, keine Projekte aufzunehmen, die anderen Kommunen/Beteiligten schaden könnten - was regionalhistorisch gesehen ein außerordentlicher Fortschritt ist, aber auch "faule" Kompromisse nahelegt und innovative Projekte nicht unbedingt begünstigt.

Dazu ein Beispiel: Im AK Weiterbildungs- und Umschulungskonzept ergaben sich Meinungsunterschiede über die Zusammenführung von Datenbanken über Weiterbildungsangebote von IHK und Arbeitsverwaltung (bzw. Institut für Arbeitsmarkt- und Berufsforschung der Bundesanstalt für Arbeit, Nürnberg (IAB)). Auch der inzwischen dritte zu diesem Themenfeld eingesetzte Arbeitskreis hat noch keinen konsensfähigen Vorschlag vorgelegt. Zwischenzeitlich ist die IHK-Datenbank in der Region bei einer Kommune verfügbar, die der Arbeitsverwaltung jedoch nur für Sonderaktionen. Theoretisch und technisch bestünde zwar die Möglichkeit, die Datenbanken der IHK/DIHT und des IAB zu koppeln und lokal zu verwerten, jedoch konnte aufgrund der anders gelagerten Prioritäten der Bundesanstalt für Arbeit die Entwicklung noch nicht weiter vorangetrieben werden. Den Hintergrund für diesen Konflikt geben aber weniger technische und organisatorische Probleme ab, als vielmehr - bei den einen stärker, bei den anderen schwächer - ausgeprägte institutionelle Eigeninteressen. Denn hier Transparenz zu schaffen hieße auch, damit eine für die eigene Institution reklamierte exklusive

Dienstleistung aus der Hand zu geben (vgl. auch den Exkurs im Anhang 1). Der Kompromiß lag in diesem Fall also in der Beibehaltung des status quo und im Verzicht auf eine sachlich naheliegende Problemlösung.

Ein anderer Fall ist das World Trade Center-Projekt (WTC) in Gelsenkirchen: Die Stadt wollte das WTC als ZIM-Projekt laufen lassen und damit dem "Konsenszwang" unterwerfen. Die Kammer sah es dagegen als privates Projekt an, das nach allgemeiner Vereinbarung nicht Gegenstand des Handlungskonzepts oder von ZIM/ZIN sein sollte. Mit dem OStD war darüber zunächst auch eine Einigung erzielt worden. Als dann auf der im MWMT vorzulegenden Liste und unter Ausnutzung des Termindrucks das Projekt doch wieder als ZIM-Projekt erschien, klammerte die IHK es explizit aus ihrer Zustimmung aus und wendete das Konsensprinzip damit zu einem Veto-Prinzip. Im Gefolge dieses Vorfalls, der das Verhältnis zwischen den beiden Akteuren durchaus noch eine Weile belastet hat, kam es dann zu einer stillschweigenden Verfahrensregelung und gleichsam einer "Festschreibung" der Trennung von privaten und öffentlichen Projekten.

Offen wie das Verfahren insgesamt ist auch, welchen Grad an Verbindlichkeit das Handlungskonzept und die darin aufgenommenen Vorhaben für die Fachplanungsträger und die einzelne Kommune haben. Der Status vieler Projekte läßt den Schluß zu, daß die Aufnahme eines Projekts in das Handlungskonzept zunächst einmal wenig mehr als den "Anspruch" begründet, dieses Vorhaben durchzuführen. Ob, wann und wie ist dann Sache der einzelnen Kommune. Die Verbindlichkeit der Fortschreibung des Handlungskonzepts dürfte allerdings zunehmen, wenn, wie vorgesehen, die wichtigsten Aussagen und Projekte Eingang in die Überarbeitung des GEP finden. Damit haben sie dann den Stellenwert landesplanerischer Ziele und stehen nicht mehr so ohne weiteres zur Disposition der Kommunen. Handlungsdruck entsteht außerdem dadurch, daß auch die anderen Regionen mehr und mehr Aktivitäten entfalten und damit die Konkurrenz um Mittel und "Marktchancen" zunimmt.

Dürfen die das überhaupt? Das Legitimationsproblem

Das Handlungskonzept greift das Legitimationsproblem mit der Formulierung auf, es sei ohne gesetzliche Grundlage erstellt. Dies ist mißverständlich: Das Handlungskonzept ist ohne einen spezifischen gesetzlichen Auftrag, aber im Rahmen des Landesplanungsgesetzes erstellt worden. Der Aufstellungsbeschluss wie die abschließende Verabschiedung des Handlungskonzepts durch den BPR liefern nach Ansicht aller Beteiligten dafür die einwandfreie legitimatorische Grundlage, zumal es sich bei dem Handlungskonzept nicht um ein Planungs-, sondern um ein Koordinierungsproblem handelt. Nach dem Landesplanungsgesetz berät der Regierungspräsident mit dem BPR über die Vorbereitung und Festlegung von raumbedeutsamen und strukturwirksamen Planungen und Förderungsprogrammen, so u.a. in Bereichen wie Städtebau, Verkehr oder Abfallbeseitigung. Damit trägt der BPR strukturpolitische Mitverantwortung für die Entwicklung der Region. Diese über die bloße Gebietsentwicklunsplanung hinausgehende Aufgabe ist bislang allerdings nur selten offensiv und öffentlich sichtbar wahrgenommen worden. Von daher hat sich die Landesregierung - aus politischer Sicht unnötigerweise - eine im wesentlichen interessenpolitisch motivierte "Legitimationsdebatte" aufdrängen lassen.

Auch wenn das Legitimationsproblem allen Akteuren bewußt war und ist, hat es in Emscher-Lippe bislang allenfalls eine theoretische Rolle gespielt. Hier ist es praktisch über die Einbeziehung des BPR, der gleichsam der "politische Herr" des Verfahrens war, gelöst worden. Zugleich achteten die Verwaltungschefs darauf, die Räte informiert zu halten, die außerdem durch Personalunionen von BPR- und Ratsmitgliedern in Grenzen auch eingebunden werden konnten. Andererseits kam es gerade durch die Personalunionen zu einer selektiven Information und unterschiedlichen Informationsniveaus, die lokal gelegentlich zu Problemen führten, wenn auch vorläufig mehr interner als grundsätzlicher Art. Die "gewachsenen" Strukturen und formal nicht geregelten Handlungsspielräume haben sich - vorläufig - offensichtlich als effizient und politisch zufriedenstellend erwiesen. Ob dieses Argument auch weiterhin akzeptiert wird, wird allerdings - verschiedenen Gesprächspartnern zufolge - zunehmend in Frage gestellt.

Der "regionale Konsens" ist dennoch keineswegs unproblematisch. Das erste Handlungskonzept war durch den BPR förmlich beschlossen worden, und auch bei der Erarbeitung der Fortschreibung hatte man sich wieder auf ein "administratives" Verfahren geeinigt. Die "Handlungsempfehlungen" des MWMT und die MWMT-Regionalkonferenz in Recklinghausen am 15.02.91 thematisierten dann die Rolle der Räte - was allerdings schon seit einiger Zeit unterschwellig im Gange war - aber ohne dafür Regelungsvorschläge zu machen. Die sollten ebenfalls Sache der Regionen selbst bleiben - womit man aber einer Problemlösung nicht näher kam. Was beispielsweise im hypothetischen Fall einer Ablehnung des Handlungskonzepts oder einzelner seiner Teile durch eine Kommune geschieht oder zu geschehen hat, ist nach wie vor offen und ungeklärt. Denn regionale Zusammenarbeit - formalrechtliche Probleme beiseite gelassen

- bedeutet praktisch-politisch ein freiwilliges Zurückstecken in Teilen kommunaler Planungshoheit, was manchen Räten schwer ankommt. So kam im Fall des Verkehrslandeplatzes Loemühle zwar eine positive "Konsensabstimmung" in der Regionalkonferenz und damit eine Aufnahme des geplanten Ausbaus in das Handlungskonzept zustande, durch spätere anderslautende Entscheidungen der zuständigen Räte und der Landesregierung, die lediglich die Option auf einen Ausbau offen halten wollte, wurde die Umsetzung jedoch nie in Angriff genommen (und die Ausbaupläne von der Betreibergesellschaft inzwischen eingestellt). Man verläßt sich hier also einerseits ganz auf die Zuverlässigkeit der Klärungen und Vereinbarungen im Vorfeld - was aber eben nur auf informeller Ebene funktioniert - andererseits macht dies auch die Grenzen der Regionalkonferenz sichtbar: Sie stellt eine Arbeitsebene dar, die Verständigung und Konfliktlösung erleichtern kann, die aber keine politisch bindenden Beschlüsse ersetzen kann. Dies soll aus der Sicht der Akteure durchaus so sein: Die Regionalkonferenz soll keine weitere Entscheidungsebene darstellen, sondern gegenüber BPR und Land Empfehlungen abgeben. Aber: auch wenn in der täglichen Praxis die Kommunen nach wie vor die wichtigsten Partner der Unternehmen sind und sie deshalb eine starke Stellung haben - wenn das Handlungskonzept Wirkung entfalten soll und die Kommunen als Region handlungsfähig werden wollen, müssen derartige Konzepte über eine formale Legitimation hinaus auch eine politische Verbindlichkeit haben.

3.3 Interkommmunale Kooperation

Das eigentliche Problem der Zusammenarbeit liegt in der praktischen Umsetzung von übergreifenden, also den im eigentlichen Sinne "regionalen" Projekten. Denn dabei entstehen Probleme im Hinblick auf das Verwaltungsverfahren, den Haushalt, die Haftung etc. Zum Teil können sie über die Gründung gemeinsam getragener GmbHs, wie z.B. im Fall der ELA, gelöst werden, in anders gelagerten Fällen über interkommunale Vereinbarungen oder auch nur "Verabredungen". Generell aber herrscht hier vielen Interviews zufolge ein großes Maß an Unsicherheit. Zwar wird von seiten des Landes gelegentlich auf Modelle interkommunaler Zusammenarbeit hingewiesen, werden Informationen bereitgestellt und nehmen die zuständigen Fachressorts im Einzelfall beratend an der Lösungssuche teil. Dennoch bleiben die Kommunen hier auf Lösungen von Fall zu Fall angewiesen, weshalb Projekte der leichteren administrativen

Handhabbarkeit wegen gern in die alleinige Trägerschaft übernommen - und dann auch für sich reklamiert werden. Die Chiffre "konkret" umschreibt vor diesem Hintergrund deshalb allzu oft nur den Anspruch auf ein lokal "vorzeigbares" Projekt.

Weil die Projekte fördertechnisch als Einzelanträge eingebracht werden müssen und eine "regionale" Handlungsebene, vorläufig jedenfalls, nicht existiert, ist die praktische Realisierung der Vorhaben zunächst allein Sache der jeweiligen Träger, d.h. in den meisten Fällen also der Kommunen. Für Konfliktsituationen, wie sie im Laufe der Umsetzung auftreten können, gibt es bislang noch keine Regeln; da auch die Regional-konferenz sich als nicht dafür zuständig ansieht, auch aus Gründen der Beachtung der kommunalen Selbstverwaltungshoheit, wird vieles dann auf der informell-(partei-)poli-tischen Ebene "geregelt" - d.h.: die Lösungen sind wiederum rein fallorientiert. So wird z.B. das Management "grenzüberschreitender" Projekte wie im Fall des Gemein-schaftsprojekts Jacobi (Bottrop/Oberhausen) rein administrativ organisiert. Zwischen Bottrop und Oberhausen wurde eine Konzertierung der Bebauungspläne "verabredet", ebenso wie ein gemeinsamer "Fahrplan" für die Einbringung in die politischen Gremien oder die Verhandlungen mit dem Bergamt. Wichtig ist nach den Erfahrungen der Ak-teure für derartige Verfahrensweisen zweierlei: die Zuverlässigkeit der Verabredung, die auf allen Ebenen sichergestellt werden muß, und die zeitliche Koordination. In dieser Weise werden z.B. auch die Grünzugprojekte der IBA gehandhabt, wo allerdings auch gemeinsame Mittel zur Verfügung stehen und entsprechend gleichlautende Haus-haltstitel eingerichtet sind.

Viele Probleme der interkommunalen Zusammenarbeit werden auf diese Weise entweder vorab bilateral oder aber spätestens in den Arbeitskreisen geregelt. Konnten die kreisfreien Städte dabei mit einem gewissen Eigengewicht auftreten, so bestand für den Kreis durchaus ein Problem darin, die Empfindlichkeiten der kreisangehörigen Städte und Gemeinden auszutarieren. Hier spielten deshalb Vorabklärungen im politi-schen Vor- und Umfeld eine - im Einzelfall sogar bedeutende - Rolle, die aber der Natur der Sache nach nur schwer im einzelnen zu belegen sind.

3.4 Integration von Fachpolitiken auf regionaler Ebene

Als Anspruch des Handlungskonzepts war formuliert, nicht nur einen regionalen Kon-sens über den weiteren gemeinsamen Weg herzustellen, sondern auch eine Integration der verschiedenen strukturwirksamen Fachpolitiken zu ermöglichen. Es blieb jedoch bei dem Anspruch; der Ressortegoismus ist weder durch den Impetus des Handlungskonzepts noch der Zukunftsinitiative beseitigt und die interne Koordination und Kommunikation ist kaum merklich verbessert worden. So kam es beispielsweise in Gelsenkirchen wohl zu einer Koordination inhaltlicher Beiträge, aber nicht zu einer sich in Inhalten, Verfahren und Organisation (z.B. in übergreifenden Projektgruppen) niederschlagenden Integration von Fachpolitiken. So gibt es z.B. auch so gut wie keine Querschnittsprojekte über die Fachbereiche hinweg. Der "Ressortegoismus" oder die "Amtsfixiertheit" ist nach wie vor stark und wird auch in internen Verfahrensregeln (Dienstwege) hochgehalten. Im konkreten Fall des Handlungskonzepts wäre eine stärkere Einbeziehung der Ressorts/Ämter vermutlich auch nur hinderlich gewesen (jedenfalls nach der Erfahrung einzelner Beteiligter), weil die Mehrzahl der Mitarbeiter es nicht gewohnt sind, querschnittsorientiert zu denken und zu arbeiten - und es ihnen auch nur selten abgefordert wird. So sind in den Arbeitskreisen der Regionalkonferenz die jeweils "zuständigen" Fachämter vertreten, so daß sich wohl eine regionale Kooperation auf fachlicher, aber eben nicht auf fachübergreifender Ebene ergeben hat. Dies zeigt sich immer wieder im Prozess der Umsetzung von Vorhaben an Konflikten beispielsweise zwischen Planungsämtern und der Wirtschaftsförderung. Wo es dennoch, wenigstens im Ergebnis, zu einer funktionierenden Integration kommt, geht dies häufig auf persönliche informelle Netzwerke zurück, die von Fall zu Fall "Guerillataktiken" erlauben (aber eben auch nur in Grenzen).

3.5   Gesellschaftliche Kooperation

Während das "Handlungskonzept" selbst formulierten Regeln folgte, sahen die "Spielregeln" für ZIM und ZIN eine - je nach Standpunkt - extensive Beteiligung der "gesellschaftlichen Gruppen" vor. Dem wurde mit den lokalen "ZIM- Aktionskonferenzen" Genüge getan; die tatsächliche Zusammenarbeit und die Beteiligung "der gesellschaftlichen Gruppen" beschränkte sich jedoch auf die Zusammenarbeit mit der IHK und dem DGB bzw. den DGB-Kreisen Recklinghausen und Gelsenkirchen. Der DGB zählte zu den "Gründungsmitgliedern" der Regionalkonferenz, wo er zunächst durch den Kreisvorsitzenden Recklinghausen repräsentiert wurde, der in Personalunion auch Mitglied im Bezirksplanungsrat war. Mit dessen Wahl in den Landtag entstand in den regionalen Untergliederungen das Bedürfnis nach einer eigenständigen Repräsentation, so daß inzwischen beide DGB-Kreise vertreten sind. Das Hauptaugenmerk der Gewerkschaften lag im Untersuchungszeitraum auf der Beschäftigungs- und Qualifikationspolitik. Ihre Beiträge waren inhaltlich im wesentlichen mit denen der Arbeitsämter abgestimmt, so daß zusätzliche Stellungnahmen zum Handlungskonzept dann oft nur noch politisch-appellative Formulierungen enthielten. Da die DGB-Vertreter in den Diskussionen eine eine konstruktive, konsenssuchende Haltung einnahmen und auf einseitige, klientel-gebundene Interessenpositionen verzichteten, entspannte sich im Verlauf der Arbeit der Regionalkonferenz vor allem das Verhältnis zur IHK. Auch wenn dadurch keineswegs alle Differenzen aufgehoben werden konnten, so waren die Gewerkschaften im Ergebnis doch durchaus zufrieden.

Die Beteiligung weiterer gesellschaftlicher Gruppen wurde erst wieder mit den im November 1990 vom MWMT herausgegebenen "Handlungsempfehlungen" und der Konferenz des Wirtschaftsministers im Februar 1991 in Recklinghausen neu thematisiert. In der Folge wurde über eine Beteiligung von Vertretern der Internationale-Bau-Ausstellung (IBA), des Kommunalverband Rhein-Ruhr (KVR), des "Regionalen Beirats" der Ziel-2-Programme und der Gleichstellungsbeauftragten nachgedacht und inzwischen auch realisiert (mit Ausnahme des KVR), die z.T. auch schon an den Beratungen der Arbeitsgruppe zur Fortschreibung des Handlungskonzepts teilgenommen hatten. Das zentrale Gegenargument, mit dem die Konferenz sich bereits bei ihrer Konstituierung gegen die "Politisierung" verteidigt hatte, war immer wieder der Verweis auf die bisherige Effizienz, die nur durch eine strikte Begrenzung der Konferenzmitglieder auf die Verwaltungschefs zu gewährleisten sei. Außerdem richte sich das Handlungskonzept primär an die Wirtschaft und verfolge sozialpolitische Ziele - wo eine breitere Beteiligung offenbar angemessener erscheint - erst in zweiter Linie.

3.6. Vertikale Koordination

Ganz allgemein wird das Verfahren der vertikalen Koordination der regionalen Wirtschaftsstrukturpolitik, soweit sie sich in den verschiedenen Förderprogrammen ausdrückt, formal durch die Richtlinien der verschiedenen Programme des Landes geregelt. Von programmspezifischen Einzelheiten abgesehen, sind die Verfahren jedoch weitgehend einheitlich geregelt: der Antragsteller, also z.B. eine Kommune, legt einen Antrag beim Regierungspräsidenten vor, der ihn mit anderen Anträgen abgleicht, eine formale Vorprüfung vornimmt und mit einer Stellungnahme zur Förderungswürdigkeit an die Landesregierung bzw. das zuständige Fachressort weiterleitet. Innerhalb des

Ressorts werden wiederum Stellungnahmen zur Förderungswürdigkeit und Förderbarkeit aus den Fachreferaten und ggfs. auch tangierter anderer Ressorts eingeholt und eine Förderentscheidung getroffen, die dann wieder über den Regierungspräsidenten an die antragstellende Kommune vermittelt wird.

Im Kontext der Erarbeitung des Handlungskonzepts Emscher-Lippe und der ZIM entwickelte sich jedoch eine andere Handhabung dieses Verfahrens durch die Akteure: Durch die Involvierung des RP in die Erarbeitung des Handlungskonzepts wie der Fortschreibung wurde der erste Schritt faktisch bereits in die Antragsformulierung integriert und das Verfahren damit zeitlich verkürzt. Im Rahmen der ZIM wurde der Entscheidungsgang auf der Ressortebene zwar nicht inhaltlich verkürzt, durch die politische, und durch zusätzliche Finanzmittel untermauerte, Prioritätensetzung aber erheblich beschleunigt, zumindest bis zu einer grundsätzlichen Förderentscheidung. Die Abwicklung nahm dann in der Regel aufgrund der komplizierten Finanzierungsmodalitäten jedoch wieder einige Zeit in Anspruch. Unter ZIN konnte dieses Entscheidungstempo nicht mehr beibehalten werden. Über die Koordinationswirkung der Entwicklungskonzepte kann derzeit noch keine Aussage gemacht werden.

Problematisch an diesem Koordinationsverfahren sind aus Sicht der Region die fehlende kommunikative Rückkopplung und die inhaltlichen Ergebnisse. Die Philosophie vom ZIM bestand darin, innerhalb eines gemeinsam formulierten Zielsystems nicht-hierarchische Kooperationsverhältnisse zu organisieren und die wirtschaftspolitisch relevanten Entscheidungsträger der Region darin einzubinden. Dieses gemeinsame Zielsystem ist in der Region Emscher-Lippe bereits mit dem ersten Handlungskonzept, später dann mit den ZIM-/ZIN-Projektlisten und schließlich der Fortschreibung des Handlungskonzepts zustandegekommen. Auf der Landesebene klafften jedoch aus Sicht der Region der konzeptionelle Anspruch und die praktizierten hierarchischen Entscheidungsverfahren sichtlich auseinander. Die mangelnde Kommunikation konnte zwar von seiten des Landes zum Teil mit den nur knapp bemessenen personellen Kapazitäten erklärt werden - was letztlich aber nur darauf hindeutet, daß die infrastrukturellen Voraussetzungen einer auf Kommunikation, Kooperation und Konsensbildung aufbauenden Form der Programmformulierung und Umsetzung nicht hinreichend waren.

Ob und wie sich regionale Akteure mit der Landesregierung abstimmen, ist immer auch durch informelle Faktoren bestimmt. In Bezug auf die Stabilisierung des eingeleiteten Kooperationsprozesses wurde dazu von einer Reihe von Akteuren betont, daß die Region Emscher-Lippe über relativ wenige "Brückengänger" verfügt, die bei der Landesregierung und in den Ressorts Lobbydienste für die Region leisten können. Weil auch diese informellen Kanäle nur begrenzt leistungsfähig sind, wird der Entscheidungsvorbehalt des Landes und damit das Verhältnis der Region zur Landesregierung bzw. zum MWMT von fast allen Akteuren als "problematisch" empfunden. Die Entscheidungsprozesse sind von der Region her kaum zu durchschauen oder nachzuvollziehen. Die Undurchschaubarkeit beruht dabei vor allem auf der im Verlauf des ministeriellen Entscheidungsprozesses nur sehr sporadischen Kommunikation mit der Region (und nach der Erfahrung einzelner Akteure z.T. auch der mangelnden interministeriellen Kommunikation). Aus der Sicht der Region entspricht dieses Verfahren nur noch annäherungsweise dem proklamierten Konzept von positiver (!) Koordination, Kommunikation und Konsens. Deshalb ist ein hohes Maß an Irritation, teilweise sogar Frustration bei Beteiligten und Akteuren entstanden, deren Verwirrung durch die mit ZIM/ZIN nur unzureichend koodinierte MAGS/ESF-Regionalpolitik noch gesteigert wird.

Eine vergleichende Einschätzung der "Effizienz" von Regelförderung oder "Konsensförderung" fällt bei vielen Akteuren deshalb vorläufig durchaus zwiespältig aus. Die Region "fühlt sich nicht schlecht bedient". Aber: Projektanträge mit dem "ZIM/ZIN-Stempel" benötigen oft genau so viel Zeit bis zur Bewilligung (oder Ablehnung) wie in herkömmlichen Verfahren, obgleich ihnen, zumindest programmatisch, immer wieder eine Priorität zugesprochen wird und sie damit zumindest optisch qualifiziert worden sind. So kommt auch die den Kooperationsprozeß positiv bewertende Kammer gegenüber den Unternehmen gelegentlich in Argumentationsnöte, den ZIM/ZIN-(Um-)Weg statt des normalen Förderweges zu begründen. Eine "Teilschuld" daran wird auch der Behörde des RP angelastet, wo auf der operativen Ebene offensichtlich das Selbstverständnis als staatliche Mittelbehörde noch stark ausgeprägt ist. Fast alle Akteure sehen deshalb die Notwendigkeit, den neuen Modalitäten der Konzeptentwicklung auch neue Verfahren in der fördertechnischen und administrativen Abwicklung folgen zu lassen.

4 Zusammenfassung und Bewertung

Eine an Konflikten nicht arme Historie, der relative ökonomische Bedeutungsverlust, kommunale Planungshoheit und ein ausgeprägtes Konkurrenzdenken sind Voraussetzungen, die Kooperation zwischen den Städten und regionales Denken nicht unbedingt als Selbstverständlichkeit erscheinen lassen. Auf Kommunikation und Kooperation aufbauende regionalpolitische Konzepte wie das Handlungskonzept Emscher-Lippe und die Zukunftsinitiativen des Landes sind deshalb Experimente, die mit teils strukturellen, im Modell selbst begründeten, teils mit situationsbedingten Problemen verbunden sind.

Die Strategie

Der Grad der "Mobilisierung des endogenen Potentials" der Emscher-Lippe-Region kann daran gemessen werden, daß die allgemein erwartete , tatsächlich aber nie ausgerufene zweite ZIN-Antragsrunde anderweitig Frustration erzeugt hat, in Emscher-Lippe nie problematisiert worden ist. Der Prozess der Erarbeitung des Handlungskonzepts - nicht ZIM/ZIN! - hat hier einen gewissen Eigenwert gewonnen und die Bereitschaft gesteigert, selbst und nicht nur auf äußere Anreize und Anforderungen hin zu handeln. Der Stellenwert einer wirksamen Wirtschaftsförderung durch Kooperation zwischen Kommunen und Unternehmen, regionalem Interessenausgleich und Konsensbildung ist deutlich gestiegen, auch wenn es in der Praxis durchaus Unterschiede gibt. Während einzelne Städte schon länger über ein funktionierendes Kommunikationsnetzwerk mit ihren Unternehmen verfügen, sind andere erst im Laufe der Zeit und unter Mithilfe und Mitwirkung der Kammer dazu gekommen, derartige Instrumente zu entwickeln und zu nutzen. Auf regionaler Ebene ist der Emscher-Lippe-Agentur diese Rolle als Schnittstelle oder als Mittler zwischen Region und Wirtschaft zugedacht; inwieweit sie diese Rolle erfüllt, wird noch abzuwarten sein.

Durch die bisherige Zusammenarbeit, den dadurch erzielten Kommunikationsgewinn zwischen den Städten, und auch ihre materiellen Erfolge hat sich die Region in gewisser Weise von der "fürsorgenden" Politik des Landes emanzipiert; das (Selbst-)Bewußtsein eigener Handlungsmöglichkeiten und Handlungsfähigkeiten ist deutlich gestiegen, auch wenn die finanzielle Abhängigkeit vom Land nach wie vor groß ist. Neben dem gestiegenen Selbstbewußtsein sind vor allem auch die regionalen Gliederungen der Parteien ein zweiter Stabilisierungsfaktor, der das nach wie vor gegenwärtige Konkurrenzdenken dämpft und als Promotor der Regionalisierung wirkt.

Das Handlungskonzept war sicher eine angemessene Strategie und ist auch heute noch eine solide Grundlage für eine auch längerfristige regionale Zusammenarbeit. Die Landespolitik und deren Förderprogramme spielen darin eine nach wie vor wichtige, aber nicht mehr die alles entscheidende Rolle. Die regionale Zusammenarbeit funktioniert vielleicht sogar gerade deshalb, weil dadurch der Druck bestehen bleibt, vorhandene Ressourcen besser, d.h. gemeinsam zu nutzen. Unsinnige Konkurrenzen werden immer kostspieliger, denn letztlich profitieren alle in diesem Raum beispielsweise von einer Neuansiedlung, unabhängig von ihrem Standort. Diese Einsicht ist durchaus gewachsen, so daß Konflikte, die ursprünglich einmal den Anlaß zur Entwicklung des Handlungskonzepts gegeben hatten, heute in dieser Intensität nicht mehr vorstellbar sind.

Aber: "Das Handlungskonzept soll Vorschläge für möglichst kurzfristig realisierbare Maßnahmen enthalten." Ist "Machbarkeit" aber ein hinreichendes Auswahl- und Entscheidungskriterium? Besteht nicht doch die Notwendigkeit, auch längerfristige Ziele zu diskutieren und zu dokumentieren, um ein Maß an Transparenz und Wirkungskontrolle zu sichern und um überhaupt Überzeugungsfähigkeit zu entwickeln? Inwieweit ist dies eine Voraussetzung auch für die einzelnen Kommunen, eigenständige, aber sich regional ergänzende Profile zu entwickeln?

Die Problemlösungen von Fall zu Fall sind einerseits typisch für die administrative oder inkrementale Handhabung des gesamten Prozesses, andererseits verweisen sie, wie in mehreren Interviews betont wurde, auf eine zentrale Schwäche: das Fehlen eines professionellen Projektmanagements für das Gesamtkonzept. So ist die Einrichtung eines controlling des Umsetzungsprozesses und der Effektivität eines Projekts schlicht übersehen worden - eben weil dies ja auch in der herkömmlichen Verwaltung keine Rolle spielt. Da daran aber auch kein größeres Interesse bestand und auch kein dafür geeigneter Apparat verfügbar war, begnügte man sich mit den Sachstandsberichten der Bezirksplanungsbehörde.

Wurde bisher das Tempo über weite Strecken von außen diktiert (ZIM/ ZIN-Antragsrunden, Entwicklungskonzepte, ...), werden mit dem weiteren Zeithorizont nun zunehmend "Visionen" nötig - die zu entwickeln Verwaltungen in der Regel wenig geeignet sind; hier würde sich eine Moderation durch Außenstehende anbieten, um die regionale Kooperation als andauernde Herausforderung darzustellen und nicht in Routine untergehen zu lassen.

Diese zwar "grundsätzliche", aber eben doch auch unmittelbar praktisch relevante Frage ist bislang nicht - auch nicht im Rahmen der Fortschreibung - hinreichend diskutiert worden. Unter diesem Blickwinkel erscheint ein Nachlassen der Bindungskraft und der Identifikation mit dem Handlungskonzepts durchaus plausibel und nicht unwahrscheinlich.

Mit dem Handlungskonzept Emscher-Lippe ist ein regionales Verhandlungssystem aufgebaut worden, das, anders als die traditionelle, hierarchisch (top-down) konzipierte Landesplanung von "unten" her (bottom-up) lokale Entwicklungsziele zu einem regionalen Entwicklungsprogramm zu verdichten, abzugleichen und zu koordinieren versucht. "Von unten" heißt im Fall Emscher-Lippe: von den Hauptverwaltungsbeamten der Region, einschließlich der Geschäftsführer der IHK und des DGB. "Gesellschaftliche Gruppen" außerhalb von IHK und DGB blieben von der Regionalkonferenz weitgehend ausgeschlossen, ebenso wie "die Politik", d.h. Vertreter der Räte, des BPR oder anderer parlamentarischer Gremien. Verglichen mit den anderen Regionen bildet Emscher-Lippe mit dieser rein administrativen Besetzung der RK einen Sonderfall. Diese Konstruktion hat sich bisher durch ihre Effizienz legitimiert und damit erfolgreich weiterreichende Partizipationsansprüche abgewehrt.

Mit dem Blick auf die (weitere) Effizienz und Durchsetzungsfähigkeit stellt sich aber die Frage, ob diese administrative Variante, in der der RP nach wie vor die Schlüsselposition einnimmt, auf Dauer die angemessene regionale Organisationsform darstellen kann. Der RP ist agierender politischer Akteur, Moderator und Koordinator des kollektiven Willensbildungs- und Entscheidungsprozesses, und schließlich vollziehende staatliche Mittelinstanz. Damit sind nicht nur Rollenkonflikte, sondern auch Entscheidungsengpässe vorgezeichnet. So ist bereits im Verlauf der Fortschreibung des Handlungskonzepts zu beobachten gewesen, daß der Konsens über die Rolle des RP mit den schwindenden Hoffnungen auf zusätzliche Ressourcen abnimmt. Für den RP wird es zunehmend schwieriger, Projekte "richtig zu verteilen", weil er an politischem Gewicht verloren und das der "Region", d.h. der Städte zugenommen hat. Zwar nimmt der RP mit der Geschäftsführung der RK und der Moderatorenrolle organisatorisch eine nach wie vor zentrale, und auch von allen Akteuren so gewollte und akzeptierte Position ein, aber er ist nicht mehr die zentrale Steuerungsinstanz wie zu Zeiten des ersten Handlungskonzepts.

Die Regionalkonferenz ist aber von ihrer Konstruktion her als Meinungsbildungs- und eben nicht Entscheidungsgremium, ohne den notwendigen organisatorischen Unterbau, formale Kompetenzen und Managementkapazitäten, nicht in der Lage, diesen Part zu übernehmen. Die ELA, die zumindest die Managementkapazitäten einbringen könnte, hat ihren Platz im regionalen Handlungssystem noch nicht gefunden;

davon abgesehen, stünden dem eine Reihe schwerwiegender rechtlicher Probleme entgegen, deren Lösung weitreichende Änderungen implizierten, die gegenwärtig nicht zur Diskussion stehen.

Das möglicherweise gravierendere Problem liegt jedoch darin, daß durch diese administrative Konstruktion die Kommunen als die - vom Konzept der Regionalisierung her gesehen - eigentlichen Träger der regionalen Kooperation und Konsensbildung entlastet werden und damit nach wie vor nur unzureichend in der Lage sind, regionsinterne Konflikte auch allein konstruktiv zu lösen. Verschiedene Akteure lassen keinen Zweifel daran, daß ohne den RP und seine "harte" Koordination ein Regionalisierungsprozess wie unter dem Handlungskonzept nicht zustande gekommen wäre.

Stabilität des Verhandlungssystems

In einer längerfristigen Perspektive destabilisierend könnte die großenteils nur projekt- und nur wenig konzeptbezogene Selbstbindung der Akteure wirken, denn das "regionale Denken" läßt wieder spürbar nach. In diesem Zusammenhang darf nicht vorschnell vergessen werden, daß die Region, so wie sie sich heute darstellt, eigentlich nie ein historisch gewachsenes, in sich geschlossenes Gefüge gewesen ist, sondern immer ein zerschnittenes (und zerstrittenes) Kunstgebilde war und ist: Bottrop und Gladbeck beispielsweise richten sich stark auf Essen aus, auf Castrop-Rauxel, Datteln und Waltrop übt Dortmund einen starken Sog aus. Auf den RP als "neutralen" Moderator mag deshalb niemand verzichten: zum einen, weil man sich immer noch nicht so recht allein über den Weg traut, zum anderen, weil die großen Städte stark genug sind (oder jedenfallls so gesehen werden), im Fall des Falles ihre Interessen auch allein durchsetzen zu können, was dann auf Kosten der kleineren Städte ginge. Deshalb ist eine latente Neigung geblieben, den direkten Weg zu den Fördertöpfen zu suchen, der ja nach wie vor offen steht. Trotz aller positiven Erfahrungen wird die Stabilität des Regionalisierungsprozesses darum in der Region auch durchaus skeptisch und kritisch gesehen und ein Auseinanderfallen des "Verhandlungssystems" für nicht undenkbar gehalten. Zuviel hängt von der Klammer RP ab: Die hierarchisch-bürokratische Struktur gewährleistete einerseits ein vergleichsweise hohes Maß an Effizienz in der Programmentwicklung, andererseits aber entlastete sie die Kommunen davon, sich wirklich mit dem Konzept und seinen Implikationen auseinanderzusetzen und sich auch ausdrücklich dazu zu bekennen. So gilt die Zustimmung mehrheitlich primär den Projekten (vor allem natürlich den eigenen), aber nur in wenigen Fällen explizit auch dem Konzept, seiner Philosophie und den gewählten Verfahren.

Eine Stabilisierung regionaler Kooperationsstrukturen wäre, jedenfalls aus der Sicht einzelner Akteure, zumindest zum Teil über eine gesetzliche Verankerung der kommunalen Zusammenarbeit (etwa im Zuge einer Reform der Kommunalverfassung) und finanzielle Anreize (z.B. im Gemeindefinanzierungsgesetz) durchaus möglich; jedenfalls müssen Mechanismen gefunden werden, die regionsweite Kooperation auch von der Sache und vom Verfahren her nahelegen und auch ermöglichen (z.B. in Verbandsformen, Vereinen, GmbHs; Möglichkeiten zur Aufteilung der Gewerbesteuer o.ä.). Sicherlich wären zumindest die großen Städte politisch auch allein in der Lage, "ihre" Probleme zu lösen, eine ökonomisch positive Gesamtentwicklung und Synergieeffekte können aber nur gemeinsam und kooperativ organisiert werden. Das kann nicht heißen, daß sich praktische Kommunalpolitik in regionalem Dialog auflösen kann und darf; vielmehr geht es darum, sich auf einen regionalen Handlungsrahmen zu verständigen, der den Kommunen Anreiz und Raum gibt, sich innerhalb dieses Rahmens individuell und in eigener Verantwortung zu profilieren. Der Testfall dafür dürfte die Fortschreibung des Handlungskonzepts, mehr noch der praktische Umgang damit sein, wenn sich mangels finanzieller Verteilungsmasse das Eigeninteresse und die Motivation der Region dokumentieren muß. Anlaß dafür könnte - ironischerweise - der anstehenden Abbau des Bergbaus und der damit wieder steigende Problemdruck gerade in dieser Region sein.

Die Überzeugungsarbeit nach dem Motto: Arbeitsplätze in Gladbeck sind auch Arbeitsplätze für Bottrop, bleibt noch zu leisten. Gesetzliche Regelungen, wie auch immer formuliert, mögen deshalb in Teilen nützlich sein, ersetzen aber eben nicht die grundlegende Einsicht in die existentielle Notwendigkeit kooperativer regionaler Zusammenarbeit. Unter dem Strich bilden die bisherigen Erfahrungen dafür jedoch ein durchaus tragfähiges Fundament.

Anhang 1: Der Arbeitskreis Weiterbildung und Umschulung

Der Arbeitskreis Weiterbildung und Umschulung wurde im Frühjahr 1988 mit der Verabschiedung des Handlungskonzepts und der Konstituierung der Regionalkonferenz als einer der ersten eingesetzt. Seine Mitglieder rekrutierten sich aus allen am Handlungskonzept beteiligten Körperschaften, wobei die Städte jedoch überwiegend durch Volkshochschul-Mitarbeiter vertreten waren; hinzu kamen Vertreter der Arbeitsverwaltungen sowie zwei Vertreter von Bildungsträgern. Der Vorsitz war auf Vorschlag des RP in der Regionalkonferenz der Stadt Gladbeck übertragen worden. Die "kooptierten" Mitgliederstädte Herne und Oberhausen nahmen ebenfalls aktiv an den Beratungen des AK teil. Das (zahlenmäßige) Übergewicht der Städte gegenüber den anderen Körperschaften war dabei so gewollt.

Die ersten Konflikte im Arbeitskreis (AK) begannen bereits mit der Frage nach der Zielgruppe. Die Volkshochschulen und der DGB hatten primär die Arbeitslosen (1988!) und Problemgruppen (Jugendliche, Langzeitarbeitslose) im Blick, während die IHK auf die "wirtschaftsnahe" Weiter- und Höherqualifizierung aus war - eben das Feld, auf dem sie "kompetent" ist. Dieser Konflikt wurde durch hierarchische Entscheidung des RP gelöst, der Linie der Kammer zu folgen. Dies wurde durchaus als eine Entscheidung gegen die Städte, mehr noch gegen die Volkshochschulen und deren breiteren Bildungsbegriff, nämlich der Einheit von allgemeiner und beruflicher Bildung wahrgenommen. Überhaupt steuerte der RP indirekt die Arbeit des AK sehr stark, indem "gesprächsweise" die weitere Verfolgung der einen oder anderen Linie abgebrochen wurde. Die Position der Kammer wurde weiter gestärkt durch die Tatsache, daß zwar nicht der AK-Vorsitzende, wohl aber der Kammervertreter an der Regionalkonferenz teilnahm und von daher einen Informationsvorsprung (in beide Richtungen natürlich) und einen besseren Zugang zu den Entscheidern hatte. Daraus ergab sich faktisch eine Veto-Position der Kammer im AK, zumal auch die Stadtdirektoren die Positionen der Volkshochschulen nicht immer teilten, zumindest aber nicht bereit waren, dafür in der Regionalkonferenz einen Konflikt vom Zaun zu brechen.

In den Überlegungen des AK spielte die Weiterbildungsberatung, die Transparenz des Angebots und die Kooperation der Träger eine große Rolle. Die Diskussion mündete in "teuren" Vorschlägen (Aufbau einer entsprechende Infrastruktur aufzubauen) und führte z.T. zu Interessenkonflikten zwischen den zentralen Akteuren des Arbeitsmarktes, der IHK und der Arbeitsverwaltung.

Vor allem die in Betracht gezogene "Datenbank" erwies sich als konfliktträchtig. Eine frühe Vorstellung des Arbeitskreises sah vor, zunächst Transparenz in die Weiterbildungsszene zu bringen, indem aus der Weiterbildungsdatenbank der Industrie- und Handelskammern und der Arbeitsverwaltung eine gemeinsame regionale Datenbank über Träger und Angebote geformt werden sollte, um darauf aufbauend im zweiten Schritt auch eine verbesserte Koordination und Zusammenarbeit zu organisieren. Hier sträubte sich die Kammer zunächst und hielt ihren Kompetenzanspruch in Sachen Weiterbildung hoch. Später bot sie dann die beim DIHT bestehende Datenbank als Instrument an, weigerte sich aber weiterhin, diese mit der beim IAB für die Arbeitsverwaltungen aufgebaute Datenbank zu verknüpfen. Inzwischen ist eine pragmatische Lösung gefunden worden, bei der beide Systeme parallel genutzt werden können (2 PC's nebeneinander). Damit wurde der Konflikt mehr oder minder beigelegt.

Das Konzept des Arbeitskreises ("Andriske-Bericht") war dem RP vorab zugeleitet worden, der daraufhin, ohne Information oder Rücksprache mit dem "offiziellen" AK und noch bevor das Papier der RK vorgelegt wurde, eine zweite Arbeitsgruppe unter der Leitung des Arbeitsamtsdirektors Recklinghausen einsetzte, die das erste Papier "konkretisieren" sollte; Mitglieder waren außerdem die Kammern, der DGB und ein (!) Vertreter der Städte. Ergebnis war allerdings weniger eine inhaltliche Konkretisierung (die durchaus nützlich gewesen wäre), sondern eine Reduktion der formulierten Ansprüche (und damit auch der Kosten) und ein generelles Tieferhängen des Themas. Empfohlen wurde, ein wie auch immer geartetes Zusammenwirken der beiden Datenbanksysteme bei den Trägern zu testen (s.o.), der Aufbau von etwa 5 Beratungsstellen in der Region sowie eine auf Freiwilligkeit beruhende Arbeitsgemeinschaft/Kooperation der Bildungsträger.

Um diese Empfehlungen umzusetzten, wurde ein dritter Arbeitskreis eingesetzt, wobei der IHK (auf deren Wunsch) Leitung und Koordinierung übertragen wurden. Diese "Arbeitsgemeinschaft Weiterbildung Emscher-Lippe" sollte die Weiterbildungsträger "an einen Tisch" bringen und die Möglichkeiten einer Zusammenarbeit, gemeinsamer Ressourcennutzung etc. untersuchen.

Auf der Tagung des Instituts Arbeit und Technik und des Berufsförderungswerks "Graf Bismarck" am 20.02.1991 in Gelsenkirchen war von seiten einiger Bildungsträger ebenfalls angeregt worden, eine solche Arbeitsgemeinschaft zu bilden. Diese Initiative entsprang durchaus institutionellem Konkurrenzdenken gegenüber der Kammer, aber auch einer gewissen Verärgerung darüber, daß drei Jahre nach dem Beschluß über die

Erarbeitung eines Fortbildungs- und Umschulungskonzepts die Initiativen der Regionalkonferenz noch immer zu keinem Ergebnis geführt hatten. Als "neutrale Instanz" wurde das IAT von einigen Trägern gebeten, eine solche Arbeitsgruppe erstmalig einzuladen. Diese Einladung, die wenig später erfolgte, beschleunigte den Fortgang der Initiativen der Regionalkonferenz dahingehend, daß die Industrie- und Handelskammer sich nun ebenfalls zu einer sehr kurzfristigen Einladung genötigt sah. Um die Entstehung von Parallelveranstaltungen zu vermeiden, einigte man sich auf die Durchführung einer ersten Sitzung an dem vom IAT vorgeschlagenen Termin im Hause und unter Federführung der Industrie- und Handelskammer.

Auf dieser Sitzung am 07.05.1991 wurde eine von der IHK vorgelegte protokollarische Vereinbarung über die Aufgaben der "Arbeitsgemeinschaft Weiterbildung Emscher-Lippe" beschlossen: "Das generelle Ziel der Arbeit dieses Kreises sollte die Stärkung des Weiterbildungsbereichs im Vestischen Raum sein unter Berücksichtigung und Erhalt der Vielfalt in diesem Bildungsbereich. Neben dem Erfahrungsaustausch und der gegenseitigen Information wird auch die Entwicklung und Förderung von Kooperationen angestrebt sowie die gemeinsame Information der Öffentlichkeit sowohl über die Angebotsstruktur als auch über grundlegende weiterbildungspolitische Notwendigkeiten und Probleme."

Zur Umsetzung wurde eine weitere Arbeitsgruppe gebildet, die sich wie folgt zusammensetzt:

je ein Vertreter
* der Kommunen
* des Arbeitsamtes
* des DGB
* der IHK
* des Regierungspräsidenten
(die bis hier genannten Mitglieder sind zugleich auch Mitglieder der Regionalkonferenz)
* der Volkshochschulen
* der Gleichstellungsstellen
* der Berufsbildenden Schulen
* Vertreter von 8 Bildungsträgern, die weitere Träger mitvertreten
* Landwirtschaftskammer
* Kreishandwerkerschaft
* Institut Arbeit und Technik

Die Arbeitsgruppe trifft sich vierteljährlich, die Arbeitsgemeinschaft jährlich. Das erste Treffen der Arbeitsgruppe fand am 24.09.1991 statt. Den Vorsitz übernahm die IHK, gemeinsam mit dem Arbeitsamt Recklinghausen und dem IAT als stellvertretenden Vorsitzenden. Nach entsprechender Kritik wurde die Repräsentanz der Volkshochschulen auf drei Mitglieder erweitert.

Das Handlungskonzept und die ersten eingesetzten AK zielten darauf ab, eine Zusammenarbeit unter einer neutralen Moderation zu organisieren. Nachdem zwischenzeitlich weniger um Problemlösungen sondern um Sitze, Fraktionen und Positionen gerungen worden war, hat sich das Verhältnis der Akteure zueinander entspannt und sind gemeinsame Aktionen zustande gekommen. Im Zusammenhang mit der "Qualifikationskonferenz" des MWMT im September 1991 wurde ein "Markt der Weiterbildung" organisiert, auf dem sich die Träger in der Region mit ihrem Angebot darstellten. Gegenwärtig wird darüber nachgedacht, diese Veranstaltung regelmäßig zu wiederholen. Eine weitere Arbeitsgruppe ist gegründet worden, um die Einrichtung von Weiterbildungsberatungsstellen konkret vorzubereiten. Schließlich soll im Sommer 1992 das Thema "Qualitätsstandards in der Weiterbildung" angegangen werden.

Es gab im Verlauf dieses Prozesses zwei prägende Konfliktlinien: die eine verläuft zwischen den Volkshochschulen und der Kammer, wobei es um einen breiteren vs. einen auf berufliche (Weiter-)Bildung reduzierten Bildungsanspruch geht. Die zweite verläuft innerhalb der Kommunen, zwischen den Verwaltungen und den Volkshochschulen, weil die Stadtdirektoren in der Regel eher der Position der Kammer zuneigen und Konflikte in diesem Bereich gern hierarchisch und ohne inhaltliche Auseinandersetzung lösen. Aber auch in der Arbeitsverwaltung der Region sind verschiedene Strömungen erkennbar: Während die einen eher "progressiv" orientiert und bereit sind, neue Wege auszuprobieren, zeigt sich andere eher "konservativ" und auf die traditionellen Instrumente fixiert. Im Arbeitskreis allerdings zeigten sich beide Arbeitsämter eher auf der Linie der Volkshochschulen. Aber auch das änderte nichts an der starken Position der Kammer (völlig im Gegensatz zur Situation im ersten AK, in dem die Kommunen bzw. die Volkshochschulen das Sagen hatten), gegen die eine Entscheidung derzeit nicht möglich ist.

Insgesamt gesehen, erscheint der Stellenwert der Weiter-Bildung abhängig von der Beurteilung der lokalen Arbeitsmarktsituation. Weiter-"Bildung" als Daueraufgabe ist noch keineswegs ins politisch-administrative Alltagsbewußtsein gedrungen: was zählt, sind Arbeitsplätze. Einen neuen (Konjunktur-?)Aufschwung erfährt das Thema allerdings derzeit durch die Personalsituation in den Betrieben und den spürbaren Mangel an Facharbeitern, was sich in verschiedenen kommunalen, von der Regionalkonferenz und dem Handlungskonzept unabhängigen, Initiativen ausdrückt.

Anhang 2: Chronologie der Regionalisierung der Strukturpolitik in Emscher - Lippe

1984/85:	Erste Überlegungen beim RP im Verlauf des GEP-Verfahrens über eine handlungsorientierte "Ergänzung" des GEP
Dez. 1985:	Beschluß des Bezirksplanungsrats über die Erstellung eines "Handlungskonzepts" für den Emscher-Lippe-Raum (verknüpft mit der Verabschiedung des GEP)
Nov. 1986:	Erster Entwurf/Skizze eines Handlungskonzepts wird den Kommunen vom RP vorgestellt und im Feb. 1987 den Kommunen, IHK, DGB zur Stellungnahme zugeleitet
Feb./Juli 1987:	Stellungnahmen der Kommunen, Kammern, DGB, 1987
Juli 1987:	Vorstellung von ZIM durch die Landesregierung
Jan. 1988:	Vorlage und Vorstellung des "Handlungskonzepts für den Emscher-Lippe-Raum" durch den RP
März 1988:	Einbeziehung der AMR Recklinghausen in die ZIM
April 1988:	Konstituierung der "Regionalkonferenz Emscher-Lippe"
März 1989:	LIP (als Umsetzung des Strukturhilfegesetzes)
Mai 1989:	ZIN
Dez. 1989:	Vorlage "Regionales Flächenentwicklungsprogramm" des AK 1
Feb. 1990:	Vorlage "Regionales Weiterbildungs- und Umschulungskonzept" des AK 3 ("Andriske-Bericht")
März 1990:	Beschluß des Bezirksplanungsrats zur Fortschreibung des Handlungskonzepts
Mai 1990:	Gründung der "Emscher-Lippe-Agentur"
Aug.1990:	Einsetzung einer Arbeitsgruppe zur Fortschreibung des Handlungskonzepts durch die Regionalkonferenz
Feb. 1991:	1. Entwurf der Fortschreibung wird der Regionalkonferenz vorgelegt
März 1991:	Erste Diskussion des Entwurfs der Fortschreibung in der Regionalkonferenz
März/Juni 1991:	Stellungnahmen der Kommunen, Kammern, DGB, 1991
Sept. 1991:	Diskussion einer überarbeiteten Fassung der Fortschreibung in der Regionalkonferenz
Nov. 1991:	Verabschiedung der Fortschreibung in der Regionalkonferenz
Dez. 1991:	Beschlußfassung über die Fortschreibung im Bezirksplanungsrat; Vorlage des Konzepts bei der Landesregierung (MWMT)

Regionalbericht Dortmund/Kreis Unna/Hamm

Franz-Josef Bade und Ralf Theisen

1 Skizze der Region

Geographische Lage und administrative Abgrenzung

Die Region "Dortmund/Unna/Hamm" liegt im östlichen Ruhrgebiet und besteht aus den beiden kreisfreien Städten Dortmund und Hamm sowie dem Kreis Unna mit zehn kreisangehörigen Gemeinden. Weil sich der Kreis Unna zwischen den beiden Städten halbkreisförmig um Dortmund herum erstreckt, haben Dortmund und Hamm keine gemeinsame Stadtgrenze.

Die Region ist Teil des Regierungsbezirks Arnsberg und deckungsgleich mit dem Bezirk der Industrie- und Handelskammer zu Dortmund. Im Rahmen der "Zukunftsinitiative Montanregionen" (ZIM) und bis zum Zwischenbericht der "Zukunftsinitiative Nordrhein-Westfalen" (ZIN) waren die Kommunen der Region "Dortmund/Unna/ Hamm" noch Bestandteil zweier Arbeitsmarktregionen ("Dortmund-Unna" und "Hamm-Beckum").

Besondere Merkmale der politisch-administrativen Struktur

Durch die kommunale Untergliederung ergibt sich für den Kreis Unna - im Vergleich zu Dortmund und Hamm - ein besonderer Abstimmungsbedarf, der zusätzlich erschwert wird, wenn die zehn kreisangehörigen Gemeinden unterschiedliche entwicklungspolitische Vorstellungen verfolgen.

Die Koordination der kommunalen Zielvorstellungen wird noch durch die Größenunterschiede zwischen den kreisangehörigen Gemeinden beeinträchtigt. Die kleinste Gemeinde hatte 1989 etwa 16.000, die größte rund 86.000 Einwohner. Da die Verwaltungsstrukturen und -kapazitäten von der Ortsgröße abhängen, nehmen einwohnerstarke Ortsgemeinden wie Lünen und Unna alle Verwaltungsaufgaben selbst wahr, die übrigen acht kleineren und mittleren Ortsgemeinden dagegen fassen häufig Verwaltungsbereiche zusammen (z.b. Wirtschaftsförderung und Kämmerei) oder übertragen einige Verwaltungsaufgaben an den Kreis.

Bevölkerungsstruktur und -entwicklung

1987 lebten in der gesamten Region über 1,14 Mio. Menschen, rund die Hälfte davon in Dortmund und ca. 15 % in Hamm. Von 1970 bis 1987 ging die Einwohnerzahl insgesamt um 3 % zurück. Betroffen wurde fast ausschließlich Dortmund, das einen Verlust von 10 % erlitt. Im Kreis Unna nahm die Bevölkerung dagegen um 8 % zu, in Hamm stagnierte sie. Vom Bevölkerungszuwachs im Kreis Unna konnten (bis auf Lünen mit -2 %) alle Gemeinden profitieren.

Wirtschaftsstruktur und -entwicklung

Zentrum der Region ist Dortmund, das - im Vergleich zu seinem Anteil an der regionalen Bevölkerung - überproportional viel Arbeitsplätze bietet (56 %). Im Kreis Unna ist das Verhältnis umgekehrt, in Hamm ausgeglichen. Von 1970 bis 1987 ist die Zahl der Erwerbstätigen in der Region insgesamt um 3 % gestiegen. Die Gewinne gingen vor allem zugunsten von Hamm (+26 %) und des Kreises Unna (+15 %), während Dortmund einen Verlust von 6 % hinnehmen mußte.

In Dortmund waren 1987 über zwei Drittel aller Erwerbstätigen (68 %) im Dienstleistungssektor beschäftigt. In Hamm (57 %) und im Kreis Unna (53 %) sind die Anteile wesentlich kleiner und liegen noch unter dem Landesdurchschnitt (60 %). Relativ häufig sind in Dortmund - selbst im Vergleich zum Landes- oder Bundesdurchschnitt - Finanz- und sonstige Dienstleistungen vertreten.

Arbeitsmarkt

Die Arbeitslosigkeit lag 1990 in der Region mit rund 11 % über dem Landesdurchschnitt (8 %). Am höchsten ist sie in Dortmund (12 %), aber auch die beiden anderen Teilregionen sind von der Arbeitslosigkeit überdurchschnittlich betroffen.

2 Chronologie der Regionalisierung von Strukturpolitik

09.01.1990: Mit dem Zwischenbericht für die "Zukunftsinitiative Nordrhein-Westfalen" (ZIN) wird die Region neu abgegrenzt. Die bisherige Unterteilung in "Dortmund-Unna" und "Hamm-Beckum" wird aufgeben und "Dortmund/Unna/Hamm" entsteht.

11.04.1990: Der Regierungspräsident Arnsberg übermittelt der Kreisverwaltung Unna einen eigenen Verfahrensentwurf zur Erstellung eines regionalen Entwicklungskonzeptes.

April 1990: Erstes Abstimmungsgespräch zwischen Verwaltungsvertretern der drei Teilregionen Dortmund, Hamm und Kreis Unna (im folgenden Lenkungsgruppe) über die Einführung eines Verfahrens zur Erarbeitung eines regionalen Entwicklungskonzeptes.

21.06.1990: Der Regierungspräsident übermittelt den kommunalen Verwaltungen der drei Teilregionen ein Arbeitspapier des MWMT zur Erstellung regionaler Entwicklungskonzepte.

10.08.1990: Der Bezirksplanungsrat des Regierungsbezirks fordert einstimmig, regionale Entwicklungskonzepte zu erarbeiten.

Herbst 1990: Verschiedene Abstimmungsgespräche der Lenkungsgruppe über einen Gliederungsentwurf für ein regionales Entwicklungskonzept.

05.10.1990: Erstes Abstimmungsgespräch zur Abstimmung des Regionalisierungsverfahrens zwischen Verwaltungsvertretern des Kreises Unna und den zehn kreisangehörigen Gemeinden.

29.10.-
15.11.90: Bildung von fünf Arbeitsgruppen der Verwaltungen des Kreises Unna und der kreisangehörigen Gemeinden.

Dez. 1990: Der Hammer Stadtrat beschließt die Erstellung eines regionalen Entwicklungskonzeptes.

12.12.1990: Der Regierungspräsident übermittelt den Verwaltungen der drei Teilregionen die "Handlungsempfehlungen" des MWMT vom 22.10.1990.

11.01.1991: Im Kreis Unna beraten der Kreistag und -ausschuß die Erstellung eines regionalen Entwicklungskonzeptes.

11.01.1991:	Abstimmungsgespräch der Lenkungsgruppe über die Funktion des Regierungspräsidenten, des Bezirksplanungsrates, der Regionalkonferenz und der Kommunalparlamente im Regionalisierungsverfahren. Es wurde vereinbart, daß die Regionalkonferenz zu mehr als der Hälfte aus Vertretern der kommunalen Politik und Verwaltung bestehen soll.
16.01.1991:	Abstimmungsgespräch der Lenkungsgruppe über den Fortgang der Tätigkeiten der verwaltungsinternen Arbeitsgruppen und über die weitere verwaltungsinterne Verfahrensweise.
06.02.1991:	Erstes regionales Informationsgespräch, zwischen den Akteuren der Region mit wirtschaftsnahen Interessen und Verwaltungsvertretern der drei Teilregionen, Vertretern des MWMT, des MAGS sowie des Regierungspräsidenten.
26.02.1991:	Im Kreis Unna beschließt der Kreistag die Erstellung eines regionalen Entwicklungskonzeptes.
05.03.1991:	Die Dezernentenkonferenz in Dortmund beschließt, dem Rat der Stadt Dortmund eine Beschlußvorlage zur Erstellung eines regionalen Entwicklungskonzeptes vorzulegen.
07.03.1991:	In Hamm findet das erste Abstimmungsgespräch der Verwaltung für die Erarbeitung der Konzeptinhalte statt.
13.03.1991:	Zweites regionales Informationsgespräch zwischen den Akteuren der Region mit sozial- und gleichstellungspolitischen Interessen und Verwaltungsvertretern der drei Teilregionen, Vertretern des MWMT, des MAGS sowie des Regierungspräsidenten.
25.03.1991:	Abstimmungsgespräch des MWMT mit der Lenkungsgruppe über Verlauf und Teilnehmer der Informationsveranstaltung des MWMT im Mai.
02.05.1991:	Der Kreistag des Kreises Unna beschließt die Erstellung eines regionalen Entwicklungskonzeptes.
21.05.1991:	Definitives Abstimmungsgespräch der Lenkungsgruppe über Verlauf und Teilnehmer der Informationsveranstaltung des MWMT im Mai 1991.
23.05.1991:	Der Stadtrat Dortmund beschließt die Erstellung eines regionalen Entwicklungskonzeptes.

29.05.1991:	Erste Informationsveranstaltung des MWMT in Dortmund mit etwa 180 Teilnehmern aus der Region.
04.06.1991:	Der Kreistag des Kreises Unna beschließt die Besetzungsstruktur der Regionalkonferenz.
Sept.-Okt. 91:	Erarbeitung eines "Leitlinien-Entwurfes für die Aufstellung eines regionalen Entwicklungskonzeptes für die Region Dortmund/ Kreis Unna/Hamm" durch die Verwaltungen der drei Teilregionen.
Jan. 1992:	Zukunftsrunde für die Kohlegebiete in Bergkamen
16.01.1992:	Konstituierende Sitzung der Regionalkonferenz in Lünen (Kreis Unna) mit 75 Vertretern aus der Region. Vorlage des Leitlinienentwurfes der Lenkungsgruppe.
05.03.1992:	Konstituierende Sitzung der ersten Arbeitsgruppe der Regionalkonferenz mit den Arbeitsschwerpunkten "Gewerbeentwicklung und Flächenmobilisierung" und "Konzipierung einer regionalen Entwicklungsagentur".

3 Analyse der Regionalisierung von Strukturpolitik

3.1 Inhalte des regionalen Entwicklungskonzeptes

Auf Beschluß der Stadträte und des Kreistages wurde von den Verwaltungen ein Entwurf von "Leitlinien für ein regionales Entwicklungskonzept" erarbeitet und der Regionalkonferenz vorgelegt. In dem Konzept werden relativ allgemein die Entwicklungstendenzen beschrieben und nur vereinzelt Projekte skizziert. Das regionale Entwicklungskonzept ist nach folgenden Schwerpunkten gegliedert:

a)   Flächenmobilisierung/Gewerbepolitik,
b)   Innovations- und Technologieförderung,
c)   Infrastruktur,
d)   Qualifikation und Arbeitsmarkt,
e)   Ökologische Erneuerung und Sicherung der natürlichen Ressourcen.

Im einzelnen beinhalten sie folgende Leitlinien:

122

a) Flächenmobilisierung/Gewerbepolitik:

* Bereitstellung erschlossener gewerblich-industrieller Bauflächen,
* regionale Zusammenarbeit bei der Flächenbereitstellung und Planung von Einzelhandels- und Freizeiteinrichtungen,
* ökologisch ausgewogene Standortpolitik,
* Mobilisierung ehemals gewerblich und industriell genutzter Flächen mittels neuer Organisationsformen und Standards in der Projektentwicklung,
* neue Konzepte einer stadt- und regionalverträglichen Verkehrslogistik und Erschließung neuer Flächen mit dem öffentlichen Nahverkehr,
* Entwicklung gestalterischer und ökologischer Ansprüche bei neuen Gewerbeflächen.

b) Innovations- und Technologieförderung:

* Auf- und Ausbau von Transferstellen auch mit dem Ziel einer Beratung kleiner und mittlerer Unternehmen,
* Auf- und Ausbau sowie Verknüpfung der Technologiezentren in der Region,
* Stärkung ausgewählter Technologiefelder im Hochschulbereich und Verbesserung der Einbindung von Forschungseinrichtungen in die Teilregionen,
* Verbesserung der Infrastruktur zur Außendarstellung (z.B. Messen und Telekommunikation),
* Finanzierung neuer Technologien für kleine und mittlere Unternehmen durch Risikokapital-Fonds und verstärktes Einwerben öffentlicher Mittel,
* Weiterbildungs- und Qualifizierungsmaßnahmen, insbesondere durch betriebliche Frauenförderung,
* Transfers sollen eine Vielzahl regionaler Akteure einbinden.

c) Infrastruktur:

* Schaffung eines mit den Stadtstrukturen verträglichen Verkehrssystems insbesondere zur Schonung der ökologischen Grundlagen.
* Aufbau und Verbesserung von Logistiksystemen, Güterverkehrszentren und des öffentlichen Personen-Nahverkehrs.
* Förderung des rationellen Primärenergieeinsatzes, der sparsamen Endenergieverwendung und regenerativer Energien, besonders der Fernwärme und weiterer Verwendungsmöglichkeiten der Kohle.
* Schaffung von Müllaufbereitungs- und Müllbehandlungsanlagen (z.B. Müllverbrennungsanlagen) sowie von Bodenbörsen und Recyclinghöfen.
* Verbesserung der sozialen und kulturellen Infrastruktur in einzelnen Bereichen.

d) Qualifikation und Arbeitsmarkt:

* Förderung des Qualifikationspotentials der Frauen,
* regionale konsensuale Koordinierung und Kooperation aller Akteure der Wirtschafts- und Arbeitsmarktpolitik,

* Verbesserung des Qualifizierungsangebotes in der beruflichen Erstausbildung (durch außer- und überbetriebliche Einrichtungen), in der beruflichen Fort- und Weiterbildung, im Spitzentechnologiebereich. Alle Maßnahmen sollen besonders die Langzeitarbeitslosen, die arbeitslosen Frauen und die Berufsrückkehrerinnen berücksichtigen.

e) Ökologische Erneuerung und Sicherung der natürlichen Ressourcen:

* Schonung des Freiraumes,
* Erhaltung und Verbesserung der wohnungsnahen Erholung und Stadtökologie, besonders durch Vermehrung und Vernetzung städtischer Freiflächen,
* Erhaltung und Weiterentwicklung der regional bedeutsamen Grünzüge, besonders zusammenhängender Waldteile,
* ökologische Entwicklung der Gewässer,
* Ausloten der Raumansprüche von Naturschutz, Erholungs- und Freizeitnutzungen und Landwirtschaft,
* Verringerung der Luft-, Boden- und Gewässerbelastung.

3.2 Entscheidungsstruktur und -verfahren

Die Stadträte in Dortmund und Hamm sowie der Kreistag in Unna beschlossen in der Zeit von Dezember 1990 bis Mai 1991 einen Gliederungsentwurf für ein regionales Entwicklungskonzept. Zudem setzten sie ein regionales Abstimmungs- und Entscheidungsverfahren fest und bestimmten die Struktur der Teilnehmer an der Regionalkonferenz (s. Anhang A und B). Die Verwaltungen wurden schließlich beauftragt, einen ersten Entwurf des regionalen Entwicklungskonzeptes zu erarbeiten und die weiteren Verfahrensschritte zu konkretisieren.

Vorbereitet wurden die Ratsbeschlüsse von einer Arbeitsgruppe, die sich aus Verwaltungsvertretern der beiden kreisfreien Städte und des Kreises zusammensetzt und seitdem im weiteren Regionalisierungsprozeß die Funktion einer Lenkungsgruppe übernimmt. Sie traf erstmals im April 1990 zusammen, nachdem durch die Landesregierung und den Regierungspräsidenten bekannt geworden war, daß zukünftig regionale Entwicklungskonzepte als Förderungsgrundlage erstellt werden sollten. In der Folge koordinierte die Lenkungsgruppe die Arbeiten an dem Entwicklungskonzept und stellte die Leitlinien für das regionale Entwicklungskonzept zusammen.

Die Grundlagen, auf denen die Leitlinien aufbauen, wurden in den Verwaltungen der drei Teilregionen erarbeitet. In Dortmund übernahm das Amt für Wirtschafts- und

Beschäftigungsförderung die Federführung. Neben eigenen Analysen wurde es durch Beiträge anderer Fachämter unterstützt, insbesondere des Amtes für Angelegenheiten des Oberstadtdirektors sowie des Dortmunder MAGS/ESF-Regionalsekretariats.

In Hamm lag die Federführung beim Hammer MAGS/ESF-Regionalsekretariat, das auf Beiträge des Wirtschaftsförderungs- und Liegenschaftsamtes, des Straßenverkehrsamtes, des Kulturamtes, des Schulamtes, des Jugendamtes, des Umweltamtes, des Stadtplanungsamtes sowie der Gleichstellungsbeauftragten aufbauen konnte. Im Kreis Unna wurden zu den einzelnen Schwerpunkten des regionalen Entwicklungskonzeptes Arbeitsgruppen gebildet, die aus Verwaltungsvertretern der zehn kreisangehörigen Gemeinden sowie - als Vertreter der Kreisverwaltung - aus der Koordinierungsstelle für Planungsaufgaben des Kreises und dem MAGS/ESF-Regionalsekretariat bestanden. Die Federführung lag bei den Kreisvertretern.

Das Verfahren zur Erstellung eines regionalen Entwicklungskonzeptes sah ursprünglich - gemäß der Grundsatzbeschlüsse - die Bildung von regionalen Arbeitsgruppen mit Vertretern aus Verwaltung, Politik und gesellschaftlichen Gruppen vor. Diese sollten zu ausgewählten Schwerpunktthemen des Entwicklungskonzeptes den ersten Konzeptentwurf mitgestalten. Dazu kam es jedoch nicht, weil sich die Abstimmung über die Inhalte des Entwicklungskonzeptes und die Klärung des weiteren Vorgehens verzögerte.

Besonders im Kreis Unna gab es wegen der Einbindung aller zehn kreisangehörigen Gemeinden einige Schwierigkeiten.

Um die Zustimmung im Kreistag und in den kommunalen Parlamenten nicht zu gefährden, wurden die kreisangehörigen Gemeinden frühzeitig an den Arbeiten zum Entwicklungskonzept beteiligt. Die Gefahr, daß dadurch Verzögerungen hervorgerufen werden könnten, wurde von der Lenkungsgruppe geringer eingeschätzt als das Risiko, durch eine zu späte Beteiligung die Ablehnung des Entwicklungskonzeptes im Kreistag oder in einem der kommunalen Parlamente zu provozieren.

So wurde der Leitlinienentwurf lediglich von der Verwaltung, also ohne Beteiligung der gesellschaftlichen Gruppen, erarbeitet. Die Lenkungsgruppe präsentierte diesen Entwurf am 16.01.1992 der konstituierenden Regionalkonferenz. Auch den Stadträten und dem Kreistag sollen diese Leitlinien zur Beratung vorgelegt werden. Das weitere Verfahren sieht die Bildung von Arbeitsgruppen vor, die für die Regionalkonferenz die Schwerpunkte des Entwicklungskonzeptes weiterentwickeln sollen. Am 05.03.1992 konstituierte sich die erste Arbeitsgruppe mit dem Schwerpunkt "Flächenmobilisierung".

Die Lenkungsgruppe soll die Ergebnisse der Arbeitsgruppen und die Bedenken und Anregungen der Regionalkonferenz zu dem Leitlinienentwurf aufnehmen und in eine zweite Entwurfsfassung des regionalen Entwicklungskonzeptes einarbeiten. Dieser überarbeitete Entwurf wird abschließend der Regionalkonferenz zur Kenntnisnahme und den Stadträten und dem Kreistag zum Beschluß vorgelegt. Auch die Gemeinde- und Stadträte der kreisangehörigen Gemeinden sollen über diesen Entwurf abstimmen.

Anschließend sollen von der Lenkungsgruppe Arbeitskreise eingerichtet werden, die aus einzelnen Schwerpunkten des Entwicklungskonzeptes Leitprojekte ableiten werden. Das regionale Entwicklungskonzept selbst wird an den Regierungspräsidenten weitergegeben, der die Vereinbarkeit des Konzeptes mit den Zielen der Gebiets- und Landesentwicklungsplanung überprüft und es abschließend an die Landesregierung übermittelt.

Der offizielle Anstoß zu einem regionalen Entwicklungskonzept kam von der Behörde des Regierungspräsidenten und dem Bezirksplanungsrat. Sie informierte die Verwaltungen der Teilregionen Dortmund, Hamm und des Kreises Unna von den Regionalisierungsplänen der Landesregierung. Zur Orientierung sandte sie den Verwaltungen im April 1990 einen eigenen Verfahrensentwurf zur Erarbeitung eines regionalen Entwicklungskonzeptes zu. Im Juni 1990 übermittelte sie ihnen ein Arbeitspapier des MWMT, in dem die Landesregierung ihre Vorstellungen über die Inhalte und den Ablauf des Regionalisierungsverfahrens konkretisiert. Etwa zur gleichen Zeit begannen zwischen Verwaltungsvertretern der Teilregionen erste Beratungen über ein regionales Entwicklungskonzept und die dazu notwendigen Entscheidungsverfahren und -strukturen.

Um die Erarbeitung des Konzeptes vorzubereiten und die dazu notwendigen Verfahrensschritte zu koordinieren, wurde eine Lenkungsgruppe aus Verwaltungsvertretern gebildet. Sie besteht aus Dezernenten, Amtsleitern und Mitarbeitern der Wirtschaftsförderungsämter in Dortmund und Hamm, Mitarbeitern des Amtes für Angelegenheiten des Dortmunder Oberstadtdirektors, dem Leiter der Koordinierungsstelle für Planungsaufgaben des Kreises Unna und Mitarbeitern der Hammer und Unnaer MAGS/ESF-Regionalsekretariate.

Von der Lenkungsgruppe stammt sowohl der Gliederungsentwurf für das regionale Entwicklungskonzept als auch der Vorschlag, wie über das Konzept im weiteren Verfahren abzustimmen sei. Zudem entwickelte sie einen Vorschlag zur Besetzung der Regionalkonferenz. Grundsätzliche Aufgabe der Lenkungsgruppe ist die Koordination der Arbeiten in den drei Teilregionen. Die Ergebnisse aus den einzelnen Verwaltungen wurden von der Lenkungsgruppe zu Leitlinien zusammengefaßt und der ersten Regionalkonferenz vorgelegt. Nach der ersten Regionalkonferenz war es außerdem die Lenkungsgruppe, die die Besetzung der ersten Arbeitsgruppe regelte. Die Lenkungsgruppe soll im weiteren Verlauf die Bedenken und Anregungen der Regionalkonferenz zu ihren Leitlinien in einen zweiten Entwurf aufnehmen und diesen anschließend direkt der Konferenz zur Kenntnisnahme und den Stadt- und Gemeinderäten sowie dem Kreistag zum Beschluß vorlegen.

Die Regionalkonferenz tagte bislang einmal, am 16.01.1992. Sie konstituiert sich aus 75 Mitgliedern sowie zusätzlich geladenen Gästen, wie z.B. Vertreter des MWMT, MAGS, MSV, MURL, des Landschaftsverbandes sowie der Ruhrkohle AG (s. Anhang B). Fast zwei Drittel der Mitglieder (45) kommen aus dem Bereich der kommunalen Politik und Verwaltung. Die zwei Oberbürgermeister und der Landrat üben alternierend den Vorsitz der Regionalkonferenz aus. Die zwei Oberstadtdirektoren und der Oberkreisdirektor übernehmen, ebenfalls alternierend, die Geschäftsführung. Die restlichen kommunalen Vertreter kommen zu gleichen Teilen aus den drei Teilregionen. In Dortmund und Hamm wurden Vertreter des Stadtrates nach dem d'Hondtschen Höchstzahlverfahren gewählt. Für den Kreis Unna stammen drei Vertreter aus dem Kreistag; die übrigen zehn Plätze sind für die zehn kreisangehörigen Gemeinden bestimmt, die ihre Plätze in unterschiedlicher Weise besetzen (Beigeordnete, Bürgermeister, Fraktionsvorsitzende und Stadtdirektoren).

Die übrigen Konferenzmitglieder sind Vertreter gesellschaftlicher Gruppen (30 Personen). Darunter sind überwiegend Vertreter wirtschaftlicher Interessengruppen und Organisationen, wie die Industrie- und Handels-, Handwerks- und Landwirtschaftskammer, Arbeitgeberverbände, der Deutsche Gewerkschaftsbund, und das Arbeitsamt. Der Rest setzt sich aus Wohlfahrts- und Naturschutzverbänden, Kirchen sowie Gleichstellungsinstitutionen zusammen.

Vorgesehen sind insgesamt - bis Ende 1992 - drei Konferenzsitzungen. Die Regionalkonferenz hat zunächst die Aufgabe, über die Leitlinien für ein regionales Entwicklungskonzept zu diskutieren sowie Änderungsvorschläge zu entwickeln. Dazu sollen fünf Arbeitsgruppen die Schwerpunkte der Leitlinien weiterentwickeln.

Die Besetzung der Arbeitsgruppen wird - nach Auffassung der Lenkungsgruppe - die gleiche Teilnehmerstruktur wie die Regionalkonferenz haben, d.h., die Vertreter aus Politik und Verwaltung werden in der Mehrzahl sein. Als Beispiel hierfür kann die erste Arbeitsgruppe angesehen werden, die sechs Wochen nach der ersten Konferenz gegründet wurde. Sie beschäftigt sich mit der Gewerbentwicklung und Flächenmobilisierung und soll die Bildung einer regionalen Entwicklungsagentur vorbereiten. Neben neun politischen Vertretern aus den drei Teilregionen und sieben Vertretern gesellschaftlicher Gruppen als Mitglieder wurden als sachverständige Gäste u.a. die Ruhrkohle AG und die Landesentwicklungsgesellschaft eingeladen.

Die Ergebnisse der Arbeitsgruppen sollen von der Lenkungsgruppe in einen zweiten Konzeptentwurf eingearbeitet werden, der einer weiteren Regionalkonferenz vorgelegt und dort diskutiert wird. Beschlossen wird das Konzept endgültig allein von den Stadt- und Gemeinderäten sowie dem Kreistag.

Mit den Grundsatzbeschlüssen hatten die Stadträte und der Kreistag alle Entscheidungen über das weitere Verfahren an die Lenkungsgruppe aus der Verwaltung delegiert. Alle inhaltlichen Vorschläge zum regionalen Entwicklungskonzept und dessen Abstimmungsverfahren kamen ebenso wie ein Vorschlag zur Besetzung der Regionalkonferenz von der Verwaltung.

Formell entscheiden jedoch die kommunalen Parlamente. Diese Kompetenz wurde in Grundsatzbeschlüssen unterstrichen.

Veränderungen in den Entscheidungsstrukturen, die über die festgelegten Abstimmungs- und Entscheidungsstrukturen hinausgehen, werden von den Kommunen mit der Begründung abgelehnt, daß die vorhandenen Strukturen verfassungsrechtlich legitimiert sind und sich im bisherigen Regionalisierungsprozeß bewährt haben. Die Beschlüsse der Regionalkonferenz haben keine Bindungskraft und sind nur solange gültig, wie sich alle Konferenzmitglieder daran halten. Die Kommunen verstehen die Regionalkonferenz als regionales Abstimmungsgremium.

Der Regierungspräsident und der Bezirksplanungsrat haben die Erarbeitung eines regionalen Entwicklungskonzeptes offiziell angeregt und darüber Informationen der Landesregierung an die Verwaltungen übermittelt. An der Erarbeitung des regionalen Entwicklungskonzeptes sind sie jedoch nicht beteiligt, was von den kommunalen Verwaltungsvertretern ausdrücklich begrüßt wird. Der Regierungspräsident war bislang lediglich Gast bei der Regionalkonferenz und bei einigen Sitzungen von Arbeitsgruppen in den Teilregionen.

Erst in der letzten Phase, in der das regionale Entwicklungskonzept mit den Zielen der Gebiets- und Landesentwicklungsplanung verglichen werden soll, werden Regierungspräsident und Bezirksplanungsrat wieder in das Regionalisierungsverfahren eingebunden.

3.3 Interkommunale Kooperation

Vor dem Regionalisierungsprozeß gab es nur vereinzelt sachbezogene Kooperationen zwischen den Teilregionen bzw. zwischen den kreisangehörigen Gemeinden. Beispiele sind die Zusammenarbeit der Transferstellen und Technologiezentren im Bereich der Technologieförderung oder der Versuch der Wirtschaftsförderungsämter bzw. -gesellschaften, im Bereich des Einzelhandels eine Abstimmung zu erzielen.

Durch den Regionalisierungsprozeß bedingt, hat sich die Zusammenarbeit zwischen den kommunalen Verwaltungen etwas verstärkt. Bei konkreten Interessenkonflikten, wie z.b. bei Auseinandersetzungen über Gewerbeansiedlungen, überwiegt aber nach wie vor ein Abgrenzungsverhalten.

3.4 Integration von Fachpolitiken auf der regionalen Ebene

Eine Integration von Fachpolitiken auf der regionalen Ebene wird zwar gewünscht, geschieht aber nur vereinzelt und ist bislang auch durch das Regionalisierungsverfahren nicht verstärkt worden. Neben den Abstimmungsschwierigkeiten auf kommunaler und regionaler Ebene kommt hinzu, daß aus Sicht der Akteure aus der Region die Integration von Fachpolitiken durch die Landespolitik nicht realisiert wird.

Auf regionaler Ebene werden z.B. Projekte des MAGS/ESF getrennt vom ZIN-Regionalisierungsverfahren bearbeitet, obwohl hier nach Auffassung der Verwaltung wegen fachlicher Überschneidungen zwischen der ZIN-Regionalisierung und der ESF-Förderung eine Integration dringend geboten ist.

3.5 Gesellschaftliche Kooperation

Außerhalb des Regionalisierungsverfahrens gibt es für gesellschaftliche Gruppen nur in Dortmund die Möglichkeit, an entwicklungspolitischen Abstimmungen beteiligt zu werden. Seit einigen Jahren besteht hier eine unregelmäßig stattfindende Abstimmungsrunde des Oberbürgermeisters mit Vertretern gesellschaftlicher Gruppen (sog. Dortmund-Konferenz), in der auf lokaler Ebene arbeitsmarktpolitische Vorhaben abgestimmt werden.

Im übrigen wurden gesellschaftliche Gruppen während des Regionalisierungsverfahrens erst auf der Regionalkonferenz in den Abstimmungsprozeß für ein regionales Entwicklungskonzept einbezogen. Dort sind sie mit 30 Vertretern eine Minderheit gegenüber den 45 kommunalen Vertretern (s. Anhang B). Zuvor waren sie lediglich Gäste auf Informationsveranstaltungen der Landesregierung, wo sie von deren Vorstellungen in Kenntnis gesetzt wurden. An Entscheidungen der Lenkungsgruppe waren sie nicht beteiligt.

In den kommunalen Grundsatzbeschlüssen war vorgesehen, daß bereits in der ersten Entwurfsphase des regionalen Entwicklungskonzeptes gesellschaftliche Gruppen in den inhaltlichen Abstimmungsprozeß eingebunden werden sollten. In regionalen Arbeitsgruppen sollten sie mit kommunalen Vertretern aus der Politik und der Verwaltung Schwerpunktthemen des regionalen Entwicklungskonzeptes erarbeiten. Auf Grund von Verzögerungen, die bei der Abstimmung der Verwaltungen in den drei Teilregionen entstanden, wurde auf die frühzeitige Einbindung verzichtet.

Unter den gesellschaftlichen Gruppen sind wirtschaftsnahe Akteure wie die Industrie- und Handelskammer, Arbeitgeberverbände und Gewerkschaften besonders stark vertreten. Der Rest setzt sich in etwa zu gleichen Teilen aus anderen Gruppen wie Naturschutzverbänden, Gleichstellungsbeauftragten sowie Bildungs- und Wohlfahrtsvertretern zusammen.

Die Entscheidung darüber, wer die jeweilige Gruppe vertritt, wurde den gesellschaftlichen Gruppen selbst überlassen. Dies führte zu einigen Kontroversen, wie z.B. um die Frage der Vertretung der Arbeitnehmerinteressen durch den Deutschen Gewerkschaftsbund oder die Deutsche Angestellten-Gewerkschaft.

3.6 Vertikale Koordination

Sowohl der Regierungspräsident als auch der Bezirksplanungsrat agieren im Regionalisierungsprozeß sehr zurückhaltend. Dieses Verhalten wird von den Akteuren in der Region ausdrücklich begrüßt. Der Regierungspräsident übermittelte den Verwaltungen der Teilregionen lediglich Arbeitshinweise und Informationen der Landesregierung sowie einen eigenen Entwurf zum Regionalisierungsverfahren. Er nahm auch an den verschiedenen Informationsveranstaltungen der Landesregierung teil, wurde zur ersten Regionalkonferenz eingeladen und war einige Male Gast bei Arbeitsgruppensitzungen der Kreisverwaltung Unna sowie bei Abstimmungsgesprächen in der Region. Er lieferte aber keine inhaltlichen Beiträge für das regionale Entwicklungskonzept.

Die Mitwirkung der Landesregierung beschränkt sich im wesentlichen auf die Informationsveranstaltungen sowie ihre "Handlungsempfehlungen regionale Entwicklungskonzepte".

Aus der Sicht der Region - d.h. in diesem Fall aus der Sicht der Lenkungsgruppe - werden die Handlungsempfehlungen als zu unkritisch erachtet. Von der Landesregierung wurden insbesondere Hinweise darüber erwartet, auf welche Weise die kommunalen Parlamente in das Regionalisierungsverfahren einzubinden sind.

Zudem wird - angesichts der negativen Erfahrungen in der ersten ZIN-Runde - bemängelt, daß die Landesregierung sich weiterhin die Möglichkeit vorbehält, die Projekte, die von der Regionalkonferenz beschlossen wurden, in einer anderen Rangordnung zu fördern, als sie von der Regionalkonferenz bestimmt wurde.

Schließlich wird die Regionalisierung auch dadurch beeinträchtigt, daß gleichzeitig strukturpolitische Maßnahmen ohne regionale Abstimmung durch das Land gefördert werden, die den einzelnen Teilregionen in gleicher Weise zugute kommen.

3.7 Integration von Fachpolitiken auf Landesebene

Eine Integration von Fachpolitiken auf Landesebene gibt es aus der Sicht der Region nicht. Sinnvoll sei aber z.B. eine Zusammenarbeit mit dem MAGS, da die Beschäftigungspolitik ein wesentlicher Bestandteil des Regionalisierungsverfahrens sei. Schließlich scheitert der Anspruch auf Integration - aus der Sicht der Lenkungsgruppe - daran, daß an den regionalen Abstimmungsorganen vorbei Projektförderanträge an die Landesressorts gerichtet werden.

3.8 Interregionale Kooperation

Eine offizielle Kooperation mit anderen ZIN-Regionen wird im Rahmen des Regionalisierungsverfahrens bislang nicht angestrebt. Vereinzelt gibt es auf kommunaler Ebene eine Zusammenarbeit, z. B. im Bereich der Wirtschaftsförderung oder der Bildungspolitik. Einige Kommunen sind zudem in die "Internationale Bauausstellung Emscher-Park" eingebunden.

Anhang 1: Abstimmungsverfahren zur Erarbeitung eines regionalen Entwicklungskonzeptes in der Region "Dortmund/Unna/Hamm"

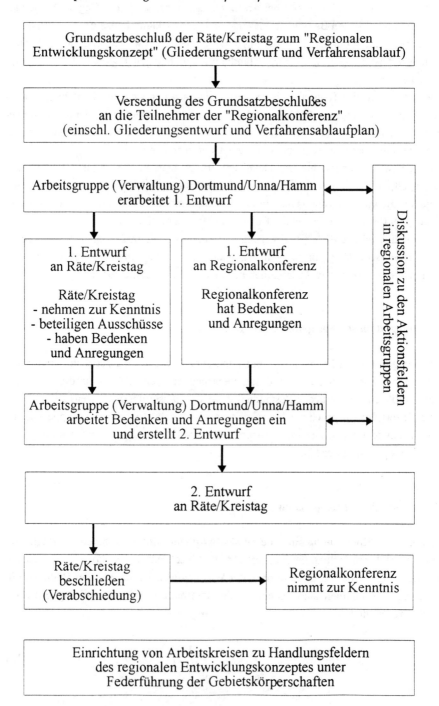

Anhang 2: Teilnehmerliste der Regionalkonferenz

3 (alternierende) Vorsitzende:
- OB Dortmund
- OB Hamm
- LR Kreis Unna

3 (alternierende) geschäftsführende Personen:
- OStD Dortmund,
- OStD Hamm,
- OKD Kreis Unna.

39 politische Vertreter der Städte, der Gemeinden und des Kreises, davon
- 13 Vertreter aus Dortmund,
- 13 Vertreter aus Hamm,
- 13 Vertreter aus dem Kreis Unna.

30 Vertreter gesellschaftlicher Gruppen und Organisationen, davon
- 6 Deutscher Gewerkschaftsbund,
- 2 Arbeitsamt,
- 3 Industrie- und Handelskammer,
- 3 Handwerkskammer,
- 1 Landwirtschaftskammer,
- 1 Unternehmensverband Metall,
- 1 Einzelhandelsverband,
- 3 Frauenerwerbstätigkeit (Gleichstellungsbeauftragte, Kommunalstelle Frau und Beruf bzw. Frau und Wirtschaft),
- 4 Wohlfahrtsverbände und Kirchen,
- 3 Bildungsträger/Sport/Kultur,
- 3 Naturschutz (BUND, LNU, Naturschutzbund).

Gäste:
- Regierungspräsident Arnsberg
- Landschaftsverband Westfalen-Lippe
- Ministerium für Wirtschaft, Mittelstand und Technologie,
- Ministerium für Arbeit, Gesundheit und Soziales,
- Ministerium für Umwelt, Raumordnung und Landwirtschaft,
- Ministerium für Stadtentwicklung und Verkehr,
- Ruhrkohle Aktiengesellschaft

Regionalbericht Bergische Großstädte

Erich Hödl und Rainer Mönig

1 Skizze der Region

Geographische Lage und administrative Abgrenzung

Das bergische Land hat eine gewisse regionale Identität bereits in historischer Zeit erfahren. Zwischen Rhein, Ruhr und Sieg entwickelte sich ein nach Landschaft, Siedlungsstruktur und Wirtschaftsweise verwandter Raum mit Menschen eigener Mentalität, eingebettet in den großen "bergisch-märkischen Lebensraum".

Hohe Jahresniederschlagsmengen und besondere geologisch-morphologische Verhältnisse bedingen eine Vielzahl von Bächen, die alle in die Wupper entwässern. Diese Ressource hat, gemeinsam mit den benachbarten Kohlevorkommen, zur frühzeitigen Industriebesiedlung mit wasserkraft- und vorflutnutzenden Technologien geführt.

Die Region gilt als eine der ältesten Industrieregionen des Kontinents. Sie hat sich im "Windschatten" der zwei polyzentrischen Stadtregionen des Ruhrreviers im Norden und der Rheinschiene im Westen bislang eine bemerkenswerte Eigenständigkeit erhalten.

Die "Bergischen Großstädte" treten im räumlichen Bezugsraster i.S. des in der Bundesraumordnung gebräuchlichen Systems der Regionsgrundtypen nicht in Erscheinung. Mit Blick auf die 74 Raumordnungsteilregionen (der Altbundesländer) nimmt das Gebiet eine Randstellung gegenüber dem Bereich "Ruhr" wie gegenüber dem Bereich "Rhein-Nord" ein (Raumordnungsbericht 1986, S. 12). Während jedoch die Städte an Rhein und Ruhr infolge der kommunalen Gebietsreform von 1975 teilweise erheblich an Fläche und Einwohnern hinzugewonnen haben, blieb der Eingliederungszuwachs in den drei bergischen Städten mit durchschnittlich 1,5 % Einwohnerzunahme und 10 % Flächengewinn vergleichsweise gering (Trümper 1982, S. 56).

Als Subtyp "altindustriell" gilt die Region zwar als Siedlungsareal mit hohem Verdichtungsgrad, aber eine Gemeindegrenzen übergreifende Bebauung sowie eine intensive innerregionale Verflechtung samt den daraus resultierenden raumtypischen Problemen ist kaum ausgeprägt (vgl. Haasis 1990, S. 22, 48). Vielmehr zeichnet sich der trianguläre

Bergischer Wirtschaftsraum

Nordrhein-Westfalen

Ruhrgebiet

Bergische Großstädte

Wuppertal

Remscheid

Düsseldorf

Solingen

Köln

Kommunale
Arbeitsgemeinschaft
Bergisch Land e.V.

Entwurf: R. Mönig

Verdichtungsraum "Bergische Großstädte" durch drei dicht beieinanderliegende aber in sich monozentrisch strukturierte Areale aus, ohne jedoch die für Solitärstädte typische großräumige Deglomeration zu entfalten.

Besondere Merkmale der politisch-administrativen Struktur

Die bergische Region hat in einem Verdichtungsraum die "Kernstädte" Solingen (SG), Remscheid (RS) und Wuppertal (W) hervorgebracht. Sie gehören alle dem Verwaltungstyp "kreisfreie Städte" an und unterstehen als Mittelbehörde dem Regierungspräsidium Düsseldorf. Im Umland befinden sich durchweg kreisangehörige Gebietskörperschaften, die Bestandteil von vier Kreisen in drei Regierungsbezirken sind: Ennepe-Ruhr-Kreis (RP Arnsberg), Kreis Mettmann (RP Düsseldorf), Oberbergischer und Rhein-Sieg-Kreis (RP Köln).

Für die Region gilt Wuppertal als Oberzentrum, dessen Funktionen die Stadt aber nur kulturell, weniger wirtschaftlich und bildungsbezogen, jedoch kaum administrativ wahrnehmen kann. Im Bereich von Freizeit und Erholung hat aber das Umland für Wuppertal eine herausgehobene Bedeutung. Remscheid und Solingen gelten als Mittelzentren, wobei alle drei Städte zusammen von der Randlage im Regierungsbezirk in ihren Raumfunktionen geprägt sind. Entsprechend fraktioniert und unübersichtlich sind die Einfluß- und Machtverhältnisse einerseits zwischen den drei Kernstädten und ihrem Umland sowie andererseits innerhalb der Bergischen Großstädte selbst (vgl. RP Düsseldorf Gebietsentwicklungsplan 1986, B III).

Aus den letzten Kommunalwahlen im Jahre 1989 gingen folgende Mehrheitsverhältnisse bei der Sitzverteilung in den drei Räten hervor:

Remscheid		Solingen		Wuppertal	
CDU	8	SPD	26	SPD	32
SPD	7	CDU	22	CDU	23
FDP	2	FDP	7	FDP	6
Grüne	2	Grüne	4	Grüne	6

In allen drei Räten bestehen offenbar interne Absprachen über Abstimmungsverhalten sowie Personal- und Sachfragen.

Der Bezirk der Industrie- und Handelskammer ist identisch mit dem Areal der Bergischen Großstädte und zählte 1991 etwa 9.450 kammerzugehörige handelsregisterlich eingetragene Firmen mit etwa 24.000 Betriebsstätten. Die Arbeitsverwaltung unterhält ein Arbeitsamt in Wuppertal (mit Nebenstelle Niederberg) und ein anderes in Solingen (mit Nebenstelle Remscheid). Im Gebiet waren 1990 ca. 245.750 versicherungspflichtig Beschäftigte registriert. Die Arbeitgeberverbände bilden einen Zusammenschluß von zehn rechtlich selbständigen Arbeitgeber- und Wirtschaftsvereinigungen mit unterschiedlichem Einzugsgebiet. Die Gewerkschaften sind in ihre Einzelgewerkschaften nach örtlichen Gegebenheiten gegliedert und unterhalten in Wuppertal für den DGB als Dachorganisation eine Geschäftsstelle "Kreis Bergisch Land". Die Bergische Universität - GHS Wuppertal - ist regional auf die drei Städte bezogen.

Bevölkerungsstruktur und -entwicklung

Nach den Volkszählungsdaten ist die Bevölkerungsentwicklung im bergischen Städtedreieck seit Ende der sechziger Jahre rückläufig und hat 1987 ihren vorläufigen Tiefststand erreicht. Die politischen Ereignisse der vergangenen zwei Jahre haben jedoch zu einer enormen demographischen Veränderung nach oben geführt. Insofern müssen die Prognosen des Landesentwicklungsberichtes NRW neu bestimmt werden.

Entwicklung der Bevölkerung in Wuppertal, Solingen und Remscheid 1970 bis 2000

Gebietskörpersch.	1970	1980	1990	2000[1]	2000[2]
Wuppertal	424.500	393.400	378.300	371.700	376.700
Solingen	178.700	166.100	162.900	166.000	168.300
Remscheid	138.300	129.100	121.800	123.400	125.200
zusammen	741.500	688.600	663.000	661.100	670.200

Quelle: 1970 und 1980 nach Landesentwicklungsbericht 1986; 1990 und 2000 nach aktuellen Angaben des LDS-NW
1) Prognose der Hauptvariante
2) Prognose bei erhöhter Zuwanderung

Von 1970 bis 1987 ist im Gebiet ein Rückgang von 13,0% (W: 13,9%; SG: 11,0%; RS: 13,2%) zu verzeichnen gewesen. Dagegen haben die kreisfreien Städte in NRW nur 9,6% und NRW insgesamt nur 1,2% an Einwohnern verloren. Nach den Angaben der

137

Statistischen Ämter ist aber seit 1988 ein deutlicher Anstieg zu verzeichnen. Danach beläuft sich die Einwohnerzahl der drei Städte 1990 wieder auf 663.000. Daß damit eine längerfristige Trendumkehr noch nicht erreicht ist, ergibt sich aus den durchschnittlichen Veränderungsraten der Bevölkerung von 1970 bis 1989 mit -7,8% (W: -7,5%; SG: - 7,4%; RS: -9,4%). Der Zuwachs seit 1988 hat lediglich bewirkt, daß die Bevölkerungszahlen der Bergischen Großstädte etwa wieder die Höhe des Jahres 1983 erreicht haben.

Die Frauenquote betrug in Wuppertal 52,9%, in Solingen 52,6 und in Remscheid 52,4%. Der NRW-Frauenanteil lag bei 52%. Bezüglich der Altersstruktur ist von 1970 bis 1987 eine Abnahme der Jugendquote bzw. eine Zunahme der Altenquote zu registrieren, die jeweils unter bzw. über dem Durchschnitt der kreisfreien Städte und der des Landes NRW liegen. Dabei hat sich in Wuppertal die vergleichsweise ungünstigste Altersstruktur unter den drei bergischen Städten herausgebildet.

Im beschriebenen Zeitraum ist der Ausländeranteil im Untersuchungsgebiet von 6,7% auf 10,7% (W: von 5,2% auf 9,6%; SG: von 7,5% auf 11,3%; RS: von 10,1% auf 13,1%) gestiegen. Damit liegen die Bergischen Großstädte deutlich über dem Durchschnitt der kreisfreien Städte (9,6%) und dem NRW-Durchschnitt (7,5%). Einen weit überdurchschnittlichen Anteil verzeichnet Remscheid mit 13,1%, der offenbar vorwiegend auf den hohen Ausländer-Beschäftigtenanteil in der dortigen Metallbranche zurückzuführen ist. Vergleicht man den Anteil der deutschen Bevölkerung von 1970 und 1987, so ist in den Bergischen Großstädten ein Rückgang von 15,7% - gegenüber 4,6% im Land - festzustellen.

Wirtschaftsstruktur und -entwicklung

Entsprechend der Drei-Sektoren-Hypothese läßt sich im bergischen Städtedreieck eine eindeutige Dominanz des Industriesektors belegen. Im primären Sektor waren 1970 1,1% und 1987 1,2% aller Beschäftigten des IHK-Bezirkes tätig. Im sekundären Sektor betrug der Beschäftigtenanteil 1970 59,0% und 1987 44,8%. Dabei sank im Verarbeitenden Gewerbe, als wichtigstem Segment im Sektor, der Anteil der Beschäftigten im gleichen Zeitraum von 53,4% auf 40,3%. Die entsprechenden Zahlen für NRW liegen mit 42,4% und 30,7% aber jeweils niedriger. Im tertiären Bereich waren im Kammerbezirk 1970 39,9% und 1987 54,1% aller Beschäftigten tätig. Die Vergleichszahlen für NRW betragen hier 44,7% und 59,8%.

Die Dominanz der Industrie, speziell des Verarbeitenden Gewerbes, und die Dienstleistungsschwäche zeigen sich auch in den einzelnen Städten. In Wuppertal nahm der Anteil des Verarbeitenden Gewerbes von 1970 bis 1987 von 48,3% auf 35,0% ab, in Solingen von 59,5% auf 45,2% und in Remscheid von 60,6% auf 50,3%. Zugleich wuchs der tertiäre Sektor in Wuppertal von 45,3% auf 59,7%, in Solingen von 33,5% auf 48,2% und in Remscheid von 32,5% auf 43,8%. Gemessen am Beschäftigtenanteil des Verarbeitenden Gewerbes im Kammerbezirk sind Remscheid und Solingen noch am stärksten industrialisiert, Wuppertal hat etwa den Landesdurchschnitt erreicht. Aber der IHK-Bezirk insgesamt liegt unverändert deutlich unter dem Landesdurchschnitt.

Die Gesamtinvestitionssumme der öffentlichen Hände und der Privatwirtschaft betrug 1977 im IHK-Bezirk 2.468 Mio. DM und 1988 2.518 Mio. DM. Sie stieg damit im Betrachtungszeitraum um lediglich 2% gegenüber 11,5% im Land. Die bergischen Großstädte verzeichnen damit bei den öffentlichen und privaten Investitionen eine stark unterdurchschnittliche Entwicklung gegenüber dem Land. So haben im Zeitraum von 1977 bis 1988 die privaten Investitionen um 10,8% aber in NRW um 18,6% zugenommen. Andererseits sind die öffentlichen Investitionen im Kammerbezirk um 36,4% zurückgegangen, im Land aber nur um 23,8%. Beide Entwicklungen sind also in den Bergischen Großstädten jeweils ungünstiger verlaufen als in NRW insgesamt. Innerhalb der drei Städte war der Verlauf recht uneinheitlich. So stiegen in Wuppertal die privaten Investitionen nur um 4,9%, in Solingen immerhin um 19,1%, aber in Remscheid um beachtliche 21,3%. Die öffentlichen Investitionen nahmen in Wuppertal um 32,6% ab, in Remscheid um 34,8%, aber in Solingen sogar um 46,8%. Damit liegt lediglich Remscheid in den Investitionsanteilen etwa auf der Höhe des Landestrends, die beiden anderen Städte liegen ungünstiger.

Das regionale Wachstum des Bruttoinlandproduktes (BIP) im Verarbeitenden Gewerbe lag von 1970 bis 1989 im IHK-Bezirk bei 127,8% und damit erheblich unter dem entsprechenden Wachstum von 163,0% auf Landesebene. Davon konnte die Stadt Wuppertal mit 134,8% noch das größte Wachstum verzeichnen, Remscheid folgte mit 127,6%, aber Solingen fiel mit 108,9% weit zurück.

Die Betriebsgrößenstruktur im IHK-Bezirk weist einen mittelständischen Charakter auf. Vor allem im Verarbeitenden Gewerbe, das wegen seines hohen Industrieanteils für die regionale Strukturpolitik von besonderer Relevanz ist, dominieren die kleinen und mittleren Unternehmen (KMU). Während 1989 im Land NRW die durchschnittliche Betriebsgröße 179 Beschäftigte betrug, lag sie im Kammerbezirk bei 146 Beschäftigten. Gegenüber 1970 ist diese Betriebsgröße im Land nur um 5%, aber im IHK-Bezirk um 40% gestiegen. Dieser Konzentrationsprozeß hat das Strukturbild insgesamt verändert, wenn auch Teilbereiche noch immer als vorherrschend mittelständisch gelten können. Die Gesamtzahl der Arbeitsstätten ist von 1970 bis 1987 um 12,4% angestiegen. Im Kammerbezirk ging sie jedoch um 22,8% zurück, dabei in Wuppertal um 17,5%, in Solingen um 17,7% und in Remscheid sogar um 41,6%.

Zu den charakteristischen Merkmalen der bergischen Industrieregion zählt eine intensive Form der sogenannten "Gemengelage" von Gewerbebetrieben und Wohnbebauung. In einer Untersuchung von 54 kreisfreien Städten und Kreisen Nordrhein-Westfalens über vier definierte Gemengeindikatoren nahmen Solingen und Remscheid mit Abstand die Plätze 1 und 2 ein, gefolgt von Wuppertal auf Rang 3. Erst in weiterem Abstand folgten Düsseldorf und Krefeld.

Die differenzierte Industriestruktur des bergischen Städtedreiecks ("industrieller Tausendfüßler") läßt sich gut daran erkennen, daß von den 39 Branchen des Produzierenden Gewerbes im IHK-Bezirk 29 vertreten sind, davon in Wuppertal 26, in Solingen 25 und in Remscheid 20. Nimmt man aus diesem Branchenspektrum die sechs umsatzstärksten des Jahres 1989 heraus, so ist damit zugleich mehr als zwei Drittel des Industrieumsatzes abgedeckt. Diese sechs Branchen mit den höchsten Umsatzanteilen waren 1989: EBM 19,1%, Elektrotechnik 16,8%, Maschinenbau 13,2% Straßenfahrzeugbau 8,2%, Chemische Industrie 6,9% und Ernährungsgewerbe 6,4%. Dabei gelten derzeit die Elektrotechnik, der Straßenfahrzeugbau und die Chemische Industrie als Wachstumsbranchen.

Die Umsatzentwicklung im Kammerbezirk zeigt zwischen 1970 und 1989 im Vergleich zum Land NRW ein recht differenziertes Bild. So liegen die Zuwächse bei Elektrotechnik mit 227,7% (NRW 210,7%) und beim Straßenfahrzeugbau mit 332,9% (NRW 321,2%) über dem Landesdurchschnitt, bei der Chemischen Industrie mit 174,2% (NRW 230,9%) und dem Maschinenbau mit 80,1% (NRW 175,8%) unter dem Landesdurchschnitt. In den einzelnen Städten sind die umsatzstarken Industriebranchen unterschiedlich stark vertreten. So dominieren in Wuppertal die Elektroindustrie, die Chemische Industrie und der Maschinenbau, in Solingen die EBM-Industrie, die Elektroindustrie und der Straßenfahrzeugbau, in Remscheid die EBM-Industrie, der Maschinenbau und die Eisenschaffende Industrie.

Mit einem Gesamtumsatz von 3.923 Mio. DM im Jahre 1989 stellt das Handwerk in den Bergischen Großstädten einen überaus bedeutenden Wirtschaftsfaktor dar. In sieben Hauptgruppen sind folgende Umsätze erzielt worden: Metallgewerbe 1.628 Mio. DM, Bau- und Ausbaugewerbe 889 Mio. DM, Gesundheitsgewerbe 279 Mio. DM, Holzgewerbe 166 Mio. DM, Glas/ Papier/Keramik 109 Mio. DM und Bekleidung/Textil/ Leder 72 Mio. DM. Davon haben das Metallgewerbe und der Bereich Glas/Papier/ Keramik besonders vom allgemeinen Wachstum profitiert. Der Umsatzvergleich für die einzelnen Städte ist wegen der stark voneinander abweichenden Größenordnungen unergiebig.

Die Branchenstruktur des Dienstleistungssektors wird im IHK-Bezirk von folgenden Wirtschaftsabteilungen geprägt: Der Bereich Handel verzeichnete 1989 einen Beschäftigtenanteil am gesamten Dienstleistungssektor von 28,3%, die Dienstleistungen von Unternehmen und freien Berufen von 28,8% und Gebietskörperschaften/Sozialversicherungen von 20,4%. Die restlichen Anteile erbringen die Kreditinstitute, das Versicherungsgewerbe und die Organisationen ohne Erwerbszweck. Die leistungstragenden Bereiche weichen in ihrem Aufkommen am gesamten Sektor nur unwesentlich vom Landesdurchschnitt ab. Dies gilt für die Bergischen Großstädte im einzelnen wie auch in ihrer Gesamtheit.

Für die produktionsorientierten Dienstleistungen liegen noch keine Statistiken bzw. Analysen vor, die sich nahtlos in das bisherige Datenbild einpassen ließen. Die Analyse des RP aus Anlaß der ersten Regionalkonferenz zeigt für 1987 bei den Unternehmensdiensten einige Auffälligkeiten. So beträgt ihr Anteil im Land 6,4%, im Regierungsbezirk Düsseldorf 7,5%, aber in Wuppertal nur 5,5%, in Solingen und Remscheid gerade noch 4%. Eine Präzisierung und Interpretation der Daten steht noch aus.

Arbeitsmarktstruktur und -entwicklung

Die Erwerbstätigkeit hat im IHK-Bezirk von 1977 bis 1987 in absoluten Zahlen um 3,9% abgenommen (RS: -1,8%; W: -3,2%; SG: -7,7%), im Land NRW jedoch um 1,4% zugenommen. Die Erwerbsquoten haben sich im Kammer-Bezirk von 37,1% auf 38,6% (RS: von 40,4% auf 43,1%; W: von 36,8% auf 38,9%; SG: von 35,3% auf 34,5%) verschoben. Die Erwerbsquote der Frauen liegt im Kammerbezirk wie in den einzelnen Städten leicht über 40% und damit über dem Landesdurchschnitt.

Betrachtet man den Altersaufbau der Erwerbstätigen - nicht der Gesamtbevölkerung - so zeigt sich, daß der Anteil der 20-30jährigen zwischen 1970 und 1987 in den

Bergischen Großstädten hinter der Landesentwicklung zurückgeblieben ist. Durchgängig hat sich die Erwerbstätigkeit zur Altersgruppe der 50-55jährigen hin verschoben, wobei die Beschäftigung nach wie vor hauptsächlich von den 45-50jährigen und den 20-25jährigen getragen wird. Damit zeigen die Bergischen Großstädte eine nicht unproblematische Beschäftigungsstruktur, denn es fehlt altersmäßig ein proportionierter Mittelbau, was spätestens ab 2000 zu Engpässen in den leistungstragenden Gruppen führen kann.

Die Arbeitslosenquote in den Jahren 1980 und 1989 weist für Wuppertal einen Anstieg von 4,4% auf 9,4% aus, für Solingen von 3,6% auf 7,6% und für Remscheid von 2,5% auf 6,7%. Die Vergleichswerte für NRW betragen 4,6% bzw. 10,0%. Die Altersstruktur der Arbeitslosen weist im IHK-Bezirk eine überproportional hohe Quote in der Altersgruppe der 25-34jährigen auf, gefolgt von der Gruppe der 45-54jährigen. Während die Altersstrukturmerkmale in Wuppertal und Solingen ähnliche Züge aufweisen, treten in Remscheid davon nach unten abweichende Quoten auf. Eine unterschiedliche Entwicklung in den Altersgruppen von Männern und Frauen ist jedoch nicht erkennbar.

Die Arbeitslosenzahlen nach der Stellung im ehemals ausgeübten Beruf zeigen zwischen 1980 und 1989 recht unterschiedliche Steigerungsraten. Auf der Ebene des Kammerbezirks trat eine globale Zunahme von 116,3% ein. Sie verteilte sich wie folgt auf die einzelnen Gruppen: Facharbeiter +214,4%, Angestellte (einfache Tätigkeit) +149,0%, Angestellte (gehobene Tätigkeit) +105,5% und Nichtfacharbeiter +93,5%.

Der Ausbildungsgrad der Arbeitslosen zeigte für 1989 (1980) folgendes Bild: Arbeitslose mit abgeschlossener Berufsausbildung in Wuppertal 47,0% (39,7%), ohne abgeschlossene Berufsausbildung 53,0% (60,3%); die Steigerung in absoluten Zahlen betrug dabei 145,1% bzw. 81,3%. Für Solingen mit 48,7% (38,0%) bzw. 51,3% (62,0%) betrug die Steigerung 181,8% bzw. 82,1%. Und für Remscheid ergaben sich 47,2% (42,3%) bzw. 52,8% (60,4%) mit Steigerungen von 159,1% bzw. 88,2%. Daraus wird klar erkennbar, daß in allen drei bergischen Großstädten die Zahl der Arbeitslosen mit Berufsabschluß stärker angestiegen ist, als die Zahl der Arbeitslosen ohne Berufsabschluß.

Der prozentuale Anteil der Arbeitslosen nach Dauer zeigt von 1980 bis 1989 in den drei bergischen Städten eine deutliche Tendenz zur Langzeitarbeitslosigkeit, mit besonders hohem Anstieg in Solingen und Remscheid. Hier treten also keine bemerkenswerten Abweichungen zum Trend im Regierungsbezirk und im Land auf.

2 Chronologie der Regionalisierung von Strukturpolitik

Vergleichbare Probleme, wie mittelständische Wirtschaftsstruktur, hoher Industrieanteil, Gemengelagen, Erwerbstätigenpotential, legen eine gemeinsame und abgestimmte Strukturpolitik nahe. Der Partikularismus in den Städten hat jedoch trotz vorhandener Integrationsfaktoren, z.b. durch den gemeinsamen IHK-Bezirk und die Bergische Universität, ein abgestimmtes Agieren der lokalen Akteure auf diesem Politikfeld weitgehend verhindert. Lediglich die Kommunale Arbeitsgemeinschaft (KAG) stellt einen gewissen Ansatzpunkt für regionales Handeln dar. So gehen verschiedene Aufträge zu Regionalgutachten (Köllmann, Klemmer) darauf zurück. Ferner hat es gemeinsame Initiativen zum Abstandserlaß in Gemengelagen gegeben (MÖNIG 1988, S. 34). Schließlich ist es im Rahmen der ZIN- und REK-Initiativen zu gemeinsamen, kohärenten Aktivitäten gekommen.

Die bisherigen Arbeiten zum Regionalen Entwicklungskonzept (REK) lassen sich in zwei Abschnitte aufteilen:

Phase I: Vorarbeiten zum REK: Von der Initiierung der Arbeiten durch den RP über die Regionalkonferenz (RK) bis zur abschließenden Berichterstattung der eingesetzten AGs

Phase II: Erarbeitung des REK: Initiierung der Arbeiten am REK durch die drei bergischen Städte bis zum weitgehenden Abschluß (Entwürfe; letzte Fassung November 1991).

Den Anfang einer systematischen und institutionalisierten Regionalpolitik für das "Bergische Städtedreieck" markiert eine Initiative des RP mit der "Regionalkonferenz Bergische Großstädte". Im Verlauf der sich anschließenden regionalen Zusammenarbeit wurde eine ZIN-Initiative "zugeschaltet" - ein eigener Vorgang mit zeitlicher Befristung. Daraus ging eine Projektskizze mit Förderantrag hervor. Sie erbrachte die finanzielle Absicherung eines Gutachtens und die mittelbare Zustimmung der Landesregierung zum REK.

Nach einer Zwischenbilanz Mitte 1990 haben die drei bergischen Städte selbst die Initiative für den weiteren Regionalisierungsprozeß übernommen. Dazu haben die beteiligten Akteure den Personenkreis aus der RK für die Erarbeitung des REK neu gruppiert und eine eigenständige Arbeitsstruktur dazu entwickelt. Dieser Prozeß kam in Gang noch bevor er von der Landesregierung für Regionen Nordrhein-Westfalens allgemein veranlaßt wurde.

Phase I: Vorarbeiten zum REK

1) Einladung des RP zur Regionalkonferenz "Bergische Großstädte" vom 30.6.1988.

2) Treffen der wichtigsten lokalen Institutionen zur Vorbereitung der RK "Bergische Großstädte" am 10.11.1988 (Synopse des PR am 19. und 31. Oktober 1988 mit 6 Themenfeldern, die später zu AG's wurden; siehe unten).

3) Einladung des RP vom 21.10.1988 an die lokalen Institutionen zur Besprechung der Themenfelder und der Chancen zur Projektkooperation für den 5.12.1988.

4) Durchführung der 1. Regionalkonferenz in Solingen/Schloß Burg am 25.1.1990 unter der Beteiligung der Ministerien, des RP, aller relevanter Institutionen der bergischen Großstädte und teils anderer Regionen des Regierungsbezirks Düsseldorf.

5) Konstituierung von 6 Arbeitsgruppen der RK "Bergische Großstädte" AG 1: Beratungsdienste (22.2.89; Vorsitz Stadt Wuppertal) AG 2: Berufliche Qualifizierung (22.2.89; Vorsitz: Arbeitsamt Solingen) AG 3: Gewerbeflächen (24.2.89; Vorsitz Stadt Remscheid)AG 4: Abfallentsorgung (3.3.89; Vorsitz Stadt Solingen) AG 5: Standortmarketing (6.3.89; Vorsitz Stadt Wuppertal) AG 6: Strukturanalyse (17.3.89; Vorsitz: Bergische Universität-GHS)

In nahezu jeder der 6 AG's haben sich die relevanten Institutionen beteiligt: RP, Städte Wuppertal, Solingen, Remscheid, IHK-Wuppertal-Solingen-Remscheid, Arbeitgeber-Verbände, Gewerkschaften, Arbeitsämter, Bergische Universität-GHS, Handwerkskammer.

6) Meetings der AG-Leiter am 11.8. und 1.12.89 zur Abstimmung der Arbeiten der AG's. Auf dem zweiten Meeting wurde die Rolle der RK für Förderanträge diskutiert.

7) Spitzengespräch: Regionale Abstimmung über ZIN-Anträge am 4.8.1989: Diskussion über 22 Projektanträge und deren Prioritäten. Vollständige Liste wurde in das ZIN-Verfahren gegeben. Einige Projekte (u.a. das REK-Gutachten) wurden genehmigt.

8) Die AG's haben in 4-6 Sitzungen bis etwa Juni 1990 Situationsanalysen durchgeführt, z.T. Handlungskonzepte ausgearbeitet und jeweils kurze Ergebnisberichte vorgelegt. Auf primäre Initiative der drei Städte wurden die Arbeiten der 6 AG's Mitte 1990 eingestellt. Die bisherigen Ergebnisse der AG's sollten sodann in die Erarbeitung eines REK einfließen. An die Stelle der bisherigen AG's traten neustrukturierte Gruppen, die speziell auf das REK abgestimmt waren.

Phase II: Erarbeitung des REK

1) Einladung der Stadt Wuppertal (im Namen der drei Städte) zu einem Gespräch der AG-Leiter über die Aufnahme der Arbeit am REK am 5. Juni 1990.

2) Vorschlag zur Vorgehensweise bei der Erarbeitung eines REK seitens der drei Städte (Federführung: Wuppertal) vom 16.5.1990

(a) Hauptaktionsfelder:
   * Innovations- und Technologieförderung
   * Förderung der beruflichen Bildung
   * Sicherung und Schaffung zusätzlicher Arbeitsplätze
   * Ausbau und Modernisierung der Infrastruktur
   * Verbesserung der Umwelt- und Energiesituation

(b) Analyseschwerpunkte:
   * Region Bergisches Land im Verhältnis zu Nachbarregionen, Land NRW, BRD und EG
   * Rahmenbedingungen und Perspektiven der strukturellen Entwicklung der Region, einschließlich Energie und Umwelt
   * Ansatzpunkte für ein regionales Leitbild

(c) Entwicklungs- und Erneuerungsansätze (in Anlehung an die o.g. Hauptaktionsfelder)

(d) Verfahren bei der Erarbeitung des REK mit den beiden Hauptzielsetzungen der Erprobung von regionalen Arbeitsformen und der regionalen Konsensbildung.
   * Einrichtung einer "Lenkungsgruppe Regionales Entwicklungskonzept" mit Beteiligung aller relevanten Institutionen und der Gutachter zu den o.g. Analyseschwerpunkten
   * Einrichtung von AG'n zu den Entwicklungs- und Erneuerungsansätzen
   * Mitwirkung der Räte und
   * zukünftige Funktion der Regionalkonferenz

3) 1. Sitzung der Lenkungsgruppe im September 1990

4) Vergabe der Teilgutachten (TG) am 31.10.1989

   TG1: Region Bergisches Land
   TG2: Rahmenbedingungen und Perspektiven
   TG3: Umwelt und Energie
   TG4: Regionales Leitbild

5) Weitere Sitzungen der Lenkungsgruppe:
   * Zwischenberichte über die 4 Teilgutachten
   * Vorläufige Endberichte der vier Gutachter und Bildung von vier Arbeitsgruppen für die Handlungs- und Erneuerungsansätze

6) Einsetzen der Arbeitsgruppen und gutachterliche Betreuung der Arbeitsgruppen:
   AG1: Wirtschaft und Beschäftigung
   AG2: Verkehr
   AG3: Flächen, Umwelt und Energie
   AG4: Kultur, Freizeit, Sport

7) 4. Sitzung der Lenkungsgruppe:
   * Diskussion und Adaption der Handlungs- und Erneuerungsansätze, die von den 4 AG's vorgeschlagen werden
   * Vereinbarung einer neuen AG "Soziales und Gesundheit" (Einrichtung im Januar 1992, Themenbereich wird nachentwickelt)
   * Auftrag an das Amt für Stadtentwicklung Wuppertal: Formulierung eines Entwurfes für ein REK auf der Grundlage der Teilgutachten und der Ergebnisse der AG 1-4.

8) 5. Sitzung der Lenkungsgruppe am 2.10.1991: Diskussion des ersten Entwurfes des REK (1. Fassung). Die Beratung dieses Entwurfes des REK in den politischen Gremien (Räte, Parteien usw.) ist inzwischen erfolgt.

Konferenz der Landesregierung in der Region Bergische Großstädte am 11.10.1991 (Einladung des MWMT vom 11.9.91). Diese Zusammenkunft ist nicht unmittelbar dem REK-Entwicklungsprozeß zuzuordnen.

9) 6. Sitzung der Lenkungsgruppe am 8.11.1991: Diskussion des Entwurfs des REK (2. Fassung) und textliche Feinabstimmung.

Da inhaltlich keine wesentlichen Änderungen mehr erfolgten, war dies die mit Abstand kürzeste Sitzung.

10) REK in den Ausschußgremien der drei bergischen Städte nahezu zeitgleich positiv beraten: in Wuppertal (18.12.1991) und in Remscheid (27.1.1992) einstimmig, in Solingen (27.2.1992) mit einer Gegenstimme

11) Vertragsabschluß über eine "regionale Koordinierungsstelle" mit Namen "Regionalbüro" am 13.3.1992 durch die drei Oberstadtdirektoren; Mitunterzeichner die Leiter der kommunalen Stadtentwicklungsämter, in Anwesenheit des designierten Leiters des Büros.

12) Abschlußveranstaltung zum REK am 20.3.1992 auf Schloß Burg: "Regionalkonferenz Bergische Großstädte", eingeladen von den drei Oberstadtdirektoren

13) Entscheidung der Räte zum REK in der endgültigen Fassung: Remscheid und Wuppertal am 30.3., Solingen am 2.4. 1992

14) Bezirksplanungsrat im Juni 1992, Landesregierung im Herbst 1992.

3 Analyse der Regionalisierung von Strukturpolitik

3.1 Inhalte des regionalen Entwicklungskonzepts

Als Informationsquellen wurden praktisch alle verfügbaren Materialien der Städte und lokalen Interessenvertretungen sowie freie Gutachten und Studien herangezogen. Darüber hinaus sind von eigens dafür ernannten Gutachterkreisen vier Teilgutachten als "Stärken- Schwächen-Analysen" erstellt worden. Die analytische Untermauerung hebt ab auf die Einflüsse aus dem europäischen Binnenmarkt und dem deutschen Einigungsprozeß, dem lokalen Strukturwandel für Wirtschaft und Arbeitsmarkt sowie der Infrastrukturausstattung.

Das REK entwirft ein Leitbild einer einheitlichen polyzentrischen Großstadtregion als "Werkstattregion Bergisches Städtedreieck Remscheid, Solingen und Wuppertal". Es will dazu eine eigenverantwortliche Entscheidungsbasis schaffen, die Ausgangspunkt einer regionalen Strukturpolitik sein soll, verstanden als regionale Wirtschaftspolitik wie auch als Infrastrukturpolitik.

Als Themenbereiche der vier Teilgutachten (TG) wurden gewählt:

TG 1: Standortprofil der Bergischen Großstädte im Rahmen der Wiedervereinigung und Europäischen Integration
TG 2: Rahmenbedingungen und Perspektiven der strukturellen Entwicklung der Region
TG 3: Umwelt und Energie
TG 4: Regionales Leitbild.

Für die Ausarbeitung von Maßnahmen und Projekten wurden vier Arbeitsgruppen (AG) eingerichtet:

AG 1: Wirtschaft und Beschäftigung (schließt die Bereiche Qualifizierung, Aus- und Weiterbildung, Technologie und Wirtschaftsförderung ein)
AG 2: Verkehr und Kommunikation
AG 3: Flächen (für die Gewerbe-, Wohnungs- und Freiflächenentwicklung), Umwelt und Energie
AG 4: Kultur, Freizeit, Sport.

Die Arbeitsgruppen waren beauftragt, für diese definierten Entwicklungs- und Handlungsfelder geeignete Projektvorschläge zu erstellen. Die sachliche Qualität der Ausarbeitungen konnte dabei durch eine Ergänzung des Teilnehmerkreises um weitere regional bedeutsame Akteure erhöht werden. Dazu zählten Wohlfahrts- und Umweltverbände sowie Gleichstellungsstellen. Auf diese Weise wurde zugleich den Handlungsempfehlungen der Landesregierung entsprochen, soweit sie den Kreis der Beteiligten bei der Erarbeitung des regionalen Entwicklungskonzeptes betreffen. Die bewußte Verknüpfung wirtschaftlicher und infrastruktureller Ziele mit ökologischen und sozialen Erfordernissen soll ein innovatives Milieu begünstigen, das als Voraussetzung für eine dynamische Wirtschaftsentwicklung gesehen wird. Diese neuen Aufgaben regionaler Entwicklung werden dadurch zu einem Bestandteil der regionalen Strukturpolitik, wobei ihre Erfüllung zur notwendigen Voraussetzung für die ökonomische und ökologische Erneuerung der Region erklärt wurde.

Im Unterschied zu vielen anderen Stadtregionen der Altbundesrepublik wird die Wirtschaftsstruktur der Bergischen Großstädte sehr stark von der gewerblichen Wirtschaft bestimmt. Das bergische Städtedreieck ist nach wie vor eine Industrieregion. Von dieser Gegebenheit mit seinen Problemen und Chancen geht das regionale Entwicklungskonzept in der Formulierung seines Leitbildes aus. Die Komponenten dieses Leitbildes für die zukünftige strukturelle Entwicklung des Bergischen Städtedreiecks sind:

* Das Bergische Städtedreieck zur Region entwickeln
* Vertrauen auf endogene Potentiale
* Komplementarität statt Wettbewerb
* Ökonomisch-ökologische Modernisierung der Region
* Innovation und Dynamik nach menschlichem Maß
* Global denken und vernetzen, lokal handeln
* Öffentliche und private Kräfte zur Entwicklung der Region zusammenbringen.

Die Formulierung der Leitbildgedanken ist so allgemein gehalten, daß sich alle drei Städte damit identifizieren könnten, ohne inhaltliche Kompromisse eingehen zu müssen.

Bei der Fixierung dieser Grundsätze eines Leitbildes war man sich durchaus darüber im klaren, daß ein räumliches Leitbild erst noch spezifiziert werden muß. Da es nicht "von oben" politisch oder bürokratisch verordnet werden kann, bedarf es zur Umsetzung für Zielgruppen, regionale Akteure und Interessengruppen noch zusätzlich nachvollziehbarer Begründungen sowie einer gewissen emotionalen Plausibilität. Über den anlaufenden REK-Prozeß erhoffen sich die Verwaltungen positive Rückwirkungen auf die Bürger, um den bislang nur schwach ausgeprägten Zusammenhalt zu festigen.

Das REK bildet vier Schwerpunkte kommunaler Politikfelder in der Region, die das Grundmotiv "Werkstattregion im Grünen" bestimmen:

* Kooperative Wirtschaftsförderung
* Stadtverträglicher Verkehr
* Vorsorgende Umwelterhaltung
* Kulturelle Kreativität.

Die gemeinsamen Bemühungen um eine wirtschaftliche Stärkung des Bergischen Städtedreiecks schlagen sich in diesen Handlungsfeldern mit einer großen Zahl von Projekten in allen angesprochenen Politikbereichen nieder. Deutlich erkennbare Schwerpunkte bilden dabei die Bereiche Wirtschaft und Beschäftigung.

A) Politikbereich "Wirtschaft und Beschäftigung"

Handlungsfeld   I: Strukturwandel und Innovation

Projekt
1: Einrichtung eines "Bergischen Wirtschaftsberatungsservice"
2: Einrichtung von Technologiezentren in den drei bergischen Großstädten
3: Verbindung des "Bergischen Wirtschaftsberatungsservice" mit den bergischen Technologiezentren

Handlungsfeld II: Arbeitsmarkt und Qualifizierung

Projekt
4: Erstellung einer benutzerfreundlichen Informationsbroschüre über die vorhandenen Aus- und Weiterbildungsangebote in der Region
5: Einrichtung eines regionalen Qualifizierungsverbundes, einschließlich der Frauenförderungskomponenten
6: Bergische Weiterbildungsmesse, Bildungs- und Weiterbildungsangebote

Handlungsfeld III: Wirtschaftsnahe Infrastruktur

Projekt
7: Fortschreibung des "Handlungskonzeptes Gewerbeflächen" im Rahmen eines um-
    weltgerechten Siedlungsstrukturkonzeptes
8: Flächenmanagement durch Mehretagenbau und mehrgeschossige Stellplatzunter-
    bringung
9: Verwirklichung einer "Entsorgungssicherheit" in der Region

Handlungsfeld IV: Regionale Wirtschaftsförderung
Projekt
10: Gemeinsames Konzept zur regionalen Wirtschaftsförderung
11: Einrichtung einer regionalen Wirtschaftsförderungsinstitution

B) Politikbereich "Verkehr und Kommunikation"

Handlungsfeld I: Ausbau des öffentlichen Personennahverkehrs
Projekt
1: Pendleranalyse der bergischen Großstädte
2: ÖPNV-Potentialuntersuchungen
3: Verbesserung regionaler Städteschnellverbindungen
4: Kooperation der Verkehrsverbünde VRR/VRS und angrenzenden Verkehrsgesell-
    schaften
5: Untersuchung zusätzlicher Haltepunkte auf der DB-Strecke 410 Solingen-Ohligs -
    Remscheid - Wuppertal-Elberfeld
6: Reaktivierung stillgelegter Bahnstrecken

Handlungsfeld II: Verbesserung, Verminderung oder Vermeidung des Wirtschaftsver-
kehrs
Projekt
7: Modellvorhaben stadtverträglicher Wirtschaftsverkehr

Handlungsfeld III: Neuordnung des ruhenden Verkehrs und Schaffung neuer P+R
Anlagen
Projekt
8: Modelle zur Neuordnung des ruhenden Verkehrs
9: Park and Ride-System

Handlungsfeld IV: Verkehr und Freizeitgestaltung
Projekt
10: Erlebnisfahrten mit originellen historischen Verkehrsmitteln
11: Schaffung einer "Kulturroute Bergisches Städtedreieck"

C) Politikbereich "Vorsorgende Umwelterhaltung: Flächen, Umwelt, Energie"

Handlungsfeld I: Abwägung der verschiedenen Flächenansprüche und Optimierung der Flächennutzung, Entschärfung der Konflikte zwischen Nutzungsansprüchen und Restriktionen des Landschafts- und Freiraumschutzes
Projekt
1: Siedlungsstruktur- und Freiraumkonzept der Bergischen Großstädte
2: Maßnahmen zur verbesserten Nutzung von gewerblichen Bauflächen

Handlungsfeld II: Verbesserung der Emissionssituation durch verstärkten Einsatz regenerativer Energiequellen
Projekt
3: Koordinationsstelle Regenerative Energie, Qualifikation und Innovation
4: Modellvorhaben "Windenergiepark Bergisch Land"
5: Modellvorhaben "Niedrigenergiehaus"
6: Modellvorhaben Reaktivierung kleiner Wasserkraftanlagen

Handlungsfeld III: Umweltverträgliche Beseitigung industrieller Abfälle und Intensivierung einer vorsorgenden Abfallberatung
Projekt
7: Einrichtung einer Arbeitsgruppe "Neue Technologien in der industriellen Abfallwirtschaft"
8: Bergisches Bodenbehandlungszentrum

Handlungsfeld IV: Schutz der Landschaft bei Wirtschafts- und Freizeitaktivitäten und Reaktivierung und Pflege der natürlichen Raumpotentiale
Projekt
9: Regionale Landschaftsausstellung

Handlungsfeld V: Verringerung der Schadstoffeinträge und Maßnahmen zum Schutz des Wasserhaushalts

D) Politikbereich "Kulturelle Kreativität: Kultur, Freizeit, Sport"

Handlungsfeld I: Entwicklung regionaler Kulturangebote
Projekt
1: Ausstellung "Leben und Arbeiten in der Zeit vor der Industrialisierung" - am Beispiel des Bergischen Landes
2: Museums-Landschaft mit Denkmal- und Architekturstraße
3: Bergisches Kulturnetzwerk und Kulturinformation
4: Museumsverbund in der Region und Ticket-Computer
5: Bergische Kunstausstellung in veränderter Konzeption
6: Bergisches Kulturforum
7: Frauenförderung und Region

Handlungsfeld II: Entwicklung der Kulturwirtschaft
Projekt
8:    Bestandsaufnahme der regionalen kulturwirtschaftlichen Potentiale

Handlungsfeld III: Komplementierung regionaler Sport- und Freizeiteinrichtungen
Projekt
9:    Erarbeitung eines regionalen Sportstättenleitplanes

Bei näherer Betrachtung ergibt sich bei den Einzelprojekten ein recht ausgewogenes Zahlenverhältnis für die Handlungsfelder. Es fällt auf, daß nahezu alle Projekte als Gemeinschaftsvorhaben der drei Städte konzipiert sind, vorwiegend mit öffentlicher Beteiligung. Dagegen finden sich kaum Projekte in "public-private-partnership". Projekte, die ausschließlich Private tragen könnten, sind praktisch nicht vorgesehen.

Die Vielzahl von Einzelvorhaben eröffnet tendenziell für alle im REK-Prozeß aktivierten Interessengruppen die Möglichkeit der Beteiligung und Mitgestaltung. Verschiedentlich wird jedoch das Spektrum der Projekte als zu breit angesehen. Tatsächlich ist zu vermuten, daß nur ein deutlich reduzierter Ausschnitt der Projektpalette realisiert werden kann.

Organisatorischer Rahmen zur zukünftigen regionalen Koordination

Aus den ZIN-Runden wie aus der aktuellen Erarbeitung des REK wurde schnell deutlich, daß die regionale Kooperation zwischen den Verwaltungen der drei Städte und den regional relevanten Akteuren einen erheblichen Koordinationsaufwand erfordert. Er erstreckt sich auf die vom MWMT und dem RP empfohlenen Handlungsfelder:

*   regionale Flächen- und Infrastrukturpolitik
*   regionale Arbeitsmarktpolitik und Beschäftigungsförderung
*   regionale Verkehrspolitik
*   regionale Innovations- und Technologiepolitik
*   regionale Umwelt- und Umweltschutzpolitik.

Die Überprüfung, Konkretisierung und Umsetzungsbegleitung der zusammengetragenen Projekte läßt einen weiteren Organisationsaufwand erwarten. Es bedarf also regionaler Einrichtungen zur Absicherung und Abwicklung der regionalen Koordination. Die

Überlegungen zur Institutionalisierung dieser Aufgabenkomplexe führten zum Vorschlag der kurzfristigen Einrichtung eines Regionalbüros und der mittelfristigen Gründung einer Regionalen Entwicklungsgesellschaft. Für die künftige regionale Koordination sind folgende Organisationsvorschläge erarbeitet worden:

* Eine regionale Lenkungsgruppe nimmt die Aufgabenplanung vor und legt das Arbeitsprogramm für das Regionalbüro fest. Sie stellt die Koordination zwischen den drei beteiligten Verwaltungen sicher und regt die Bearbeitung von Fachproblemen in den dafür einzurichtenden regionalen Arbeitsgruppen an.
* Eine Regionalkommission übernimmt die frühzeitige Information des politischen Raumes über Vorbereitung und Ablauf regionaler Kooperationsprojekte. Sie initiiert neue Projekte und begleitet deren Umsetzung. Ferner stellt sie den Zusammenhang von regionalen Vorhaben mit bundes- und landespolitischen Zielen und Programmen her.
* Die Regionalkonferenz sichert die Beteiligung der regionalen Akteure. Zusammen mit der Lenkungsgruppe und Beteiligten aus den Arbeitsgruppen soll sie die Regionalarbeit verstetigen und in dieser Zusammensetzung eine "Neue Regionalkonferenz" bilden.
* Das Regionalbüro hat vorrangig koordinierende und initiierende Funktionen. Es führt projektbezogen die Fachdienststellen der beteiligten Stadtverwaltungen zusammen. Es unterhält Kontakte zu den regionalen Akteuren, zum Umland und zu institutionalisierten Nachbarregionen, zu EG-, Bundes- und Landesinstitutionen.
* Eine Regionale Entwicklungsgesellschaft soll als längerfristig angelegtes Modell auf die dann vorhandene regionale Koordinationsstruktur aufbauen. Gedachtes Ziel ist die direkte Einbindung der regionalen Akteure in einen formellen Kooperationsrahmen im Sinne des Leitgedankens der Zusammenarbeit von öffentlichem und privatem Sektor.

3.2 Entscheidungsstruktur und -verfahren

Die Räte der Städte Remscheid, Solingen und Wuppertal haben im August/ September 1990 die Verwaltungen beauftragt, das Regionale Entwicklungsgutachten Bergisches Land inhaltlich und verfahrensmäßig zu erarbeiten. Alle Strukturen und Prozesse sind von den Verwaltungen der drei Städte geprägt. Die Gesamtgeschäftsführung liegt bei den Oberstadtdirektoren, vertreten durch die drei Ämter, die für Stadtentwicklung und Stadtforschung zuständig sind; federführend ist das Wuppertaler Amt. Diese Ämter arbeiten dabei besonders eng mit den Ämtern für Wirtschafts- und Beschäftigungsförderung und in wesentlich geringerem Umfang mit anderen Ämtern (z.B. Kultur, Soziales, Umwelt) zusammen.

Die Arbeit am REK wurde mit der Bildung einer Lenkungsgruppe im Oktober 1990 in Wuppertal aufgenommen. Dieser Lenkungsgruppe gehören neben den Oberstadtdirektoren der drei Bergischen Großstädte Vertreter von regional bedeutsamen Institutionen und Verbänden sowie fallweise externe Gutachter an. Im einzelnen sind folgende Institutionen vertreten: Stadtverwaltungen der Städte Wuppertal, Solingen und Remscheid, Arbeitsämter Wuppertal und Solingen, Arbeitgeberverbände der Region, Industrie- und Handelskammer Wuppertal - Solingen - Remscheid, Handwerkskammer Düsseldorf, Deutscher Gewerkschaftsbund Kreis Bergisch Land, Bergische Universität - Gesamthochschule Wuppertal, Institut für ökologische Wirtschaftsforschung.

Die Räte der drei Städte haben zunächst darauf verzichtet, Vertreter in die Lenkungsgruppe zu entsenden. Dort sollten - frei von politischen Entscheidungsmustern - die vorbereitenden Arbeiten geleistet werden. Die Räte haben nach z.T. kontroverser Diskussion entschieden, ihren Einfluß erst am Ende der Verfahren geltend zu machen. Die Einbindung der "politischen Ebene" ergab sich jedoch regelmäßig im Zuge der Informationsarbeit der zuständigen Ämter. Hierzu wurden Vorlagen gefertigt und den Fachausschüssen sowie den Oberbürgermeistern, Fraktionsvorsitzenden, Ratsparteien und Bezirksplanungsratsmitgliedern zur Kenntnis gegeben. Bereits nach den ersten "Bergischen Politikgesprächen" haben die Ratsmitglieder Zwischenberichte von den städtischen Fachausschüssen (Planungs- und Entwicklungsausschuß in Wuppertal, bzw. Hauptausschuß in Solingen und Remscheid) erhalten. Im Mai 1991 fand eine "Politikinformationsrunde" mit kurzen schriftlichen Berichten und Vorträgen aus dem Kreis der Lenkungsgruppe statt. Dabei wollten die "Steuerleute" der Lenkungsgruppe einerseits Informationen liefern, andererseits das Meinungsbild und den Willen zur Region abfragen.

Die Entscheidungsprozesse zwischen den beteiligten Kommunen erfolgten (a) zwischen den Fachämtern der drei Städte als Vorstufe zu den Diskussionen in der Lenkungsgruppe und (b) in den Lenkungsgruppensitzungen selbst - bei formellen und informellen Fachgesprächen. Die interkommunalen Abstimmungen fanden trilateral zunächst in den sechs Arbeitsgruppen der ersten RK-Phase bis Herbst 1990 statt. Diese Gruppen waren folgenden Themen gewidmet:

AG 1:   Beratungsdienste
AG 2:   Berufliche Qualifizierung
AG 3:   Gewerbeflächen

AG 4:   Abfallentsorgung

AG 5:   Standortmarketing

AG 6:   Strukturanalyse

Mit der zweiten Phase der RK, d.h. bei der Erarbeitung des REK in der Zeit danach erfolgte die Feinabstimmung und Ausformulierung in den jeweils nachfolgenden Sitzungen der Lenkungsgruppe, womit zugleich die wesentlichen Vorarbeiten für die Festschreibung im Entwicklungskonzept geleistet waren. Eine Besonderheit des "REK-Prozedere" in der Region Bergische Großstädte liegt also in der organisatorischen Verknüpfung von Verfahrensschritten und Beteiligten über die gesamte Entstehungszeit hinweg: Die Lenkungsgruppe wird aus repräsentativen Vertretern der Region gebildet, es besteht Mitgliedschaft der Gutachter in der Lenkungsgruppe, zu inhaltlichen Schwerpunkten wird eine Teilgutachtertätigkeit delegiert, die vertiefende Behandlung von Themenbereichen erfolgt unter gutachterlicher Begleitung.

Inzwischen hat die Lenkungsgruppe über das Konzept des REK am 8.11.1991 abschließend beraten. Bis Ende November konnte es durch die Fachämter in eine vorlagereife Fassung gebracht werden. Die Federführung bei der Endformulierung bleibt bei der Stadt Wuppertal. Bis Ende des Jahres erfolgte die Vorlage bei den Haupt- und Fachausschüssen der Städte. Am 20. März 1992 hat eine weitere Regionalkonferenz stattgefunden, um für Anfang April 1992 Beschlußreife des REK für die drei Räte zu erzielen. Im Juni 1992 schließlich soll es dem Bezirksplanungsrat und der Landesregierung vorgelegt werden.

Die Umsetzungsarbeiten sollen jedoch schon vorher einsetzen können. Das für die Ausführung vorgesehene Regionalbüro befindet sich bereits im Entstehen: über Räumlichkeiten, Ausstattung und Personal ist praktisch schon entschieden. Der zunächst noch ausstehende Ratsbeschluß der Stadt Remscheid hat die Arbeit kaum verzögert. Unverzüglich soll mit der Prüfung der vorgelegten Projekte in bezug auf Realisierbarkeit, Ausführung und Finanzierung begonnen werden, um sehr bald einen Anfangserfolg verbuchen zu können.

Sitz des Regionalbüros ist Wuppertal. Dazu wurde ein externes Verwaltungsgebäude aufgestockt und das Regionalbüro auf einer Etage zusammen mit dem Amt für Stadtentwicklung und Stadtforschung untergebracht. Die sachliche und personelle Ausstattung ist gesichert. Zunächst ist das Büro mit drei Fachkräften besetzt. Aus jeder der Bergischen Großstädte wird ein Mitarbeiter abgesandt: Personell kein "Nullsummenspiel", weil Remscheid und Solingen dafür je eine zusätzliche Stelle ausgewiesen haben. Den Büroleiter und den Schreibdienst stellt das Wuppertaler Amt für Stadtentwicklung und Stadtforschung. Die Finanzierung sollte zunächst aus "Haushaltsresten" erfolgen, ist aber inzwischen für 1992 und 1993 mit eigenem Etat abgesichert. Nach dieser Zeit soll eine Erfolgskontrolle die Tätigkeit des Büros begutachten und über evt. Aufgabenerweiterungen beraten werden. Dann stellt sich erneut die Frage der finanziellen Deckung.

Über die regionale Arbeitsstruktur der angesprochenen Organe und ihrer Vertreter liegen inzwischen erste Entwürfe vor. Mit ihnen wird versucht, den Zusammenhang von Politik, Verwaltung und Externen zu veranschaulichen. Der erste Entwurf entstand auf der Grundlage eines Interviews, das der Leiter des Regionalbüros einem Journalisten der Wupper-Nachrichten (WN) gegeben hat (FÜHRER 1992, S. 5). Der zweite Entwurf kann als hausinterne Fortentwicklung durch das Regionalbüro angesehen werden (vgl. Abbildung, S. 23)

3.3   Interkommunale Kooperation

Auf regionaler Ebene wird Kooperation auf Verwaltungs- und Politikebene schon relativ lange praktiziert. So finden Gespräche und Abstimmungen bereits seit Jahren und z.T. praktisch als Überleitung zu den Regionalkonferenzen auf verschiedenen Ebenen statt:

* kommunale Arbeitsgemeinschaft Bergisch Land e.V. (KAG)
* fachbezogene Kooperationen (z.B. Abfallwirtschaftskonzept).
* Betrieb der Müllverbrennungsanlage zusammen mit Remscheid
* Unterhaltung des Chemischen Untersuchungsinstitutes gemeinsam mit Solingen

In der KAG haben die kreisfreien Städte Leverkusen, Remscheid, Solingen und Wuppertal, der Kreis Mettmann, der Oberbergische Kreis und der Rheinisch-Bergische Kreis zu einem losen Interessenverbund zusammengefunden (vgl. Schaubild). Gastmitglied ist Düsseldorf. Wichtigstes Organ der KAG ist ihr Vorstand, dem die Oberbürgermeister, Landräte und Oberstadtdirektoren der Gebietskörperschaften kraft ihres Amtes angehören. Daneben bilden aus den Räten und Kreistagen entsandte Vertreter die Mitgliederversammlung.

156

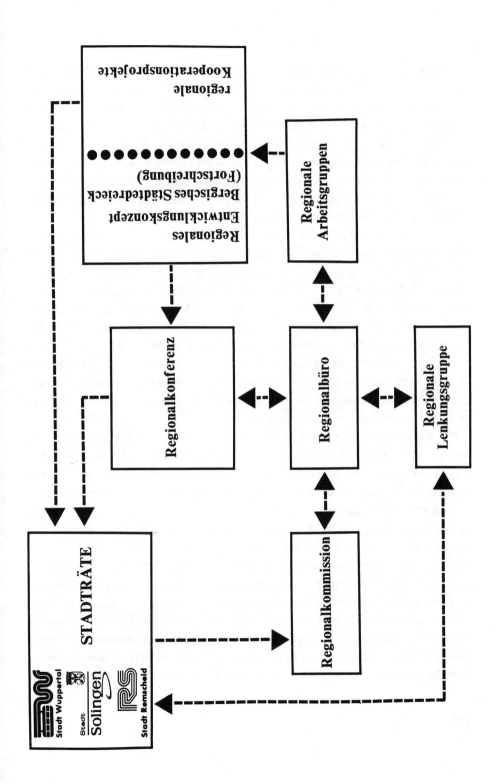

In daraus gebildeten Arbeitskreisen werden regionsbezogene Themen behandelt und zur Entscheidungsreife für den Vorstand gebracht. Zu den elementaren Anliegen der KAG zählen die Stärkung des Zusammengehörigkeitsgefühls der "Bergischen" und die sorgfältige Beobachtung des Attraktivitätsgefälles zu Nachbarregionen, insbesondere zur Rheinschiene. Aktuelle Probleme vervollständigen den Themenkreis. Die Geschäftsstelle der KAG befindet sich beim Presse- und Informationsamt der Stadt Wuppertal; dessen Amtsleiter führt die laufenden Geschäfte. Zu den bemerkenswerten Erfolgsposten der KAG zählen die Bemühungen zur Errichtung der "Bergischen Universität" und der WDR-Radiostation "Bergisch Land".

Diese interkommunale Einrichtung war zum Zeitpunkt ihrer Gründung beispielhaft in der Bundesrepublik. Die insgesamt recht wenig effizienten Koordinierungsansätze auf horizontaler Ebene haben jedoch die Leistungsgrenzen einer solchen Arbeitsgemeinschaft deutlich gemacht. In dem Maße, in dem das REK konkrete Formen annimmt und seinen institutionellen Niederschlag findet, wird es die KAG vermutlich in den Hintergrund drängen und nach der mittelfristig geplanten Ausdehnung der Kontakte des REK in das Umland gänzlich überflüssig machen. Nicht zuletzt durch den abweichenden räumlichen Zuschnitt - insbesondere seit der Kommunalreform - und das sich wandelnde Verständnis von Strukturpolitik steht die KAG derzeit zur Disposition. Nicht auszuschließen ist jedoch, daß neuartige Themenfelder in den Blick geraten, wofür ein größerer regionaler Zuschnitt geboten wäre.

Die Zusammenarbeit in der KAG war bislang recht oberflächlich und blieb weitgehend ohne erkennbare Konsequenzen bzw. konkrete Projekte. Sie bedurfte daher längst einer abgleichenden Neubewertung und eines operativen Ausbaus. Sie erleichterte jedoch in der Startphase des REK den Einstieg in die Regionalisierungsbemühungen.

Auch die Beziehungen zu den unmittelbar benachbarten kreisangehörigen Gemeinden ist bislang wenig entwickelt. Die Region bildet hierzu lediglich den verstädterten Kern des Bergischen Landes insgesamt. So hat das Umland weder administrativ noch funktional für die drei Großstädte eine nennenswerte Bedeutung - und umgekehrt. Es gibt zwar eine Vielzahl vergleichbarer Probleme, aber die Kommunen des Umlandes können einander bei der Bewältigung kaum helfen.

In bezug auf die Rheinschiene und das Ruhrrevier betrachtet sich das bergische Städtedreieck als Teil der Stadtregion Rhein-Ruhr i.w.S.. So orientieren sich Remscheid und Solingen je für sich in Richtung Düsseldorf und Köln, Wuppertal daneben teils in Richtung Ruhrgebiet. Hier gibt es eine Fülle funktionaler Beziehungen bei Wirtschaft und Arbeitsmarkt zwischen Teilräumen der bergischen Großstädte und Teilräumen der beiden angrenzenden Stadtregionen im Norden und im Westen.

Diese partielle Funktionsknüpfung wird aber auch als Grund dafür angesehen, daß die drei Städte trotz ähnlicher Entwicklung keine besonders intensive Verflechtung untereinander aufweisen und so bislang nicht als echte Region gelten können. Demzufolge haben diese unkoordinierten Beziehungen wiederholt zum Abfluß von Zentralfunktionen geführt. Als besonders schmerzhafte Verluste müssen die Aufgabe der Bundesbahndirektion Wuppertal und das Verlagern des zentralen Paketdienstes der Bundespost eingestuft werden. So haben augenscheinlich die unausgesprochenen und ungeklärten Widersprüche zwischen regionaler Schwerpunktbildung und funktionalen Ausgleichsbewegungen bislang interkommunale Kooperationen zu den benachbarten Stadtregionen eher behindert als befördert. Lediglich mit der Städtegemeinschaft "Düsseldorf & Partner" besteht ein loser Kontakt, der sich auch in informellen Absprachen über regionale Aufgabenverteilung niederschlagen kann.

3.4   Integration von Fachpolitiken auf der regionalen Ebene

Primäres Anliegen aller Aktivitäten von Regionalkonferenz und Lenkungsgruppe ist die Bearbeitung ökonomischer Fragestellungen. Soziale, ökologische und kulturelle Aspekte bleiben von nachrangiger Bedeutung: Für soziale Fragen wurde erst nachträglich eine AG eingerichtet, sie konnte mit ihren Arbeitsergebnissen den Rückstand bislang nicht wettmachen. Der Bereich Kultur wurde zwar auffällig betont, blieb aber in seinen Projekten qualitativ hinter den Ankündigungen zurück.

Lediglich der Umweltschutz konnte mit beachtlichen Einzelbeiträgen eine gewisse Integration in das REK erzielen. Insgesamt betrachtet ist jedoch dem Themenkomplex kein Durchbruch gelungen. So konnten sich fachtypische querschnittsorientierte Beiträge nicht behaupten. Der Aspekt des "nachhaltigen Wirtschaftens" war über die Arbeitsgruppe "Umwelt, Energie" nicht fachpolitisch unterzubringen. Als Beispiel für ein abgeblocktes Einzelprojekt ist das Vorhaben "Naturnahe Flächen" zu nennen. Auf der abgehobenen Leitbildebene bieten sie die Kulisse für die "Werkstattregion im Grünen". Sobald jedoch konkrete Planungs- und Entwicklungsfragen angeschnitten wurden, erlahmte bei den verwaltungsseitigen Konstrukteuren des REK das Interesse.

Als besonders positiv kann gelten, daß die Kommunikation und Integration auf fachpolitischer Ebene vor allem zwischen den Verwaltungen der drei Städte in Gang gekommen ist. Dazu wurden neue Formen und Intensitäten bei der Zusammenarbeit erprobt und z.T. verstetigt. Hierbei dominieren die Ämter für Stadtentwicklung und Wirtschaftsförderung den Ablauf der Ereignisse. Intensive Kontakte und kollegialer Umgang zwischen den zuständigen Amtsleitern aller drei Städte begünstigen den Integrationsprozeß auf nachhaltige Weise und können als Positivbeispiel für Prozeßprotektion gelten. Auch der Leiter des Regionalbüros hat seinen Anteil an dieser Entwicklung. Als Mitarbeiter des Amtes für Stadtentwicklung und Stadtforschung hat er für die notwenige Kontinuität in der Geschäftsführung des REK-Prozesses gesorgt. Auf konziliante und konstruktive Weise hat er als Katalysator die fachpolitische Integration aktiv mitgestaltet.

So haben die Verwaltungen inzwischen durchaus einen erkennbaren Integrationsgrad in ihrer Arbeit erreicht. Beispielsweise gibt es einen Konsens darüber, sich bei Neuansiedlungen bzw. Verlagerungen von Betrieben nicht weiterhin Konkurrenz zu machen. Zukünftig sollen auch die Stadtgrenzen zwischen den beteiligten Kommunen einvernehmlich und konstruktiv in die jeweiligen Planungs- und Wirtschaftsförderungsaktivitäten einbezogen werden. Ein Prüfstein liegt beim Ausweis von Gewerbegebieten und bei Parkraumkonzepten für den Individualverkehr, wo zukünftig eine Abstimmung erfolgen soll. Für die geplante Verlagerung der Kreiswehrersatzämter der Bundeswehr gibt es bereits ein abgestimmtes Argumentations- und Verhandlungskonzept gegenüber der Landesregierung und dem Bundesverteidigungsministerium: Wuppertal akzeptiert zwar die Schließung des Kreiswehrersatzamtes am Ort, gemeinsam treten die bergischen Großstädte aber für den Erhalt des Amtes in Solingen ein.

Für die übrigen oben angesprochenen Bereiche bzw. deren zuständige Ämter gibt es bislang noch keine erkennbaren Realisationen von regionaler Integration. Lediglich die Umweltämter scheinen einen Gedankenaustausch in gewisser Regelmäßigkeit zu betreiben. Dessen Ausgangspunkt war allerdings bereits vor der Regionalkonferenz mit den Vorarbeiten zum Abfallwirtschaftskonzept gegeben. Die Beteiligung der Fachressorts am Regionalisierungsprozeß wird von den für die Stadtentwicklung zuständigen Ämtern koordiniert. Ansonsten ist die Zusammensetzung der fachpolitischen Akteure projektabhängig. Ein allgemeines Konzept zur Integration von Fachpolitiken liegt bisher nicht vor und kann aus dieser Konstellation nicht erwachsen.

Die Integration der Fachpolitiken auf regionaler Ebene wird nicht unwesentlich von persönlichen Zu- und Abneigungen bestimmt. Die recht intensiv und nahezu paritätisch geführte Leitbilddiskussion dürfte jedoch einen positiven Einfluß erzeugt haben.

3.5 Gesellschaftliche Kooperation

An den Regionalveranstaltungen der Lenkungsgruppe und der Arbeitsgruppen waren alle gesellschaftlich relevanten Gruppen fast durchweg aktiv beteiligt. Die Formen reichten von der regelmäßigen und z.T. sehr regen Teilnahme an Sitzungen bis zur Ausarbeitung von schriftlichen Beiträgen. Dabei beschränkte sich das Engagement nicht nur auf das auftragsgemäß zu vertretende Eigeninteresse, sondern berücksichtigt zunehmend die Regionalentwicklung als Ganzes. Die Akteure waren sich des sich hier öffnenden Gestaltungsfreiraumes in jeder Hinsicht bewußt.

Mitglieder der Lenkungsgruppe waren zunächst die drei Oberstadtdirektoren mit ihren für die Stadtentwicklung zuständigen Amtsleitern, sodann die Vertreter der Arbeitsämter Solingen/Remscheid und Wuppertal, der Industrie- und Handelskammer Wuppertal/- Solingen/Remscheid, der Handwerkskammer Düsseldorf, des Deutschen Gewerkschaftsbundes Kreis Bergisch Land und zusätzlich Einzelgewerkschaftsvertreter, der Arbeitgeberverbände Wuppertal e.V., und der Bergischen Universität-Gesamthochschule Wuppertal und schließlich speziell für die Lenkungsgruppe ernannte Vertreter des Regierungspräsidenten Düsseldorf und des Ministers für Wirtschaft, Mittelstand und Technologie (MWMT). Der Regionalverband Düsseldorf & Partner schickte einen Beobachter.

Aus diesen Institutionen rekrutierte sich zugleich der namentlich bestimmte Teilnehmerkreis für die vier Arbeitsgruppen Wirtschaft, Verkehr, Flächen/ Umwelt/Energie sowie Kultur/Sport/Freizeit. Themenspezifische Vertreter ergänzten die Zusammensetzung der Arbeitsgruppen, z.B. zur Arbeitsgruppe Verkehr wurde der Regierungspräsident mit dem Dezernat 65, der Verkehrsverbund Rhein-Ruhr (VRR), der Bund für Umwelt- und Naturschutz (BUND), die Gewerkschaft ÖTV und die Gewerkschaft der Eisenbahner Deutschlands (GdED) hinzugezogen.

Im Zentrum der gesellschaftlichen Kooperationsbestrebungen stand die Absicht, die Anreicherung der öffentlichen Aufgaben (z.B. Ausbau der Infrastruktur) wie auch die Etablierung von verwaltungsunabhängigen Institutionen (z.B. Beratungsservice, Technologiezentren) zu betreiben. Mit diesen Zielen konnten sich alle beteiligten Akteure - zumindest in Segmenten - identifizieren. In gleicher Weise fördern die z.T. übergreifend erarbeiteten Projekte die gesellschaftliche Kooperation. Daraus erhoffen sich die beteiligten Verwaltungen positiven Widerhall bei den lokalen Akteuren und ihrer Klientel und damit eine weitere Mobilisierung von Regionalisierungspotentialen.

An den Aktivitäten zum REK waren bislang nur die Institutionen selbst beteiligt. Trotz intensiver Zusammenarbeit in der Lenkungsgruppe und in den vier AGs zeigt sich die Dominanz der Kommunalverwaltungen. Die anderen Institutionen sind im Kooperationsnetz nicht so stark verankert. Innerhalb dieser Gruppe dominieren jedoch die Industriekoordinatoren einerseits, vertreten durch die IHK und Arbeitgeberverbände, und die Arbeitnehmervertreter andererseits, vertreten durch den DGB und allen regionsbedeutsamen Einzelgewerkschaften. Die Defizite der gesellschaftlichen Kooperation liegen daher in der bislang schwachen Politikeinbindung und der praktisch nicht vorhandenen Beteiligung der Bevölkerung. Hierzu fehlt zum gegenwärtigen Zeitpunkt noch weitgehend entsprechendes Problembewußtsein. Lediglich die Stadt Solingen hat bisher qualifizierte Modellarbeit auf dem Gebiet der Bürgerbeteiligung geleistet. In Remscheid glaubt man, über die bewährten Bezirksvertretungen die "bergische Identität" erhalten und regional anbinden zu können. Vorstellungen zur regionsbezogenen Bindung lassen sich zwar aus der Leitbildformulierung ablesen, wie eine entsprechende Anbindung der eigentlich Gemeinten aussehen könnte, ist jedoch nicht thematisiert worden.

3.6   Vertikale Koordination

Maßgeblich für die organisatorische Ausgestaltung der lokalen und regionalen Aktivitäten waren die Empfehlungspapiere der Landesregierung bzw. des MWMT. Auch aus den ZIN-Verfahren entstanden Kontakte, die zur Entwicklung von Kommmunikationspfaden auf vertikaler Ebene geführt haben. Eine Koordination ist jedoch in keinem Fall daraus erwachsen. Die für die Region bislang wenig ergiebigen Projekt- und Mittelrealisationen aus ZIN haben den drei Bergischen Großstädten die Notwendigkeit zur Intensivierung der vertikalen Kooperation nachhaltig verdeutlicht.

Der Oberstadtdirektor von Wuppertal hat dazu in seiner Eröffnungsrede zur Regionalkonferenz am 11.10.1991 auf Schloß Burg in Anwesenheit eines Vertreters von Minister Einert ungewöhnlich deutliche Worte gefunden, indem er die Zuwendungen des Landes aus dem "mageren ZIN-Projekt-Konto für die Bergischen Großstädte" kritisierte. Dabei sei nach seiner Ansicht mit der Förderung von fünf aus zwanzig eingereichten Projekten mit nur 50% - statt der erwarteten 80% - eine zusätzliche Entwertung eingetreten.

Ferner kritisierte er das "hinreichend deutlich formulierte Selbstverständnis der Landesregierung, den von den Regionen erarbeiteten Entwicklungskonzepten lediglich Empfehlungs- und Beratungsfunktion für das landespolitische Handeln beizumessen". Mit den Beschlüssen über die Entwicklungskonzepte sei eine Bindung von Räten und Verwaltungen gegeben, die allen regional Beteiligten ein hohes Maß an Konsens und Mitwirkung abverlange. Eine Selbstbindung des Landes fehle jedoch völlig.

Echte Koordinierungsansätze reduzieren sich auf den RP mit den Kommunen, insbesondere mit den Städten Wuppertal und Solingen. Bei den Sitzungen der Lenkungsgruppe ist die Moderatorenfunktion des RP deutlich zum Tragen gekommen.

Inzwischen hat projektbezogen die geplante Arbeitsmarktförderung zu Koordinationskontakten mit dem NRW-Arbeitsministerium geführt. Hierbei wird im Rahmen des Europäischen Sozialfonds (ESF) ein Arbeitsmarkt- und Beschäftigungsprogramm für die Bergischen Großstädte installiert. Das Projekt zielt bewußt auf eine Koppelung von Arbeitsmarktförderung und Regionalbüro. Ein positiver Vorbescheid aus dem Ministerium ist dazu Anfang Januar 1992 erteilt worden, der Hauptbescheid erfolgte Ende März. Damit war die Errichtung des "Integrierten Regionalsekretariates" finanziell gesichert.

Die Zustimmung der Stadt Remscheid stand wegen der dort umstrittenen Ausrichtung des Projektes auf die Arbeitsmarkt- und Beschäftigungspolitik einige Zeit aus. Unmittelbarer Anlaß war die erforderliche Co-Finanzierung für 3,5 Personalstellen aus dem städtischen Haushalt. Erst mit dieser Zustimmung konnten für das Regionalbüro insgesamt 6,5 Personalstellen geschaffen werden, die eine einigermaßen effiziente Arbeit gestatten. Eine Ablehnung würde zu einem herben Rückschlag - schon in der Startphase - führen. Angesichts des Reifegrades der Installierung ist jedoch eine Rücknahme der bislang informellen Zustimmung kaum vorstellbar. Immerhin zeigt diese Auseinandersetzung recht deutlich die Grenzen vertikaler Einflußmöglichkeiten auf.

3.7 Integration von Fachpolitiken auf Landesebene

An den Tagungen der Regionalkonferenz hat sich der RP intensiv beteiligt. Dies gilt ebenso für die vorbereitenden Gespräche und die Beteiligung an den Arbeitsgruppen und der Lenkungsgruppe. Dazu wurden auch schriftliche Ausarbeitungen eingebracht. Sie betrafen Orientierungshilfen für landespolitische Vorgaben. Darüber hinaus lieferte der RP in beschränktem Umfang fachbezogene Beiträge unter Einsatz eigener Spezialkapazitäten. Schließlich fungierte er als Kommunikationsmittler zum Bezirksplanungsrat.

In seinem Statement zur Regionalkonferenz am 20. März 1992 ermahnte der RP noch einmal die lokalen Akteure, in ihren Positionen die Gemeinsamkeiten stärker herauszustellen. Die Region müsse weitaus deutlicher als bisher die Selbstorganisation der eigenen Interessen übernehmen, um im Wettbewerb der Standorte bestehen zu können. Zu diesem Prozeß bot er wiederum jegliche Hilfe als Moderator an.

Bei der Erarbeitung des REK erfolgte eine ähnlich intensive Begleitung. Über die Rolle der Fachressorts auf Landesebene kann mit Blick auf Abstimmungsverfahren und Verarbeitungskapazitäten noch kein Urteil gebildet werden. Jedenfalls haben die Landesministerien keine "Politik des ausgestreckten Armes" betrieben und sind daher für die Regionalpartner nicht greifbar geworden.

3.8   Interregionale Kooperation

Die Bergischen Großstädte sind von potenten Konkurrenten im kommunalen Wettbewerb umgeben. Hierzu zählen vor allem die Nachbargemeinden Haan im Westen, Hattingen im Norden und Radevormwald im Südosten - jeweils mit attraktiven Flächenangeboten und niedrigen Gewerbesteuersätzen. Die bergischen Großstädte scheinen nun erkannt zu haben, daß sie einzeln weder wettbewerbs- noch kooperationsfähig sind. Daher wollen sie mit dem REK die Konkurrenz nach innen weitgehend aufgeben und streben stattdessen eine Stärkung des bergischen Städtedreiecks an, um schließlich zu einer echten Region heranzuwachsen.

Aus dieser gestärkten Startkonfiguration heraus wollen sie mit den umliegenden Regionen, Nachbargemeinden oder einzelnen Partnern in dafür geeigneten Fachgebieten und entsprechenden sachlichen und zeitlichen Abgrenzungen kooperieren. Die Städte haben mehr oder weniger klar erkannt, daß selbst der Zuschnitt "Bergische Region" im Sinne der EG-Förderprogramme noch nicht identifizierbar ist. Dieser Eindruck der "Unräumlichkeit" wirft zugleich die Frage nach weiteren geeigneten Kooperationspartnern auf. Da die Umlandgemeinden mit Blick auf die Mittelakquisition vor ähnlichen Problemen stehen, ist mit einer weiteren Dynamik in der Regionalisierungsfrage zu rechnen.

Andererseits ist deutlich erkennbar, daß insbesondere die IHK und z.T. auch die Stadt Solingen - wie schon seit langem - eine Anlehnung der regionalen Entwicklung an die Rheinschiene, offenbar aber nicht zum Ruhrgebiet, anstrebt. Als institutioneller Ansatzpunkt wird das Büro "Düsseldorf & Partner" genannt, das zumeist auch an den Sitzungen der Lenkungsgruppe teilnahm. Die Tendenzen zur organisierten Kooperation zur Region Düsseldorf haben sich inzwischen aber deutlich abgeschwächt. Offenbar haben die Interessenten aus der bergischen Region erkannt, daß dieses Partner-Konzept bei wirklich kritischen Fragen der Stadt- und Wirtschaftsentwicklung leicht überfordert werden kann und daher für eine problemorientierte Zusammenarbeit wenig geeignet erscheint (Motto: "Wir blicken auf die Nachbarregionen, aber sehen die auch auf uns?"). Zudem hat sich diese speziell mit der Person des ehemaligen Oberstadtdirektors von Solingen verbundene Affinität insofern erledigt, als dieser Oberstadtdirektor in Düsseldorf geworden ist.

4 Zusammenfassende Auswertung

Die Landesregierung sieht in der regionalisierten Strukturpolitik ein geeignetes Instrument, den inzwischen permanenten Prozeß von Anpassung und Umbau der Wirtschaft auf breiter Front - und jetzt auch mit der entsprechenden Tiefe - zu begleiten und zu fördern. Damit sollen für die Akteure dieses Strukturwandels günstige Rahmenbedingungen gesetzt sowie negative soziale und ökologische Folgen verhindert bzw. aufgefangen werden.

Tragende Säulen dazu sollen einerseits die partnerschaftliche Zusammenarbeit zwischen Land und Regionen sowie andererseits zwischen den regionalen Kräften selbst sein. Damit soll der Prozeß regionalisierter Strukturpolitik weiter dezentralisiert, zugleich aber verstetigt und selbsttragend werden. Notwendige Voraussetzung dazu ist die Einbindung einer Vielzahl von lokalen Akteuren aus staatlichen wie privaten Organisationen und Verbänden. In "angemessener Repräsentanz" sollen sie für die Konzepte zur Entwicklung und Erneuerung der Region eigene Beiträge erbringen. Damit können Sachverstand und Eigeninitiative regional mobilisiert werden und das Wissen um örtliche Gegebenheiten, Schwächen und Stärken erkannt, beurteilt und gebündelt werden. Als Instrument dazu soll die Regionalkonferenz dienen, die zugleich als Forum zur Entwicklung eines Bewußtseins gegenseitiger Abhängigkeit und als Plattform für strukturpolitisch begründete Kooperationen zwischen den unterschiedlichen wirtschaftlichen und politischen Akteuren gedacht ist.

Das Regionale Entwicklungskonzept "Bergische Großstädte" erfüllt diese Ansprüche in unterschiedlichem Maße:

(1) Inhalte des Regionalen Entwicklungskonzepts

Unter dem Motto "Werkstattregion im Grünen" werden vorwiegend ökonomische Aspekte erfaßt. Die Dominanz des Politikbereiches "Wirtschaft und Beschäftigung" mit vier Handlungsfeldern und elf Projekten, die auch vom Umfang her und der regional-politischen Relevanz als die wichtigsten angesehen werden, macht dies deutlich. Dahinter treten die kulturellen und die sozialen Themen, auch die der Gleichstellung, zurück. Lediglich die umweltbezogenen Aspekte mit fünf Handlungsfeldern und vorläufig neun Projekten sind in quantitativer und qualitativer Hinsicht von herausgehobener Bedeutung.

Anzustreben wäre demnach eine Verbreiterung der Themenfelder und eine ausgeglichenere Gewichtung zwischen den Politikbereichen. So ist die Verbesserung der beruflichen Bildung, die infolge des erwarteten Umbruchs der Wirtschaftsstrukturen (z.B. Automobilzulieferer) und der Tätigkeitsfelder (z.B. Informatisierung) in der Region als dringlich empfunden werden, auf kürzere Frist wahrscheinlich nicht realisierbar. Außerdem ist die Schaffung zusätzlicher Arbeitsplätze, die infolge der rationalierungsbedingten Freisetzungen notwendig werden wird, mit den vorgesehenen öffentlichen Projekten kaum zu erwarten. Und schließlich wird der Ausbau der Infrastruktur nur langsam vorangetrieben werden können.

Das REK zeichnet sich insgesamt zwar durch eine Vielzahl von Projekten aus, die sozusagen für fast jeden Akteur eine Handlungsmöglichkeit enthalten, aber die Wahrscheinlichkeit ihrer Realisierung muß recht vorsichtig eingeschätzt werden.

(2) Entscheidungsstruktur und -verfahren

Zu Beginn der Regionalisierungsdebatte ist die Frage des Einbezugs der Politik - vorwiegend intern - diskutiert worden. Man hat sich schließlich darauf geeinigt, die entsprechenden Gremien (Fraktionen, Räte) zunächst nicht zu beteiligen. Darin sahen die Initiatoren die Gefahr einer frühzeitigen politischen Verpflichtung. Zugleich hätte sich der Kreis der zu beteiligenden Personen um mehr als 20 erhöht und die Regionalisierungsgremien schwerfälliger gemacht.

Die Beratungen innerhalb der Lenkungsgruppe, in die die wichtigsten gesellschaftlichen Interessenvertretungen eingebunden sind, haben zumeist zu sachlichen Entscheidungen geführt. Die Beratungsergebnisse stellen aber in den meisten Bereichen vorwiegend einen Wunschkatalog dar, deren Realisierung noch in Frage steht. Gleichwohl hat das Verfahren neben der schlüssigen Bestandsaufnahme von schon vorher diskutierten Projekten auch zu innovativen Projekten geführt, die der längerfristigen Regionalentwicklung angemessen sind.

Daraus folgt, daß den Aktivitäten im politikfreien Raum nun die notwendige Verbindlichkeit fehlt. Die umsetzungsorientierte Diskussion von Maßnahmen und Projekten wird erst jetzt konsequent einsetzen können. Angesichts der zu erwartenden Intensität und Länge dieses Prozesses muß mit erheblichen Einschnitten bei den Projekten und Verzögerungen bei der Realisierung gerechnet werden. Der ungeklärte finanzielle Rahmen muß als zusätzliches Erschwernis angesehen werden. Dabei spielen die Erfahrungen mit der ZIN-Runde ein wichtige Rolle, bei der das Bergische Land kaum nennenswerte Beträge erhalten hat.

Als ausgesprochener Mangel ist die fehlende Einbindung breiter Kreise der Bevölkerung anzusehen, hatte doch die Leitbilddebatte noch klar die entsprechende Verankerung herausgestellt. Ferner ist die Liste der lokal bedeutsamen Akteure und Institutionen nicht komplett. So fehlen etwa bei den Trägern der freien Wohlfahrt die Kirchen. Auch die Vertreter von Bildungseinrichtungen zur (beruflichen) Qualifizierung sind nicht direkt angesprochen worden.

Die Entscheidungsstrukturen und -verfahren folgen inhaltlich in der Hauptsache den Empfehlungen des RP und des MWMT und weisen die Besonderheit auf, daß die Erstellung des REK bisher zwar ohne Einbindung der politischen Entscheidungsgremien aber unter prozeßhafter Beteiligung der wichtigsten Interessenvertretungen erfolgt ist. Dies spiegelt sich auch in der Vergabe der Teilgutachten und der Projektausarbeitung wider, die nicht durch externe Experten, sondern durch Nutzung des lokalen Sachverstandes erstellt worden sind. Allerdings sind dabei keine Einschätzungen der Finanzierungschancen der Projekte vorgenommen worden, so daß neben der politischen Befürwortung auch die Fragen der Mittelbeschaffung offen sind.

(3) Interkommunale Kooperation

Das Beziehungsgeflecht zwischen den drei Großkommunen hat sich erkennbar positiv entwickelt. Es sind tragfähige und verstetigte Verbindungen entstanden, mit denen die

Städte das Heft des Handelns an sich genommen haben. Sie bestimmen und prägen den Regionalisierungsprozeß. Wenngleich dies den Prozeß der Erstellung des REK stark begünstigt hat, so ist doch die Einbindung der Wirtschaft großenteils auf der Strecke geblieben. In gewissem Umfang ist die gute Kooperation der Kommunen mit einer faktischen Ausklammerung der Privatwirtschaft einhergegangen.

Als Indiz dafür kann gelten, daß kaum Projekte von "public-private-partnership", geschweige denn von Privatinitiative allein, getragen werden. Als kompensatorische Versuche können die Bestrebungen der IHK gelten, eine vorwiegend von ihr getragene Wirtschaftsförderungsgesellschaft zu etablieren. Allerdings treten dadurch nun Parellelentwicklungen in den Regionalisierungsaktivitäten auf.

Hier wäre es dringend geboten, daß die Kommunen die vorhandene Kooperationsbereitschaft der übrigen Akteure besser ausnutzen würden und sich zugleich als Vermittler deutlich zu erkennen gäben. Ferner könnten Firmen und Einzelpersonen mit "Regionsqualität" angesprochen und für die Kooperation gewinnbringend eingesetzt werden. Die Chancen von "public-private-partnerships" sind nicht ausreichend genutzt worden.

Die interkommunale Kooperation dürfte durch das REK auf eine dauerhaft gute Grundlage gestellt worden sein. Es handelt sich dabei um einen Nachholbedarf, der sich in bezug auf die gemeinschaftlichen Anliegen der Städte (z.B. Abfallwirtschaft, Verkehr) seit längerem aufgestaut hatte. Zugleich sind zentrifugale Tendenzen, die insbesondere in Solingen vorhanden waren, eingedämmt worden. Es ist zu erwarten, daß die drei bergischen Großstädte künftig bemüht sein werden, ihre gleichliegenden Aufgaben gemeinschaftlich zu bewältigen, um sodann ihre Beziehungen zu den umliegenden Regionen zu stärken.

(4) Integration von Fachpolitiken auf regionaler Ebene

Wie schon vom Konzept her zu erwarten, steht die Wirtschafts- und Beschäftigungsförderung im Vordergrund. Ferner sind Aspekte des regionalen Verkehr betont ausgewiesen. Kultur, Soziales sowie Wissenschaft und Forschung sind aber nur in Ansätzen vertreten. Auch die "Nachrüstung" einer entsprechenden Arbeitsgruppe "Soziales" hat an der Grundtendenz wenig ändern können.

In allen Bereichen dominieren die städtischen Verwaltungen. Deren Integrationsbemühungen haben aber im Bereich der Fachpolitiken noch nicht die gewünschten Früchte getragen. Die ämterweise Abstimmung ist jenseits der Ämter für Stadtentwicklung und teils auch der Umweltämter noch nicht vorhanden. Zudem erschwert die bereits genannte ungleiche Gewichtung der Politikbereiche die Integration der Fachpolitiken zusätzlich, weil sie Bereiche "zweiter Klasse" erzeugt.

Anhand der Projektvorschläge läßt sich vermuten, daß in den Politikbereichen "Wirtschaft und Beschäftigung" (Innovation, Qualifizierung, Infrastruktur und Wirtschaftsförderung) und "Verkehr und Kommunikation" die Integration der Fachpolitiken stärker vorangetrieben werden kann als in den Politikbereichen "Umwelt" und "Kultur". In den beiden letzten Bereichen stehen die konkreteren Projektausarbeitungen vielfach noch aus und bedürfen zahlreicher Abstimmungen zwischen den betroffenen Ämtern innerhalb und zwischen den Städten.

Schließlich ist anzumerken, daß bereits vorhandene Ansätze zur Integration kaum genutzt wurden. So fehlt der Rückgriff auf das Stadtprojekt "URBS". Hier hatte Wuppertal bereits 1986 einen Initiativbeitrag zur Stadtentwicklung geleistet, in den durchaus regionsrelevante Themen eingebunden und in Arbeitskreisen behandelt worden waren.

Die Integration der Fachpolitiken bei den vorgesehenen gemeinschaftlichen Projekten der bergischen Großstädte wird einerseits von den partiellen Kooperationsbereitschaften der Ämter der drei Städte begrenzt und andererseits von den Bereitschaften zur Beteiligung von anderen Interessenvertretern (z.B. IHK, Arbeitsämter). Es ist zu erwarten, daß die Integration der Fachpolitiken auf breiterer Ebene erst im Prozeß der Realisierung von Einzelprojekten weiterentwickelt werden kann.

(5) Gesellschaftliche Kooperation

Die gesellschaftliche Kooperation krankte zu Beginn der REK-Arbeiten an der Abgehobenheit der Regionalisierungsaktivitäten. Einige der beteiligten Akteure - von den Verwaltungen abgesehen - blieben zunächst Statisten. Erst im Verlauf der Arbeit ist es gelungen, die gesellschaftlichen Interessen auf konkrete Projekte zu orientieren. Die nicht beteiligten lokalen Akteure haben die Veranstaltungen teils noch gar nicht wahrgenommen. So hat beispielsweise der Arbeitskreis "Initiative für Wuppertal" die Ergebnisse der Regionalkonferenz bislang nicht zur Kenntnis genommen.

Andererseits scheinen einige beteiligte Institutionen ihr Rollenverständnis noch nicht geklärt zu haben. So ist die Mitarbeit der IHK in der Lenkungsgruppe durchaus konstruktiv, zum Regionalen Entwicklungskonzept gab es keine Einwände, einzelne Projekte scheinen aber quer zum IHK-Regionalkonzept zu liegen. Die personelle Zurückhaltung scheint ebenso symptomatisch. Die IHK hat daher in der Schlußphase der Regionalkonferenz ein Papier vorgelegt, das in den Räten mitberaten werden sollte. Als

Positivbeispiel kann die Region Düsseldorf gelten. Hier ist der IHK- Geschäftsführer Vorsitzender der AG Wirtschaft. Die Rolle der Gewerkschaften war anfangs recht aktiv, wurde aber bei der Einflußnahme zur Formulierung konkreter Projekte aus Gründen der Arbeitskapazität etwas abgeschwächt.

(6) Vertikale Koordination

Die Beziehungen zum MWMT als Initiator des Regionalisierungskonzeptes sind deutlich erkennbar. Auch die Beteiligung des RP hat wesentliche Akzente für die Konzeptentwicklung gesetzt - vor allem beim Einüben des "Blickes auf die Region". Die Beziehungen zum MAGS sind offenbar bislang auf das ESF-Programm beschränkt. Koordinationen mit anderen Ressorts sind nicht erkennbar. So wird das fehlende Engagement des MURL im Zusammenhang mit Umweltfragen sehr deutlich.

Die vertikale Koordination zwischen Landesebene und der Region ist vor allem durch die Vorgaben des MWMT begünstigt worden. Empfohlene Schwerpunkte wie Innovationsförderung, berufliche Bildung, Schaffung von Arbeitsplätzen, Infrastruktur, Umwelt und Energie haben die Erstellung des REK günstig beeinflußt. Durch diese inhaltliche und organisatorische Vorstrukturierung ist auch das Engagement von zunächst passiven Akteuren gestärkt worden. Die konkrete Arbeit am REK ist duch die Moderatorfunktion des RP sehr positiv beeinflußt worden. Dabei sind vor allem der Informationstransfer aus anderen Regionen und die permanente Mitarbeit in der Lenkungsgruppen sowie in den einzelnen Arbeitsgruppen, für die z.T. auch Positionspapiere geliefert wurden, hervorzuheben.

(7) Integration von Fachpolitiken auf Landesebene

Hier gibt es mit Ausnahme der Aktivitäten des RP und des MWMT keinerlei erkennbare Systematik bezüglich von regionsspezifischen Abstimmungen auf Landesebene. Ein besonderer Bedarf besteht hier in den Bereichen des Arbeits-, Umwelt- und Verkehrsressorts. Aus der Sicht der Region wären die Abstimmungen zwischen den Landesressorts ein geeigneter Orientierungspunkt für die Einschätzung der Realisierungschancen und die Priorisierung der vor Ort zusammengestellten Projekte. Daher ist ein Teil der Probleme der interkommunalen Kooperation und der noch fehlenden Integration der Fachpolitiken auf lokaler Ebene auf den Mangel an Integration der Fachpolitiken auf Landesebene durchzuführen.

(8) Interregionale Kooperation

Gegenwärtig gibt es eine recht deutliche Abschottung gegenüber benachbarten Regionen, mit Ausnahme zu Düsseldorf. Das Umland, das die Kreise Ennepe-Ruhr, Mettmann sowie den Oberbergischen und Rheinisch-Bergischen-Kreis umfaßt, wird wenig berücksichtigt, obwohl es teils starke Bindungen gibt.

In Anlehnung an das ZIN-Verfahren ist die Regionenbildung als "offener Prozeß" erfolgt. Eine Änderung des Zuschnittes "Bergische Großstädte" ist allerdings auf absehbare Zeit nicht zu erwarten. In einer fortgeschrittenen Phase wollen sich die drei Bergischen Großstädte jedoch ihrem Umland zuwenden und dabei alte Bindungen auffrischen. Damit könnte der Regionalisierungsgedanke in die gesamte Bergische Region weitergetragen werden. Eine Wiederbelebung der KAG wird wegen der wenig effektiven Kooperation in der Vergangenheit nicht befürwortet.

Die interregionale Kooperation wird vor allem durch den Binnenmarkt einen neuen Impuls erhalten müssen. Angesichts der geringen Größe der Region wird im europäischen Kontext die Kooperation mit dem Düsseldorfer Raum stärker angestrebt als mit dem Ruhrgebiet. Dadurch können die bergischen Großstädte auf der förderpolitischen Landkarte der EG abgebildet und der Zugang zu Fördermitteln der EG erleichtert werden. Gegenwärtig besteht jedoch die Tendenz, die bergischen Großstädte durch eine interne Kooperation zu stärken und erst dann nach außen eine interregionale Kooperation anzustreben.

Offen bleiben muß die Frage, ob es genügt, allein auf prozeß- und strukturpolitische Mobilisierung der endogenen Kräfte zu setzen, um die gebotenen Anpassungs- und Umbauvorgänge der Wirtschaft einzuleiten bzw. zu stabilisieren. Spätestens im Laufe der Umsetzung von Projekten wird das Finanzierungsproblem entstehen. Es ist zu erwarten, daß die Region in Anbetracht der Haushaltsengpässe doch auf Landes- bzw. Bundesmittel angewiesen sein wird. Die relative Stabilität der eingeleiteten Kooperationsprozesse könnte dadurch wieder in Frage gestellt werden.

Insgesamt gesehen wird die erforderliche gesellschaftliche Anpassung erst durch eine verbreiterte Einbindung aller gesellschaftlicher Gruppen und die Aufbringung von regionsexternen Finanzmitteln erfolgreich sein können. Zur Zeit stehen jedoch sowohl die dazu notwendige Beteiligungsorientierung des REK wie auch Signale zur finanziellen Hinwendung der Landesregierung in Richtung "Bergische Großstädte" weiterhin aus.

Regionalbericht Ostwestfalen-Lippe

Helmut Voelzkow und Rolf G. Heinze

1 Skizze der Region

Die Region Ostwestfalen-Lippe (OWL) deckt sich mit dem Gebiet des Regierungsbezirks Detmold. Sie umfaßt eine Fläche von 6.517 qkm (19,1% der Fläche des Landes Nordrhein-Westfalen) und ist damit der zweitkleinste der fünf nordrhein-westfälischen Regierungsbezirke. Ostwestfalen-Lippe liegt im Osten von Nordrhein-Westfalen und hat im Vergleich zu den anderen Regierungsbezirken dieses Bundeslandes eher eine Randlage.

Der Teutoburger Wald und das sich anschließende Eggegebirge strukturieren Ostwestfalen-Lippe in geographischer Hinsicht. Die Höhenzüge dieser Mittelgebirge durchteilen Ostwestfalen-Lippe von Nordwesten nach Südosten. Ostwestfalen-Lippe hat aufgrund seiner landschaftlichen Gegebenheiten und der vorhandenen Heilquellen überregionale Funktionen eines Freiraum- und Erholungsgebietes. Der Fremdenverkehr und vor allem der Kurbetrieb in den ansässigen Bade- und Kurorten haben daher in Ostwestfalen-Lippe eine nicht unerhebliche wirtschaftliche und beschäftigungswirksame Bedeutung.

Insgesamt ist Ostwestfalen-Lippe sowohl im äußeren Erscheinungsbild als auch in den dahinterliegenden ökonomischen und sozialen Strukturen keine homogene Region. Hochverdichtete und industriell geprägte Gebiete wechseln mit dünnbesiedelten und eher ländlichen Landstrichen ab. Die zwei solitären Verdichtungsgebiete Bielefeld und Paderborn bilden die wirtschaftlichen Gravitationszentren, die mit ihren jeweils unterschiedlich intensiv industrialisierten dörflich und kleinstädtisch geprägten Umlandgebieten zwei wenig verbundene Wirtschaftsräume innerhalb von Ostwestfalen-Lippe bilden.

Ostwestfalen-Lippe gliedert sich verwaltungsmäßig in die Kreise Gütersloh, Herford, Höxter, Lippe, Minden-Lübbecke und Paderborn sowie die kreisfreie Stadt Bielefeld. Seit der Gebietsreform Ende der 60er/Anfang der 70er Jahre besteht der Regierungsbezirk Detmold aus 69 kreisangehörigen Gemeinden, die den genannten sechs Kreisen angehören, und der kreisfreien Stadt Bielefeld. Die Arbeitsverwaltung untergliedert Ostwestfalen-Lippe in die vier Arbeitsamtsbezirke Bielefeld (kreisfreie Stadt Bielefeld und Kreis Gütersloh), Detmold (Kreis Lippe), Herford (Kreise Herford und Minden-Lübbecke) und Paderborn (Kreise Paderborn und Höxter).

Ostwestfalen-Lippe ist in zwei Industrie- und Handelskammerbezirke untergliedert; der Zuständigkeitsbereich der Industrie- und Handelskammer Lippe zu Detmold ist dabei deckungsgleich mit dem Kreis Lippe, die wesentlich größere Industrie- und Handelskammer Ostwestfalen zu Bielefeld umfaßt das Gebiet der übrigen Kreise und der kreisfreien Stadt Bielefeld. Die Handwerkskammer Ostwestfalen-Lippe zu Bielefeld hingegen entspricht in ihrem räumlichen Zuschnitt dem gesamten Regierungsbezirk Detmold. Der Deutsche Gewerkschaftsbund gliedert sich in Ostwestfalen-Lippe in die fünf DGB-Kreise Bielefeld (kreisfreie Stadt Bielefeld und Kreis Gütersloh), Herford, Lippe, Minden-Lübbecke und Paderborn-Höxter.

In Ostwestfalen-Lippe lebten am 30.06.1990 1.874.390 Einwohner. Mit 287,6 Einwohnern pro Quadratkilometer (Ew/qkm) liegt die Bevölkerungsdichte von Ostwestfalen-Lippe zwar leicht über der des Bundesgebietes, aber gleichzeitig erheblich unter der des Landes Nordrhein-Westfalen (505,9 Ew/qkm). Der Regierungsbezirk Detmold ist damit auch von der Bevölkerungszahl her der kleinste der fünf nordrhein-westfälischen Regierungsbezirke, wenngleich die Wohnbevölkerung in den letzten Jahren deutlich zugenommen hat. Der erfolgte Bevölkerungszuwachs ist dabei in erster Linie den Zuwanderungen zuzuschreiben. Insbesondere die Zuwanderungen von Aus- und Übersiedlern, die infolge der politischen Entwicklungen in der ehemaligen DDR und in anderen osteuropäischen Ländern ihren Wohnort ändern konnten, fielen dabei ins Gewicht.

Innerhalb der Region ist in der Wohnbevölkerung ein deutliches Nord-Süd-Gefälle zu konstatieren. Die Bevölkerungsdichte ist im nördlichen Teil wesentlich höher als im südlichen Bereich. Diese Unterschiede sind nicht nur auf die einwohnerstarke Stadt Bielefeld (1.231,3 Ew/ qkm) zurückzuführen, sondern liegen auch in der hohen Bevölkerungsverdichtung im Kreis Herford (523,7 Ew/qkm) sowie in Teilen der Kreise Gütersloh und Minden-Lübbecke entlang der Verkehrsachse Ruhrgebiet-Hannover. Die Gewichte haben sich allerdings in den letzten Jahren ein wenig verschoben. Insbesondere der im Süden von Ostwestfalen-Lippe liegende Kreis Paderborn konnte einen erheblichen Bevölkerungszuwachs verzeichnen (1970/1990: +25,2%).

Von anderen industriell geprägten Räumen in Deutschland oder in Nordrhein-Westfalen hebt sich Ostwestfalen-Lippe durch die mittelständisch geprägte Unternehmensstruktur und einen Branchenmix ab, der als weitgehend ausgewogen bezeichnet werden kann. Der industrielle Bereich hat dabei in den letzten zehn Jahren einen gravierenden Strukturwandel durchlaufen. Der Beschäftigtenanteil der ehemals in der Region dominierenden Verbrauchsgüterindustrie sank in der Zeit von 1980 bis 1990 von 42 auf 36 Prozent. Dagegen expandierte die Investitionsgüterindustrie weit überdurchschnittlich und schraubte ihren Beschäftigtenanteil von 36 Prozent (1980) auf 45 Prozent (1990) hoch.

Negativ betroffen von diesem Strukturwandel waren vor allem die hier stark vertretene Holzverarbeitung, die Textil- und die Bekleidungsindustrie. Im Möbelbereich gibt es heute ca. 4.000 Arbeitsplätze weniger als noch vor zehn Jahren. Die Bekleidungsindustrie verlor ca. 5.000 Arbeitsplätze und der Textilbereich schrumpfte um ca. 3.000 Arbeitsplätze. Dagegen haben sich vor allem die Elektrotechnik, die Computerherstellung und der Maschinen- und Fahrzeugbau expansiv entwickelt und knapp 25.000 neue Arbeitsplätze geschaffen (vgl. Ostwestfälische Wirtschaft, Heft 4/ 1991, S. 20ff.)

Mit diesem Strukturwandel war eine deutliche Erhöhung der Exportquote verbunden: Sie kletterte von 17 Prozent (1980) auf 23 Prozent (1990). Gleichzeitig konnte die ehemals bestehende Konjunkturanfälligkeit, die sich aus der Dominanz der Verbrauchsgüterindustrie ergab, reduziert werden. Die Umsatzentwicklung wies in den letzten zehn Jahren überdurchschnittliche Steigerungsraten auf.

Auch in Ostwestfalen-Lippe hat der Dienstleistungssektor das produzierende Gewerbe mittlerweile anteilsmäig überrundet. Dies gilt sowohl für die Verteilung der Beschäftigten auf die drei Hauptsektoren der Wirtschaft, als auch für die sektorale Struktur der Bruttowertschöpfung. Im Vergleich der Regierungsbezirke des Landes Nordrhein-Westfalen zeigt sich ferner, daß im Regierungsbezirk Detmold der sekundäre Sektor unterdurchschnittlich geschrumpft und der tertiäre Sektor überdurchschnittlich gewachsen ist. Beide Entwicklungen zusammen ergeben eine erstaunliche Zunahme bei der Zahl der Erwerbstätigen. Im Kreis Paderborn lief ein 'Rekordwachstum' des industriellen Sektors sogar parallel mit einem - auch für die Region Ostwestfalen-Lippe - weit überdurchschnittlichen Plus bei den Dienstleistungen. Ursache hierfür ist vor allem ein Bedeutungsgewinn industrienaher Dienstleistungen, der unmittelbar aus der vergleichsweise positiven Entwicklung des sekundären Bereichs resultiert.

In Ostwestfalen-Lippe wurden in den 80er Jahren prozentual deutlich mehr Arbeitsplätze geschaffen als in fast allen anderen Teilen Deutschlands. Diese überdurchschnittliche Steigerung in der Beschäftigungsentwicklung hat den Arbeitsmarkt zweifellos entlastet. Die Arbeitslosenquoten in der Region lagen durchweg unter dem Landesdurchschnitt.

Auch wenn eine Analyse der Bedeutung der Betriebsgrößenklassen in den einzelnen Regionen verdeutlicht, daß Ostwestfalen-Lippe in NRW eindeutig die Region ist, die am stärksten mittelständisch geprägt ist, sind in dieser Region in verschiedenen Branchen Großbetriebe mit über 1.000 Beschäftigten vorhanden; so beispielsweise in der Elektrotechnik (Siemens-Nixdorf Computer AG Paderborn), dem Maschinenbau (z.B. FAG Kugelfischer Halle, Dürkoppwerke GmbH Bielefeld), der Nahrungs- und Genußmittelindustrie (z.b. Oetker-Gruppe Bielefeld) oder der Druckindustrie (z.b. Mohndruck GmbH Gütersloh). Die Struktur des Produzierenden Gewerbes ist damit nicht homogen, sondern weist eher eine duale Struktur auf, die von einigen Großbetrieben über 500 Beschäftigte einerseits und einer Vielzahl von kleineren und mittleren Betrieben gekennzeichnet ist. Ein großer Teil der industriellen Klein- und Mittelbetriebe in Ostwestfalen-Lippe wird dabei von Eigentümer-Unternehmern geleitet, die diese Betriebe in den 50er und 60er Jahre aufgebaut haben und bis heute leiten.

2 Chronologie der Regionalisierung von Strukturpolitik

Der Startschuß der regionalisierten Strukturpolitik wurde für Ostwestfalen-Lippe am 08.03.1989 durch eine Veranstaltung ("Ostwestfalen-Forum") im neuen Parlamentsgebäude des nordrhein-westfälischen Landtages gesetzt, auf der ausschließlich ostwestfälisch-lippische Zukunftsfragen diskutiert wurden. Zu dieser Veranstaltung der sozialdemokratischen Landtagsfraktion wurden Repräsentanten von Wirtschaft, Industrie, Handel und Gewerkschaften sowie von Hochschul- und anderen Bildungseinrichtungen eingeladen. Das Forum diente zugleich der Darstellung der neuen Konzeption einer regionalisierten Strukturpolitik.

Zu der ersten Regionalkonferenz, die am 17.05.1989 im Regierungspräsidium Detmold stattfand, hatte der Regierungspräsident persönlich Vertreter der Parteien, der Kreise und Städte, der Wirtschaft und der Gewerkschaften sowie der Hochschulen und Fachhochschulen der Region eingeladen. Damit hatte der Regierungspräsident die Initiative ergriffen und die Moderatorenfunktion der regionalisierten Strukturpolitik übernommen. Die Teilnehmer der Regionalkonferenz haben sich in dieser Veranstaltung darauf verständigt, künftig "mit einer Stimme zu sprechen", um die Standortqualität der Region zu verbessern. Der Regierungspräsident "Stich betonte in seiner Eröffnungsrede, daß dieser regionale Konsens zwingende Förderungsvoraussetzung im Rahmen des Landesinvestitionsprogramms sei, das das Bonner Strukturhilfegesetz ausfüllen soll" (NW 1989). Auf der Regionalkonferenz wurden verschiedene Arbeitskreise gebildet, die Vorschläge für das Landesinvestitionsprogramm (LIP) ausarbeiten sollten. Ziel der Arbeit sollte ein Forderungskatalog sein, der nach den Vorgaben des Landes bereits Mitte August 1989 dem Düsseldorfer Wirtschaftsministerium vorzulegen war. Auf der zweiten Regionalkonferenz am 8.8.1989 konnte eine Einigung über den erarbeiteten Forderungskatalog erzielt und eine Prioritätenliste verabschiedet werden.

Eine dritte Regionalkonferenz fand am 23.11.1989 statt. Sie widmete sich den absehbaren Auswirkungen des europäischen Binnenmarktes auf die Region Ostwestfalen-Lippe und hatte von daher eher den Charakter einer Fachtagung, die "außer der Reihe" durchgeführt wurde. Auf der vierten Regionalkonferenz am 19.03.1990 wurde u.a. auf Vorschlag des Regierungspräsidenten dem Bezirksplanungsrat empfohlen, für die Erarbeitung eines mittelfristigen Entwicklungskonzepts Ostwestfalen-Lippe einen Regionalausschuß einzusetzen. Der Bezirksplanungsrat hat auf seiner Sitzung vom 26.03.1990 dieser Empfehlung der Regionalkonferenz entsprochen. Der vom Bezirksplanungsrat eingesetzte Regionalausschuß zählt 17 Mitglieder.

Im Zeitraum vom April bis November 1990 (erste Sitzung am 27. April) hat der Regionalausschuß einen ersten Entwurf des regionalen Entwicklungskonzepts erarbeitet. Bei der Erstellung des Konzepts bediente sich der Regionalausschuß der Zuarbeit von insgesamt 7 Arbeitsgruppen:

* Arbeitsgruppe "Maßnahmen zur Schaffung und Sicherung von Arbeitsplätzen (Bevölkerung, Wirtschaft, Beschäftigung)".

* Arbeitsgruppe "Zukunftsorientierte Qualifizierung der Arbeitnehmerinnen und Arbeitnehmer"

* Arbeitsgruppe "Ausbau und Modernisierung der Verkehrsinfrastruktur"

* Arbeitsgruppe "Verbesserung der Umwelt- und Energiesituation"

* Arbeitsgruppe "Förderung von Innovation und Technologie"

* Arbeitsgruppe "Entwicklung der Infrastruktur für die Gesundheits-, Freizeit- und Fremdenverkehrsregion"

* Arbeitsgruppe "Entwicklung der Infrastruktur für die Kulturregion".

Auf Basis eines ersten Vorentwurfs der Geschäftsstelle, der in der Region eine erste Diskussionsgrundlage bildete, lief in der Zeit von Mai bis August 1990 eine erste Phase für die Stellungnahmen der verschiedenen regionalen Akteure. Die Vorstellungen der regional relevanten Kräfte zu strukturpolitischen Leitlinien und Strategien wurden im Rahmen einer groß angelegten Fragebogenaktion erfaßt und in den Entstehungsprozeß des regionalen Entwicklungskonzeptes eingespeist. Im Rahmen dieser Fragebogenaktion wurden alle 180 Mitglieder der Regionalkonferenz einschließlich aller Städte und Gemeinden in der Region angeschrieben und um Anregungen gebeten. Der Regionalausschuß erhielt 69 Stellungnahmen aus der Region, zumeist aus dem kommunalen Raum. Diese - zum Teil umfänglichen - Stellungnahmen wurden von den Arbeitsgruppen sowie vom Regionalausschuß bei der Erstellung des erweiterten Entwurfs zum regionalen Entwicklungskonzept berücksichtigt. Allerdings hat es auf Seiten der Kommunen und Kreise und anderer Stellungnehmer "viel Ärger gegeben", da für zahlreiche Institutionen eine intensive Behandlung infolge von äußerst knappen Zeitvorgaben (in der Sommerpause!) nicht möglich war.

"Seiner Intention nach ist das regionale Entwicklungskonzept auf die Förderung der strukturellen Entwicklung in Ostwestfalen-Lippe angelegt. Es soll insbesondere dazu dienen,

* die spezifischen regionalen Stärken und Schwächen zu erfassen und Möglichkeiten ihrer Weiterentwicklung darzustellen;

* die unterschiedlichen strukturpolitischen Leitlinien und Strategien noch enger zu einer integrierten regionalen Entwicklungspolitik zu verzahnen;

* eine Konzentration auf strukturpolitisch besonders bedeutsame Entwicklungsziele vorzunehmen;

* im Erarbeitungsprozeß die Kooperation und Koordination in der Region zwischen allen Verantwortlichen zu verstetigen sowie die Eigenverantwortlichkeit in der Region zu stärken;

* eine Plattform für die kontinuierliche Diskussion regionaler Zukunftsperspektiven zu bilden" (OWL-Konzept 1990, S. 3).

Das mittelfristige Entwicklungskonzept Ostwestfalen-Lippe soll den Regierungsbezirk Detmold als dynamische Wirtschafts-, Freizeit- und Gesundheitsregion weiterentwickeln und Leitlinien für die Region erarbeiten. Das Konzept geht dabei über die im engeren Sinne wirtschaftspolitischen und wirtschaftsnahen Themen wie beispielsweise Gewerbeflächenangebot, Verkehrsanbindung, öffentliches Kreditwesen, Aus- und Weiterbildung hinaus und bezieht auch das kulturelle Angebot, das Freizeitangebot, die Energieversorgung und die Abfallentsorgung sowie Fragen der Arbeitsmarktpolitik ein.

Auf einer Sitzung des Regionalausschusses am 23. November 1990 ist der Entwurf des Entwicklungskonzepts vom Regionalausschuß verabschiedet worden. Auf der nächsten Sitzung des Bezirksplanungsrates am 10. Dezember 1990 ist der Entwurf des Entwicklungskonzepts vorgelegt worden. Mit einem einstimmigen Beschluß entschied sich der Bezirksplanungsrat dafür, durch den Regionalausschuß einen "Ostwestfalen-Lippe-Verbund" vorzubereiten. Der Regionalausschuß wurde deshalb um vier leitende Verwaltungsbeamte und zwei Landräte erweitert, die vor allem die Interessen der Kommunen vertreten sollen. Der erweiterte Regionalausschuß sollte zunächst vorrangig die Aufgabenbereiche, die Organisationsform und die Finanzierungsmöglichkeiten eines solchen Verbundes erörtern, über dessen Rechtsform noch keine Entscheidung getroffen wurde.

Der Regierungspräsident erläuterte auf der Sitzung zugleich das weitere Verfahren bei der Erstellung des regionalen Entwicklungskonzepts. Die Kommunen und Kreise sowie die sonstigen relevanten Akteure der Region sollten nun bis Ende Mai 1991 in einer zweiten Runde die Gelegenheit zur Stellungnahme erhalten. Der Regionalausschuß (und seine Arbeitsgruppen) wurden beauftragt, die Stellungnahmen bis Mitte 1991 zu verarbeiten.

Der vom Regionalausschuß erarbeitete Entwurf eines mittelfristigen Entwicklungskonzepts für Ostwestfalen-Lippe wurde von einem Mitarbeiter des Regierungspräsidiums auf der fünften Regionalkonferenz, die am 28.01.1991 in der Stadthalle Minden tagte, vorgestellt und erläutert. Der vorliegende Entwurf ist auf dieser Veranstaltung in der Mindener Stadthalle im Anschluß daran diskutiert und von der Mehrzahl der Teilnehmer im Grundsatz begrüßt worden. Allerdings ist der vom Regionalausschuß formulierte Vorschlag, für die Region einen OWL-Verbund in Form eines kommunalen Zweckverbandes zu gründen, auch auf skeptische Reaktionen gestoßen. So wurde bspw. die grundsätzliche Frage aufgeworfen, ob die Gemeinden "von Petershagen bis Lichtenau" genügend gemeinsame Interessen hätten, welche die Bildung eines Kommunalverbandes rechtfertigen würden. Gleichwohl ist an den Regionalausschuß die Aufforderung ergangen, den Vorschlag weiter zu präzisieren und ein Modell für einen kommunalen Zweckverband zu erarbeiten.

Der Entwurf des regionalen Entwicklungskonzepts ist im weiteren Verlauf des Jahres 1991 wie geplant überarbeitet worden. Am 18.10.1991 fanden dann in der Stadthalle Detmold gleich zwei Veranstaltungen statt, die sich mit dem Entwurf befaßten: Vormittags tagte ein größerer Kreis von regionalen Repräsentanten, der vom Minister für Wirtschaft, Mittelstand und Technologie eingeladen worden war, um die Vorstellungen der Landesregierung über die Regionalisierungspolitik vorzutragen und zur Diskussion zu stellen ("Konferenz der Landesregierung in der Region Ostwestfalen-Lippe). Im Anschluß daran tagte nachmittags die sechste Regionalkonferenz, um das Entwicklungskonzept zu verabschieden.

In der Veranstaltung der Landesregierung ging der Wirtschaftsminister in einem Einleitungsreferat auf den Stand der Regionalisierungspolitik im Lande NRW ein und skizzierte seine Erwartungen. Im Anschluß daran folgten zwei Referate, die sich mit dem Stellenwert der Arbeitsmarkt- und Beschäftigungspolitik und mit verschiedenen Aspekten der Gleichstellungspolitik im Kontext der regionalisierten Strukturpolitik befaßten. Beide Referate sollten verdeutlichen, daß die Landesregierung mit der Regionalisierungspolitik einen "ganzheitlichen Ansatz" verfolgt, der enge Ressortzuständigkeiten zu überwinden sucht. Mit einer allgemeinen Aussprache wurde die Veranstaltung der Landesregierung abgerundet.

Nach der Mittagspause wurde dann die sechste Konferenz der Region Ostwestfalen-Lippe eröffnet, auf der das Entwicklungskonzept eingehend diskutiert und sodann "im Konsensverfahren" ohne Gegenstimmen angenommen wurde. In seinem Grußwort wies der Regierungspräsident einleitend darauf hin, daß der Kreis der geladenen Teilnehmer nochmals erweitert worden sei. Zu dieser Konferenz seien auf Wunsch der Landesregierung alle Kommunen eingeladen worden. Ferner sei auch eine Einladung an alle Gleichstellungsbeauftragten der Region ergangen.

In seiner Einführung konnte der Regierungspräsident weiter berichten, daß das vorliegende Entwicklungskonzept für die Region Ostwestfalen-Lippe, das nunmehr über 200 Seiten umfasse, in den vorausgegangenen Monaten intensiv diskutiert und an verschiedenen Stellen überarbeitet und ergänzt worden sei. Von den 209 Seiten seien im Zuge der letzten Monate auf Grundlage der eingegangenen Stellungnahmen immerhin 143 Seiten geändert worden. Angesichts der großen Resonanz und der zahlreichen Anregungen, die von den Arbeitskreisen auch weitgehend berücksichtigt worden seien, könne nun gesagt werden, daß das Konzept im Sinne des gewünschten Konsenses "abgefedert" sei.

Der Regierungspräsident stellte im Hinblick auf die anstehende Verabschiedung des Konzepts fest, daß es "keine Geschäftsordnung" für die Durchführung von Regionalkonferenzen gebe. Deshalb machte er einen Verfahrensvorschlag: Zunächst sollten die Moderatoren aus den Arbeitsausschüssen über den erfolgten Verlauf der Diskussionen berichten. Im Anschluß sollten ein Vertreter der IHK Detmold und der Oberstadtdirektor von Bielefeld über den Stand (der Diskussion) der organisatorischen Umsetzung berichten. Im Anschluß an die Präsentation der Arbeitsergebnisse sollte dann Raum für die Diskussion gegeben werden. Der Verfahrensvorschlag wurde vom Regierungspräsidenten, nachdem sich kein Widerspruch erhob, als akzeptiert angesehen.

Um die Bedeutung des regionalen Entwicklungskonzepts zu unterstreichen, befaßte sich der Regierungspräsident darüber hinaus mit der besonderen strukturellen Ausgangslage der Region. Ostwestfalen-Lippe sei in seiner ökonomischen Entwicklung der letzten Jahre nur mit Regionen vergleichbar, die eine Metropole als Mittelpunkt hätten. In diesen Regionen sei die Metropole "Stimulans der wirtschaftlichen Dynamik". Ostwestfalen-Lippe habe keine Metropole und sei von daher auf "Kooperation als einzige Chance" angewiesen. Deshalb liefen auch praktisch alle Vorschläge des regionalen Entwicklungskonzepts auf eine Verbesserung der Kooperation hinaus. Ferner wies er darauf hin, daß in dem vorliegenden Entwicklungskonzept in erster Linie Fragen angesprochen werden, die für die Wettbewerbslage der Region relevant seien. Das Konzept habe infolge dieser Schwerpunktsetzung durchaus noch seine Lücken. So seien Fragen der sozialen Infrastruktur oder des Sports zurückgestellt worden. Der Regionalausschuß sei zu der Überzeugung gekommen, daß es vorteilhafter sei, auf unausgereifte "Anhängsel" zu verzichten. Es sollten keine Maßnahmenbereiche zusätzlich aufgenommen werden, die "nicht ernsthaft vorbereitet" worden seien. Von daher müsse die Arbeit fortgesetzt werden. Die Aspekte der Frauenpolitik sollten in die verschiedenen Maßnahmebereiche integriert werden. Die Weiterführung der Diskussion des Konzepts, die Ergänzung und die Aktualisierung seien Aufgaben der Zukunft.

Angesichts der Kontroversen über die Legitimationsgrundlagen der Regionalisierungspolitik befaßte sich der Regierungspräsident eingehend mit der Kritik an dem gewählten Verfahren. Von verschiedenen Seiten werde die "Zufälligkeit der Zusammensetzung" der Regionalkonferenz bemängelt. Er ziehe daraus die Schlußfolgerung, daß das regionale Entwicklungskonzept nicht Gegenstand eines mehrheitlichen Entscheidungsverfahrens mit einer genauen Auszählung der Stimmen werden könne. Eine Mehrheitsentscheidung sei in diesem Kreise nicht möglich, auch wenn er persönlich durchaus den Eindruck habe, daß der "Kreis der Beteiligten nunmehr repräsentativ erscheint". Die Regionalkonferenz sei in dieser Situation nicht auf Mehrheiten, sondern auf Konsens angewiesen. Eine formelle Abstimmung mit Stimmenauszählung wolle er daher nicht durchführen lassen. In diesem Zusammenhang wurde vom Regierungspräsidenten darauf hingewiesen, daß sich auch der Bezirksplanungsrat noch eingehend mit dem regionalen Entwicklungskonzept befassen werde. Wenn es denn unbedingt eine Mehrheitsentscheidung geben sollte, dann würde er eher in dem Bezirksplanungsrat das Gremium sehen, das legitimiert sei, eine Mehrheitsentscheidung zu fassen.

Nach dieser Einführung des Regierungspräsidenten berichteten die Moderatoren der Arbeitsgruppen detailliert über den Verlauf der Diskussion und die erfolgten Änderungen und Ergänzungen des Entwurfs des regionalen Entwicklungskonzepts. Die Ausführungen machten deutlich, daß die Arbeitsgruppen intensiv gearbeitet und alle eingegangenen Stellungnahmen sorgfältig geprüft haben. Auch um einzelne Formulierungen des Entwicklungskonzpts ist offensichtlich lange gerungen worden. So wurde beispielsweise berichtet, daß Ostwestfalen-Lippe in dem überarbeiteten Entwicklungskonzept nicht mehr - wie in dem ersten Entwurf - als "Industrieregion", sondern als "Wirtschaftsregion" dargestellt werde. Da dem Dienstleistungssektor ein zunehmendes Gewicht zukomme, vor allem aber, weil sich die Region als Tourismus-, Freizeit-, Erholungs- und Gesundheitsregion profiliere, sei der Arbeitskreis übereingekommen, von der Wirtschaftsregion Ostwestfalen-Lippe zu sprechen.

Die Berichte der Moderatoren machten zudem deutlich, daß in den Arbeitsgruppen stets um "Konsens" gerungen wurde. Dazu gehörte offensichtlich auch eine gewisse Selbstbeschränkung der Arbeitsgruppen gegenüber den verschiedenen Akteuren der Region; "Lenkungsfunktionen" wurden von den Arbeitsgruppen nicht beansprucht, sondern allenfalls "Koordinierungsaufgaben". In den Berichten wurde mehrfach herausgestellt, daß das Bemühen um Ausgewogenheit der Interessenberücksichtigung die Arbeit geprägt habe.

Auch strittige Punkte wurden benannt. So wurde beispielsweise darauf hingewiesen, daß die Frage, ob die Region einen Zweckverband oder Verbund im Bereich des öffentlichen Nahverkehrs bilden solle, wegen widersprüchlicher Positionen an den "Regionalausschuß zurückgegeben" worden sei, weil die Bildung eines Zweckverbandes "nicht konsensfähig" gewesen sei. Gleichwohl sei der "Regelungsbedarf" vorhanden. Angesichts der Komplexität der Materie schlage der zuständige Arbeitskreis eine "Verkehrskonferenz" vor. Die verkehrspolitischen Passagen enthielten nur Aussagen, die "im Konsens" aller Beteiligten formuliert worden seien. Deshalb habe man auch wichtige verkehrspolitische Fragen ausklammern müssen. So finden sich in dem Konzept keinerlei Aussagen zu dem hochbrisanten Thema des Flughafens Gütersloh, obwohl dies in einigen Stellungnahmen (u.a. des Arbeitgeberverbandes) gefordert worden sei. Doch "trotz aller Relevanz dieser Frage" konnte diesem Wunsch aufgrund der bestehenden Interessendivergenzen nicht entsprochen werden.

Andererseits zeigen die Berichte der Moderatoren der Arbeitsgruppen auch, daß in vielen bislang strittigen Punkten so etwas wie ein "regionaler Durchbruch", also die Überführung von strittigen Themen in eine konsensuale regionale Position erreicht werden konnte (z.B. in Verkehrsfragen). Ferner wurde deutlich, daß in einigen Handlungsfeldern (z.B. Kultur, Standort-Marketing) die in den Arbeitsgruppen diskutierten Maßnahmen bereits umgesetzt werden ("Kultur aktuell", "Literaturbüro in Detmold" etc.).

Die bislang schon erreichten Fortschritte dürfen freilich nicht darüber hinwegtäuschen, daß die "spannende Frage", ob die im Entwicklungskonzept nur knapp skizzierte OWL-Verbund-GmbH gegründet werden kann, im Vorfeld der Verabschiedung des Entwicklungskonzeptes noch nicht geklärt werden konnte. Der Bericht über den Stand der Diskussion im Hinblick auf die "Umsetzungsorganisation" des Entwicklungskonzepts machte die Schwierigkeiten deutlich. Im ersten Entwurf sei noch von einem Kommunalverband bzw. einem Zweckverband die Rede gewesen. In der überarbeiteten Fassung des Konzepts werde nicht mehr ein kommunaler Zweckverband, sondern eine "OWL-Verbund-GmbH" vorgeschlagen. Diese Änderung sei das Ergebnis der deutlichen "Vorbehalte gegen einen Zweckverband, vor allem gegen einen Aufgabenübergang und die Umlage". Die Diskussion über die Aufgaben eines kommunalen Zweckverbandes bzw. einer OWL-Verbund-GmbH habe sich vor allem auf die Bereiche des öffentlichen Nahverkehrs, der Abfallentsorgung, der Trägerschaft verschiedener kultureller Einrichtungen und des Marketings der Region bezogen. Der Vorschlag einer "OWL-Verbund-GmbH" trage dieser Heterogenität an denkbaren Aufgabenbereichen Rechnung. Die GmbH-Lösung erlaube eine "Holding-Struktur mit verschiedenen Aufgaben und unterschiedlichen Beteiligten". Vorgeschlagen werde eine "kommunale GmbH, weil kommunale Interessen berührt werden und weil es um kommunales Geld geht".

Eine wichtige Aufgabe einer OWL-GmbH solle zunächst darin bestehen, die Arbeit der Regionalkonferenz und des Regionalausschusses auf Dauer zu stellen. Darüber hinaus sei aber daran gedacht, daß der OWL-Verbund in mehreren Aufgabenbereichen eine organisatorische Grundlage für die regionale Kooperation darstellen solle. Im öffentlichen Nahverkehr werde von allen Kommunen eine Verbesserung gefordert. Die Bildung eines Verbundes werde bereits mit dem Verkehrsministerium diskutiert. "Die Verkehre über die Grenzen" kommunaler Zuständigkeit, insbesondere die "regionale Schiene", erforderten eine "einheitliche Organisation". Im Bereich der Kultur gebe es eine Reihe von Angeboten, die ohne eine regional organisierte Finanzierung "auf wackeligen Füßen" stünden (Nordwestdeutsche Philharmonie, Theater in kommunaler Trägerschaft).

Der Regionalausschuß habe zwar noch keinen konkreten Entwurf für einen Gesellschaftervertrag formuliert, erbitte aber den Auftrag, einen solchen zu erarbeiten.

Nach den Berichten der Moderatoren der Arbeitsausschüsse folgt eine allgemeine Aussprache. Nach einer Reihe von Diskussionsbeiträgen und Erklärungen, die u.a. drei konkrete Änderungs- bzw. Ergänzungsvorschläge für das Konzept erbrachten, erhob der Regierungspräsident ein Meinungsbild zu der Frage, ob die Regionalkonferenz die vorgetragenen Änderungsvorschläge befürworte. Die Meinungserhebung ergab, daß die Änderungsvorschläge die Unterstützung der Regionalkonferenz fanden. Der Regierungspräsident konnte nach der Meinungserhebung keine weiteren Wortmeldungen registrieren. Er nutzte diese Situation für ein recht ungewöhnliches Verabschiedungsverfahren und gab im Eiltempo seine Interpretation der Situation bekannt: "Ich stelle einfach einmal fest, daß das regionale Entwicklungskonzept verabschiedet ist. Ist hier jemand, der diese Einschätzung nicht teilt? Ich sehe, daß das nicht der Fall ist! Also kann ich Ihnen ein schönes Wochenende wünschen".

Ostwestfalen-Lippe ist damit die zweite ZIN/REK-Region, die ihr Entwicklungskonzept verabschieden konnte. Der Bezirksplanungsrat beim Regierungspräsidenten Detmold hat dem von der Regionalkonferenz vorgelegten mittelfristigen Entwicklungskonzept für Ostwestfalen-Lippe auf seiner Sitzung vom 04.11.91 ebenfalls zugestimmt.

Ein großer Teil der im Entwicklungskonzept enthaltenen Maßnahmen läßt sich jedoch nur dann umsetzen, wenn die Städte, Gemeinden und Kreise eine neue Form der Zusammenarbeit finden, die regionale Vollzugskompetenzen einschließt. Im mittelfristigen Entwicklungskonzept wird als Instrument dafür die Gründung eines Ostwestfalen-Lippe-Verbundes der Gebietskörperschaften in der Rechtsform einer Gesellschaft mit beschränkter Haftung vorgeschlagen, über deren konkrete Aufgaben- und Organisationsstruktur aber in den Regionalkonferenzen und im Entwicklungskonzept noch keine konsensfähigen Vereinbarungen getroffen werden konnten.

Der Bezirksplanungsrat hat auf seiner Sitzung vom 04.11.91 deshalb die Städte, Gemeinden und Kreise dazu aufgefordert, die dazu erforderlichen Schritte einzuleiten. Als "Vorstufe" hat der Bezirksplanungsrat eine kommunale Arbeitsgemeinschaft (gemäß §§ 2,3 GKG) angeregt, um die OWL-Verbund-GmbH mit den im Entwicklungskonzept beschriebenen Aufgaben vorzubereiten. Dem Votum des Bezirksplanungsrates folgend, hat der Regionalausschuß auf seiner Sitzung am 27.11.91 ein erstes Modell für eine solche kommunale Arbeitsgemeinschaft erarbeitet. Dieser Entwurf einer "Vereinbarung über die Bildung einer kommunalen Arbeitsgemeinschaft" wurde sodann am 06.02.92 auf einer Konferenz, zu der alle Hauptverwaltungsbeamten sowie Bürgermeister und Landräte des Regierungsbezirks Ostwestfalen-Lippe eingeladen wurden, eingehend beraten und schließlich verabschiedet.

Es ist vorgesehen, daß die damit gebildete Arbeitsgemeinschaft wieder aufgelöst wird, wenn die geplante OWL-Verbund-GmbH ins Leben gerufen werden kann (Präambel der Vereinbarung). Bis zur Errichtung der geplanten "Gesellschaft für die Entwicklung der Region Ostwestfalen-Lippe mbH" versteht sich die kommunale Arbeitsgemeinschaft "als Trägerin der Regionalentwicklung Ostwestfalen-Lippe, indem sie die Umsetzung des mittelfristigen Entwicklungskonzeptes für Ostwestfalen-Lippe plant" (§ 1 der Vereinbarung). Zudem soll die Arbeitsgemeinschaft das Entwicklungskonzept fortschreiben . Diese Aufgaben schließen auch die Durchführung von "Regionalkonferenzen unter Beteiligung aller gesellschaftlich relevanten Organisationen" (ebd.) ein. Die vertragsschließenden Gebietskörperschaften verpflichten sich in der Vereinbarung, die Arbeitsgemeinschaft über eigene Maßnahmen zur Umsetzung des mittelfristigen Entwicklungskonzeptes "zu informieren und ihr ggfls. Gelegenheit zur Beratung (zu) geben, bevor sie eigene endgültige Entscheidungen treffen" (ebd.).

Die innere Organisationsstruktur der Arbeitsgemeinschaft sieht eine Mitgliederversammlung, einen Verwaltungsausschuß und einen Regionalbeirat vor (§ 2 der Vereinbarung, vgl. zur Zusammensetzung dieser Gremien die §§ 3, 4 und 5 der Vereinbarung). Über die Mitgliederversammlung sollen möglichst alle Kommunen und Kreise repräsentiert sein. Der Verwaltungsausschuß, dem in erster Linie Hauptverwaltungsbeamte und Mitglieder aus den Gemeinderäten und den Kreistagen angehören werden, soll das wichtigste Gremium der Arbeitsgemeinschaft bilden: er hat die Beschlüsse der Mitgliederversammlung vorzubereiten. Hervorzuheben ist auch die Zusammensetzung des Regionalbeirates, der aus 21 Mitgliedern bestehen soll, die auf Vorschlag des Verwaltungsausschusses (!) von der Mitgliederversammlung gewählt werden. "Der Regionalbeirat soll der Struktur nach dem Regionalausschuß entsprechen" (§ 5 der Vereinbarung). Ihm wird die Aufgabe zugeschrieben, den Verwaltungsausschuß in allen Angelegenheiten der Arbeitsgemeinschaft zu beraten. Er ist insbesondere bei der Umsetzung und Fortschreibung des Entwicklungskonzeptes für Ostwestfalen-Lippe zu beteiligen" (ebd.).

3 Analyse der Regionalisierung von Strukturpolitik

3.1 Inhalte des regionalen Entwicklungskonzepts

Ergebnisse der Befragung

Die meisten Interviewpartner sehen in dem vorliegenden Entwurf des regionalen Entwicklungskonzepts das Ergebnis einer intensiven und fruchtbaren Zusammenarbeit der beteiligten Kreise. Das Konzept sei "in seinen analytischen Teilen durchaus zutreffend". Im Hinblick auf den programmatischen Teil wird herausgestellt, daß es den Beteiligten gelungen sei, "die für Ostwestfalen-Lippe wichtigen Aspekte herauszuarbeiten". Andernorts beschränke sich die Formulierung von regionalen Zielen oft auf eine Auflistung von Wünschen ("also die Aussage, die Region brauche von allem mehr"). Das Entwicklungskonzept für Ostwestfalen-Lippe habe durch seine Konzentration auf die regionalen Stärken und Schwächen die Wünsche aller beteiligten Kräfte auf die regional strukturrelevanten Aspekte verdichtet und dadurch eine gewisse Konzentration auf das Wesentliche erreicht. Die Region habe "recht klare Aussagen in dem Entwicklungskonzept zustandegebracht" und "sich nicht hinter unverbindlichen Aussagen versteckt".

Das Datenmaterial für das Entwicklungskonzept ist zum überwiegenden Teil vom Regierungspräsidium und vom Arbeitsamt geliefert worden. Mit diesem Vorgehen zeigten sich alle Interviewpartner einverstanden.

Was die Breite der behandelten Themenbereiche des regionalen Entwicklungskonzepts anbelangt, wurde in einem Interview bemängelt, daß bislang der Bereich "soziale Infrastrukturen" noch ausgeblendet worden ist. Es sei aber vorgesehen, diese Lücke im nächsten Jahr bei einer Fortschreibung des regionalen Entwicklungskonzepts zu schließen.

In mehreren Interviews wurde betont, daß das regionale Entwicklungskonzept vor allem grobe Leitlinien und keine konkreten Einzelvorhaben enthalten solle. Es könne nicht erwartet werden, daß das Konzept allzu sehr ins Detail gehe. Dies solle auch nicht so sein. Es sei vereinbart worden, daß das regionale Entwicklungskonzept 200-Schreibmaschinenseiten möglichst nicht überschreiten soll. "Das soll ja auch noch lesbar sein". Von daher standen jeder Arbeitsgruppe max. 20 Seiten zur Verfügung. Die Arbeitsgruppen "sollen Probleme definieren und Anstöße geben, mehr nicht". "Natürlich hätte auch jede Arbeitsgruppe 200 Seiten schreiben können, aber das war ja gerade nicht das Ziel... Das Ziel war Konzentration, um Identifikation zu schaffen".

Eigene Bewertung

Das vorliegende regionale Entwicklungskonzept spiegelt die erreichten Fortschritte in der regionalen Zusammenarbeit wider. Dank der intensiven Zuarbeit ist das Konzept in seinen analytischen Teilen recht differenziert. Die Verfasser haben sich offensichtlich darum bemüht, keine "Datenfriedhöfe" anzulegen. Neben den wichtigsten Informationen der amtlichen Statistik fließen auch zahlreiche Hintergrundsinformationen der regionalen Experten in das Konzept ein, was eine Einschätzung der regionalspezifischen Stärken und Schwächen wesentlich erleichtert.

Das ostwestfälisch-lippische Regionalkonzept verzichtet bewußt auf eine Auflistung von Projektanträgen ("Wunschzettel") an die Landesregierung; es konzentriert sich vielmehr auf strukturpolitische Empfehlungen, die sich an die Akteure der Region, also nach "innen" richten.

Das regionale Entwicklungskonzept beschränkt sich naturgemäß auf Empfehlungen, auf die sich die beteiligten Akteure verständigen konnten (Konsensprinzip). Gleichwohl enthält es zahlreiche Innovationen, die nicht zuletzt dem Sachverhalt geschuldet sind, daß sich die beteiligten Akteure in den Arbeitsgruppen und im Regionalausschuß um Kompromisse bemüht haben. Dadurch wurde es möglich, den Bereich des Kompromißfähigen gegenüber den Streitpunkten recht groß zu halten. In einzelnen, bislang kontroversen Einzelfragen konnte im Zuge der Formulierung des Konzepts sogar ein "Durchbruch" erzielt und eine Kompromißformel gefunden werden (z.B. im Hinblick auf die Verkehrsinfrastruktur).

3.2   Entscheidungsstruktur und -verfahren

Ergebnisse der Befragung

Das in Ostwestfalen-Lippe gewählte Verfahren ist ein Sonderfall. Dies ergibt sich vor allem dadurch, daß die Region mit dem Regierungsbezirk deckungsgleich ist. Von daher konnte der Regierungspräsident auch eine führende Rolle einnehmen.

Das entscheidende Lenkungsgremium der regionalisierten Strukturpolitik war in Ostwestfalen-Lippe der sogenannte Regionalausschuß. Der Regionalausschuß beschloß sozusagen in zweitletzter Instanz über die Berücksichtigung (bzw. Nicht-Berücksichtigung) von Änderungsvorschlägen für das regionale Entwicklungskonzept, das endgültig im Oktober 1991 von der Regionalkonferenz und dem Bezirksplanungsrat verabschiedet wurde.

Nach welchen Kriterien der Regionalausschuß besetzt worden ist, ist den meisten Gesprächspartnern nicht explizit mitgeteilt worden. Die Gesprächspartner gaben an, über die konkreten Entscheidungswege nicht informiert worden zu sein. Bei allen Gesprächspartnern herrschte jedoch die Überzeugung vor, daß sich der Regierungspräsident bei der Festlegung seiner Vorschlagsliste von fachlichen, politischen und regionalen Kriterien leiten ließ. Ein Gesprächspartner kann sich daran erinnern, daß der Regierungspräsident vor der Bekanntgabe der Namensliste mit zwei führenden Vertretern der beiden großen Parteien am Rande der Regionalkonferenz am 19.03.90 in Paderborn Rücksprache gehalten hat, um sich politisch abzusichern. Die Entscheidung habe formal letztlich der Bezirksplanungsrat getroffen, der über die Zusammensetzung des Regionalausschusses aber dem Vorschlag des Regierungspräsidenten folgte. Das Bemühen, Fachleute in den Regionalausschuß zu berufen, sei anhand der erfolgten Besetzung unverkennbar. Gleichwohl werde "die Parteischiene eine gewisse Rolle gespielt" haben. Schließlich sei auch erkennbar, daß eine gewisse Berücksichtigung der regionalen Vertretung die Besetzung des Regionalausschusses geprägt habe. Kein Interviewpartner hat die Zusammensetzung Regionalausschusses als unausgewogen kritisiert.

Der Regionalausschuß ist während des Verfahrens erweitert worden. Als Begründung dieser Veränderung wurden absehbare Implementationsprobleme des regionalen Entwicklungskonzepts genannt. Zumindest bei jenen Maßnahmen, die in der Umsetzung auf die Zustimmung der Kommunen angewiesen seien, müsse rechtzeitig eine Beteiligung der Kommunen auch bei der Formulierung des Entwicklungskonzepts sichergestellt sein. Aus eben diesem Grunde sei die Besetzung des Regionalausschusses verändert und die Beteiligung der komunalen Ebene durch "die Hereinnahme einiger Oberkreisdirektoren" (und zweier Landräte) erweitert worden. "Dies geschah weniger aus Legitimations- als vielmehr aus Implementationsgründen, denn die Oberkreisdirektoren und Stadtdirektoren müssen das Konzept ja hinterher umsetzen".

Die inhaltliche Vorbereitung wurde von Arbeitsausschüssen geleistet, die vom Regionalausschuß eingesetzt wurden und denen jeweils zumindest ein Mitglied des Regionalausschusses vorsteht. Das Mitglied des Regionalausschusses nimmt in der jeweiligen Arbeitsgruppe zugleich die Moderatorenfunktion wahr. Die Geschäftsleitung der Arbeitsgruppen liegt i.d.R. "jeweils im Haus des Moderators". Die Zusammensetzung der Arbeitsgruppen wird ansonsten "etwas lockerer gehandhabt": "Da hat jeder ein Vorschlagsrecht". In einem Interview wurde ergänzend berichtet, daß bei der Besetzung der Arbeitsausschüsse vor allem darauf geachtet wurde, arbeitsfähige Größenordnungen zu erhalten. Der Gesprächspartner erinnert in diesem Zusammenhang an die Arbeits- bzw. Projektgruppen, die Vorschläge für das LIP/ ZIN-Verfahren formulieren sollten. "Da waren 40-50 Leute drin, die waren überhaupt nicht mehr arbeitsfähig". Die aktuellen Arbeitsgruppen, die jeweils für inhaltliche Teile des regionalen Entwicklungskonzepts verantwortlich sind, wurden daher kleiner zugeschnitten. Vielfach wurden die Mitglieder aus den Teilnehmern der früheren Projektgruppen ausgewählt: "Wir haben uns einige davon ausgesucht und die haben wir dann angesprochen". Gleichwohl seien die Arbeitsausschüsse keine "geschlossenen Gesellschaften". "Jeder, der da mit 'rein wollte, der konnte auch kommen". Der Arbeitskreis "Energie und Umwelt" habe beispielsweise aufgrund dieser Offenheit "viele kritische Mitglieder". Aber man habe sich "gleichwohl verständigt... Selbst die Vertreter der Grünen können das mittragen".

Die Arbeitsausschüsse sind gehalten, ihre Sitzungen und Arbeitsergebnisse zu protokollieren. "Die Protokolle sind nicht nur Ergebnis-Protokolle, sondern sie enthalten auch die wichtigsten Argumente". Die Protokolle wurden an die Geschäftsstelle des Regionalausschusses beim Regierungspräsidenten weitergeleitet. Damit liefen letztlich alle Fäden beim Regierungspräsidium zusammen.

Die "Legitimationsfrage" der regionalisierten Strukturpolitik ist in Ostwestfalen-Lippe erst "in einem fortgeschrittenen Stadium aufgeworfen worden", nämlich als die Arbeitskreise bereits gebildet waren und erste Vorlagen zur Diskussion gestellt wurden. Der Versuch, dem Regionalausschuß eine gewisse Legitimation durch die Benennung seiner Mitglieder durch den Bezirksplanungsrat zu vermitteln, wurde von einigen Gesprächspartnern als "unsinnig" eingestuft. Es sei doch nicht zu verkennen, daß der Regionalausschuß "formal überhaupt keine Entscheidungskompetenzen" habe. "Der Regionalausschuß ist ein Ideenlieferant". Entscheidungsgewalt habe er hingegen nicht. "So kann der Bezirksplanungsrat, wenn er will, im Rahmen seiner Zuständigkeiten alles ganz anders entscheiden und die Kommunen und Kreise können das auch".

Der kursierende Vorschlag, die demokratische Legitimation des regionalen Entwicklungskonzepts dadurch sicherzustellen, daß es von allen Kommunen und Kreisen als bindend verabschiedet wird, konnte bei den Gesprächspartnern keine Zustimmung finden. Einige hielten ein solchen Verfahren sogar für "abwegig": "Ein Durchlauf durch alle Gemeinden - das wäre das Ende des Konzepts". In einer realistischen Sicht müsse davon ausgegangen werden, daß in kleineren Gemeinden nicht kompetent über Leitlinien einer regionalen Entwicklung abgestimmt werden könne, weil die meisten dort behandelten Aspekte solche Kleingemeinden nicht oder nur marginal betreffen. Darüber hinaus müsse in Rechnung gestellt werden, daß die Gemeinden in dem laufenden Verfahren "bereits doppelt beteiligt" seien: Zum einen durch die ergangene (in zwei Runden laufende) Aufforderung zur Stellungnahme und zum anderen durch die Beteiligung in den Arbeitskreisen, im Regionalausschuß und in der Regionalkonferenz. "Eine Verabschiedung durch die Kommunalparlamente macht keinen Sinn... Was soll denn eine kleine Gemeinde aus dem Hochstift Paderborn da entscheiden können?"

Nach Wahrnehmung verschiedener Interviewpartner hat sich die Arbeitsweise des Regionalausschusses und der Arbeitsgruppen in den letzten Monaten vor der Verabschiedung des Konzepts verändert. "Am Anfang war der Regionalausschuß das gemeinsame Dach für die Formulierung von Perspektiven". Nach Einschätzung einiger Beteiligten gewann in einer zweiten Phase die Bürokratie die Oberhand; "jetzt läuft alles viel formaler ab". Es sei eine Versachlichung und eine gewisse Ernüchterung festzustellen, die vor allem daraus resultiere, daß die Widerstände und Schwierigkeiten einer Umsetzung des Programms immer deutlicher wurden. Die administrativen Aspekte gewannen an Bedeutung. "Am Anfang standen die Innovation und die Kreativität; nunmehr dominiert wieder Proporzdenken, um die Implementation abzusichern".

Die Regionalkonferenz und der Regionalausschuß haben gegen Ende des Jahres 1991 mit der Verabschiedung des regionalen Entwicklungskonzeptes ihre vordringlichen Aufgaben erfüllt. Gleichwohl plädierten mehrere Interviewpartner für einen Fortbestand, ggfls. in einer anderen Organisationsform. "Die Region braucht eine solche Klammer". "Wenn der Oberkreisdirektor nur den Beschluß des Kreistages braucht, dann greift das immer wieder zu kurz". "Wir brauchen so etwas wie den Regionalausschuß als Anmahner". Es komme auch darauf an, die regionale Kooperation in feste organisatorische Strukturen zu bekommen.

Eigene Bewertung

Die organisatorische Umsetzung der Regionalisierung entspricht den Besonderheiten der Region Ostwestfalen-Lippe. Da hier der Regierungsbezirk und die ZIN/REK-

Region im räumlichen Zuschnitt deckungsgleich sind, konnte der Regierungspräsident problemlos eine Führungsrolle übernehmen. Die starke Stellung des Regierungspräsidenten sowie die Anbindung des Regionalisierungsprozesses an den Bezirksplanungsrat haben die auch in Ostwestfalen-Lippe formulierten ordnungspolitischen Vorbehalte gegen das Verfahren weitgehend entkräften können. Die ausgewogene Zusammensetzung des Regionalausschusses und der Arbeitsgruppen haben der Regionalisierung zusätzlich "Legitimation via Sachkompetenz" vermitteln können.

3.3 Interkommunale Kooperation

Ergebnisse der Befragung

Die Interviews bestätigen einen Eindruck, der sich bereits bei einer Durchsicht des regionalen Entwicklungskonzept ergibt: Im Mittelpunkt der Regionalisierungspolitik in Ostwestfalen-Lippe steht eine Verbesserung der Zusammenarbeit von Kommunen und Kreisen. Gerade der Bedarf an interkommunaler Kooperation wird von allen Gesprächspartnern deutlich hervorgehoben. Nach Einschätzung des überwiegenden Teils der Interviewpartner entscheiden die Fortschritte in der interkommunalen Kooperation über den Erfolg des gesamten Unterfangens.

Bei der Einschätzung der Relevanz von einzelnen Maßnahmen des Entwicklungskonzepts halten die Gesprächspartner vor allem jene Vorhaben für zentral, die die interkommunale Kooperation betreffen. "Die wichtigsten Punkte sind der Umweltbereich und Verkehr... Diese Aufgaben sind auf Ebene der Kommunen und Kreise nicht mehr lösbar und zugleich liegen dort die höchsten Dringlichkeiten".

Auch im Hinblick auf die bisherigen Defizite in der regionalen Politik werden Antworten gegeben, die auf eine unzureichende kommunale Zusammenarbeit abstellen. Die Region habe "früher ihre Probleme mit der Kooperation gehabt". Die bestehenden Kooperationswiderstände einzelner Kommunen und Kreise seien zum überwiegenden Teil historisch bedingt. Ob die weitgesteckten Ziele des regionalen Entwicklungskonzepts tatsächlich umgesetzt werden können, wird deshalb von einigen Gesprächspartner vor dem Hintergrund der zurückliegenden Erfahrungen denn auch bezweifelt. Als besonders kritisch gilt das Vorhaben, eine Kooperation der Kommunen und Kreise im Bereich der Abfallwirtschaft auf die Beine zu stellen. Dies sei "derzeit das schwerwiegendste Problem der Kooperation der Kreise".

Am Beispiel der Müllproblematik wird deutlich, daß das im regionalen Entwicklungskonzept festgeschriebene Modell einer interkommunalen Kooperation in seiner Umsetzung noch durchaus zur Disposition steht. Alle Kreise versuchen derzeit zu vermeiden, Standort einer Müllverbrennungsanlage zu werden. Das Konzept einer Arbeitsteilung in der Müllentsorgung setzt aber nach allgemeiner Einschätzung voraus, daß zumindest ein Standort gefunden wird, der dann den Müll mehrerer Kreise "entsorgen" könnte. Da sich aber keiner der Kreise als Standort für eine solche gemeinschaftliche Müllverbrennungsanlage anbietet, ist zu befürchten, daß die Zusammenarbeit der Kreise in dieser Frage scheitert. Sofern aber keine kooperative Lösung gefunden wird, werden alle Kreise über kurz oder lang gezwungen, eine Müllverbrennungsanlage zu errichten, um ihrer rechtlichen Verpflichtung zur Lösung der Entsorgungsfrage zu genügen. In dieser Situation "spielen die jetzt das Schwarze-Peter-Spiel... Die Devise lautet: Einfach abwarten...". Sofern die Strategie des Abwartens anhält, werden am Ende in Ostwestfalen-Lippe mehr Müllverbrennungslagen stehen als erforderlich.

Auch die Frage, wie in Zukunft der Sonderabfall entsorgt werden soll, ist nicht einvernehmlich gelöst. Auch wenn aufgrund technologischer Innovationen möglicherweise argumentiert werden könnte, daß eine Hausmüllentsorgung auf Kreisebene machbar ist (was aber aus ökonomischer Sicht im Vergleich zur Kooperationslösung keineswegs die kostengünstigste Variante wäre), wird in den Interviews hervorgehoben, daß die Sonderabfallproblematik eine "größere, das heißt regionale Lösung" erfordert. Von daher mache der Vorschlag, wenigstens die Sonderabfallbeseitigung zum Gegenstand einer Kooperation über die Kreisgrenzen hinweg zu machen und entsprechende arbeitsteilige Strukturen aufzubauen, durchaus Sinn. Aber auch die Umsetzung in dieser Frage sei noch gefährdet, weil jeder der Beteiligten seine eigenen Interessen im Auge habe.

Nur vor dem Hintergrund solcher Sorgen wird nachvollziehbar, warum im Zuge der Regionalisierungspolitik die Einbindung der Kommunen und Kreise verstärkt wurde. Der Regionalausschuß sei um einige Oberkreisdirektoren erweitert worden, um die relevanten Entscheidungsträger auf das Entwicklungskonzept verpflichten zu können. Trotz dieser antizipativen Einbindung erreiche die Regionalisierungspolitik in OWL nun "die kritische Phase der Umsetzung". Die zentrale Frage sei, ob die vorgesehene Verbundlösung (oder mehrere Verbundlösungen) durchgesetzt werden können. Diese Entscheidung liege bei den Kommunen und Kreisen. "Natürlich werden die Gemeinden alles sehr genau prüfen... Aber die Verbünde müssen unbedingt kommen...".

Eigene Bewertung

Die intensiven Diskussionen über das regionale Entwicklungskonzept haben zumindest den Akteuren, die sich an der Formulierung des Konzepts beteiligt haben, deutlich werden lassen, daß in zahlreichen Politikbereichen, die in der kommunalen Alleinzuständigkeit liegen, erhebliche Kosteneinsparungen oder Qualitätsverbesserungen realisierbar wären, wenn sich die Kommunen zu einer Zusammenarbeit entschließen könnten (z.B. in den Bereichen Öffentlicher Nahverkehr, Kultur, Entsorgung, Marketing). Allerdings ist bei den Regionalkonferenzen auch deutlich geworden, daß viele kommunale Politiker und Verwaltungskräfte den horizontalen Kooperationsbedarf zwischen den Kommunen noch nicht recht nachvollziehen und Vorbehalte gegenüber einer interkommunalen Kooperation äußern. Hier zeichnet sich in der Umsetzung der OWL-Verbund-GmbH ein inter-kommunales Führungsproblem ab.

3.4 Integration von Fachpolitiken auf regionaler Ebene

Ergebnisse der Befragung

Im Hinblick auf die fachliche Integration wird von verschiedenen Gesprächspartnern bemängelt, daß die abteilungsübergreifende Kooperation vor allem auf der kommunalen Ebene vielfach defizitär geblieben sei. "Die Einbindung der diversen Abteilungen hätte auch auf der kommunalen Ebene erfolgen müssen. Das ist aber in den seltensten Fällen passiert". Dafür sei aber die Integration von Fachpolitiken im Regionalausschuß und in den Arbeitsausschüssen recht weit gediehen.

Eigene Bewertung

In dem Entwicklungskonzept sind für die regionale Ebene Anknüpfungspunkte für eine "ganzheitliche" Politik formuliert worden, die Wirtschafts-, Umwelt-, Arbeitsmarkt- und Technologiepolitik und andere Politikfelder zusammenführt. Sofern sich die Leitlinien des Entwicklungskonzepts auch in der Umsetzung durchhalten ließen, ergäben sich zahlreiche Anlässe, die eingefahrenen Beschränkungen sektoral fragmentierter Politik zu überwinden.

3.5 Gesellschaftliche Kooperation

Ergebnisse der Befragung

Ein wichtiges Charakteristikum der ostwestfälisch-lippischen Umsetzung der Landes-vorgaben liege "in der Breite der Repräsentanz". "In Ostwestfalen-Lippe haben wir seit Beginn dieser Politik eine breite Zusammensetzung der Regionalkonferenz". Dadurch unterscheide sich die ostwestfälisch-lippische Vorgehensweise von den Initiativen anderer Regionen. Im Rückblick erweise es sich als richtig, die regionalisierte Struktur-politik mit einer möglichst "breiten Repräsentanz" aufzubauen. Dies habe "einen Stim-mungswechsel" ausgelöst, der erst durch "die Arbeit am regionalen Entwicklungskonzept einsetzte". Die regionalisierte Strukturpolitik hat "hier eine relativ breite Basis, ... alle sind dabei,... die Kreise, Gemeinden, Städte, die politisch Verantwortlichen in den Parteien, die Verwaltung, die Hochschulen... Die regionalisierte Strukturpolitik hat neue Berührungen geschaffen... Jetzt redet der aus Herford mit dem aus Höxter".

Allerdings bezieht sich die gesellschaftliche Beteiligung vornehmlich auf die etablier-ten organisierten Interessen. Neben den politischen Parteien und den Kommunen und Kreisen sind vor allem die Industrie- und Handelskammern, die Gewerkschaften und die Hochschulen in dem Regionalausschuß und in den Arbeitsausschüssen vertreten, die für sie jeweils von besonderer Relevanz sind. Daneben sind aber auch einige (wenige) fachlich ausgewiesene Einzelpersonen in den Arbeitsausschüssen vertreten, die auf-grund ihrer ehrenamtlichen Mitarbeit in gesellschaftlichen Organisationen (beispiels-weise in einem Kunstverein) Profil und Bekanntheit gewonnen haben.

Eigene Bewertung

Werden im Hinblick auf die Einbindung gesellschaftlicher Interessen und Interessen-organisationen inklusive und exklusive Strategien der Regionalisierung unterschieden, dann gehört Ostwestfalen-Lippe gewiß zu jenen Regionen, die eine "breite Repräsen-tanz", also eine inklusive Strategie, gewählt haben. Im Zeitablauf ist der Kreis der einbezogenen Gruppen und Interessenverbände ständig erweitert worden. Allerdings ist im Hinblick auf die Beteiligung von "Sozialinteressen" (z.B. Wohlfahrtsverbände, Gleichstellungsbeauftragte) festzuhalten, daß diese "Öffnung" auch in Zusammenhang mit den Vorgaben der Landesregierung stand, die eine Beteiligung dieser Interessenträ-ger ausdrücklich wünschte.

3.6 Vertikale Kooperation

Ergebnisse der Befragung

In praktisch allen Interviews wurde die zentrale Rolle des Regierungspräsidenten herausgestellt. Der Regierungspräsident sei "eine Art Gallionsfigur" in dem angelaufenen Prozeß der Regionalisierung in OWL geworden. Der Regierungspräsident sei ein "Glücksfall" für diesen Politikansatz gewesen. Nur vereinzelt wurde die dominierende Rolle des Regierungspräsidenten problematisiert. Im Hinblick auf seine Rolle wurde mehrfach herausgestellt, daß es ihm gelungen sei, allen relevanten Kräften der Region zu vermitteln, wie "wichtig vor allem die Identifikation mit der Region" sei. "Wohl ausgehend von der Feststellung, daß die Region keine positiv besetzte Vorstellungswelt vorweisen konnte", habe der Regierungspräsident die Initiative ergriffen und den Prozeß der Regionalisierung eingeleitet. "OWL ist schließlich eine Kunstregion, die keine gemeinsame Geschichte und keine gemeinsame Tradition hat". Der Regierungspräsident habe in dieser Frage "identitätsstiftend" gewirkt. Der Regierungspräsident sah in der Erarbeitung eines regionalen Entwicklungskonzepts die "Chance, daß sich die Region selbst darstellen kann".

Die Führungsrolle des Regierungspräsidenten ging allerdings noch wesentlich weiter. Der erste Entwurf des regionalen Entwicklungskonzepts wurde von Mitarbeitern des Regierungspräsidiums verfaßt und den Mitgliedern des Regionalausschusses und der Arbeitsausschüsse zur Diskussion und Überarbeitung vorgelegt. "Das war doch auch sinnvoll so, denn irgendeiner mußte das doch einmal aufschreiben... Es war sinnvoll, daß das einer aus der Verwaltung zusammengeschrieben hat". Der Entwurf sei dann vom Regionalausschuß und den einzelnen Arbeitsgruppen intensiv diskutiert und an einigen Stellen "gravierend verändert" worden. Das Regierungspräsidium habe mit der Vorlage eines ersten Entwurfs "nur seine Aufgabe als Bündelungsbehörde erfüllt".

Die Vorgehensweise der Landesregierung im Vorfeld der Regionalisierung wurde von verschiedenen Interviewpartner kritisiert. So haben die Handlungsempfehlungen der Landesregierung zur Erstellung der regionalen Entwicklungskonzepte und zur Durchführung der Regionalkonferenzen "den Prozeß hier in Ostwestfalen-Lippe eher gestört"; dies vor allem deshalb, weil sie erst auf den Tisch kamen, als die Arbeit an dem regionalen Entwicklungskonzept in Ostwestfalen schon recht weit gediehen waren.

Einige Gesprächspartner haben betont, wie wichtig es sei, daß in den Plenumsveranstaltungen auch die Landtagsabgeordneten vertreten seien, denn diese sollen die Arbeitsergebnisse in "Düsseldorf vertreten".

Die Antworten auf die Frage, wie denn die Landesregierung mit dem regionalen Entwicklungskonzept umgehen solle, machen deutlich, daß fast allen Interviewpartnern dieses Organisationsproblem klar vor Augen steht. So hat ein Gesprächspartner dargelegt, es sei aus Landesperspektive das Ziel anzustreben, "die horizontale Arbeitsteilung" (= Arbeitsteilung zwischen den Ministerien) mit der "vertikalen Arbeitsteilung" (= Arbeitsteilung zwischen dem Land und den Regionen) sinnvoll zu verknüpfen. Aber nur die wenigsten Gesprächspartner konnten konkrete Vorschläge zur Lösung dieses Problems machen. Unstrittig ist, daß der "Landesregierung zu der Zeit, als sie die regionalen Entwicklungskonzepte einforderte, offensichtlich klar war, daß Bündelungsbedarf besteht". "Die wollten die Ideenskizze doch haben". Zwar sei in dem regionalen Entwicklungskonzept von OWL vergleichsweise "wenig auf die Förderprogramme des Landes geschielt" worden, gewisse Reaktionen würden aber von der Region gleichwohl erwartet. "Was bei der Landesregierung damit passiert, ist bislang offen... Aber das Konzept einfach in der Schublade verschwinden zu lassen, das wird wohl nicht gehen". Mehrfach wurde dabei die Meinung vertreten, daß sich "die Regionalisierungspolitik auch haushaltsmittelmäßig niederschlagen" müsse.

Eigene Bewertung

Die Intensität der (konzeptionellen) Abstimmung zwischen dem Regierungspräsidium und den Kreisen und Kommunen hat sich durch die Regionalisierungspolitik auf jeden Fall verbessert. Es drängt sich sogar der Eindruck auf, daß das Regierungspräsidium den beteiligten Führungskräften aus den Kommunen und Kreisen mit der Regionalisierungspolitik seine "regionale Sicht der Dinge" vermitteln und dadurch die (längst überfällige) Bereitschaft zur interkommunalen Kooperation erhöhen konnte - zumindest bei jenen Personen, die an der Formulierung des mittelfristigen Entwicklungskonzepts für Ostwestfalen-Lippe beteiligt waren.

Ob und inwieweit sich durch das vorliegende Entwicklungskonzept die Kooperation zwischen der Region Ostwestfalen-Lippe und dem Land verbessern wird, ist zum gegenwärtigen Zeitpunkt noch nicht absehbar. Diese Frage wird in erster Linie durch das Verhalten der Landesregierung beantwortet werden. Sofern sie den Anregungen folgt, die in dem Entwicklungskonzept festgeschrieben wurden, und sofern sie die Region bei der Umsetzung des Konzepts unterstützt, dürfte damit ein großer Fortschritt in der vertikalen Kooperation erreicht werden.

Allerdings wäre eine Unterstützung der Landesregierung gerade im Fall von Ostwestfalen-Lippe zwar sicherlich hilfreich, aber letztlich nicht erfolgsentscheidend. Das Konzept wendet sich in erster Linie an die Region und nicht an die Landesregierung. Von daher wird auch in der weiteren Praxis in der Region darüber entschieden, ob mit dem Konzept eine Qualitätssteigerung der Strukturpolitik erreicht werden kann.

3.7 Integration von Fachpolitiken auf Landesebene

Ergebnisse der Befragung

In mehreren Interviews wurde die Forderung der Region nach einer Verbesserung der interministeriellen Koordination unterstrichen. Mehrfach wurde in diesem Zusammenhang die bisherige Praxis kritisiert. Geboten sei eine Selbstbindung der Landesregierung, die verhindere, daß jene Ansätze integrierter Politik, die aus den Regionen kommen, von der Ministerialbürokratie wieder unterlaufen werden. "Aber ich befürchte, daß sich dort nichts bewegt".

Die Interviewpartner vertraten überwiegend die Meinung, daß die "fachliche Integration", also die Zusammenführung verschiedener Politikfelder, zunächst "in den Regionen geleistet werden sollte". Der Landesregierung komme dann aber die Aufgabe zu, die regionalen Entwicklungskonzepte auch aufzugreifen und in die Landespolitik zu übersetzen.

Ausgehend von dieser Erwartungshaltung wurde mehrfach kritisiert, daß die regionalisierte Strukturpolitik allein dem Wirtschaftsministerium zugeordnet wurde. Dies sei ein Schritt in die falsche Richtung. "Die Adresse des Entwicklungskonzepts kann nicht allein das Wirtschaftsministerium sein". Ein Gesprächspartner meinte, eher wäre "die Staatskanzlei" die richtige Adresse, weil diese "die Ressorts zu koordinieren" habe. Alle Gesprächspartner halten es für sehr wichtig, daß die regionalen Entwicklungskonzepte auf der Landesebene Beachtung finden: "Das muß Auswirkungen auf die Prioritätensetzung des Landes haben!"

Ein Gesprächspartner hatte dabei recht konkrete Vorstellungen: Jedes Ministerium habe einen gewissen Aufgabenbestand und ein gewisses Finanzvolumen zu verwalten. Jeder Haushalt eines Ministeriums lasse sich dabei im Prinzip zweiteilen. Der erste und sicherlich überwiegende Teil sei festgelegt für bestimmte Aufgaben bzw. Ausgabepositionen (z.B. Personalstellen). Der zweite Teil aber sei disponibel und werde für neue Aufgabenfelder, neue Projekte und die Reorganisation vorhandener Infrastrukturen vorgesehen. Im Hinblick auf diesen disponiblen Teil der einzelnen Haushalte aller Ministerien müßte nun geprüft werden, wie die regionalen Entwicklungskonzepte in der Prioritätensetzung berücksichtigt werden können.

In einem anderen Interview wurde der Vorschlag geäußert, in der weiteren Umsetzung der regionalen Entwicklungskonzepte das Parlament einzuschalten und über diesen Weg die gebotene Selbstbindung der Landesregierung und der Ministerialverwaltung zu gewährleisten. Andere halten diesen Weg für nicht gangbar. Es sei zumindest nicht vorstellbar, daß sich die Parlamentarier mit allen Entwicklungskonzepten befassen, um diese dann mehr oder minder weitgehend zu befürworten oder auf eine Umsetzung in den einzelnen Ressorts zu drängen. Vorstellbar aber sei, daß die Landesregierung die verschiedenen Entwicklungskonzepte der Regionen auswertet und zu einem "Gesamtentwurf verdichtet", der dann vom Parlament verabschiedet wird. Sofern jedoch das Parlament ohne eine Zusammenführung und Verdichtung der vielen Entwicklungskonzepte eingeschaltet werden würde, sei zu befürchten, daß "das alte Spiel der einzelnen Abgeordneten auflebt, spezifische Einzelinteressen durchzusetzen".

Eigene Bewertung

Offen bleiben muß hier die Frage, ob mit der Vorlage eines regionalen Entwicklungskonzeptes für Ostwestfalen-Lippe die Integration von Fachpolitik auf Landesebene, soweit sie Ostwestfalen-Lippe betrifft, erreicht werden kann. Dies wird davon abhängen, wie das Konzept auf Landesebene "verwertet" und bei den Entscheidungen über strukturrelevante Fragen berücksichtigt wird. Die Region hat zumindest einen ersten Beitrag für eine Abstimmung zwischen den Ministerien geleistet.

4 Zusammenfassende Auswertung

Ergebnisse der Befragung

Der überwiegende Teil der Gesprächspartner zeigte sich mit dem Verlauf der regionalisierten Strukturpolitik in OWL zufrieden. Die Fortschritte in der regionalen Zusammenarbeit, die sich über die Regionalkonferenzen, den Regionalausschuß und die

Arbeitsgruppen ergeben haben, werden als beachtlich eingestuft. Das Klima der Zusammenarbeit habe sich deutlich verbessert. "Die Region hat den Beweis erbracht, daß sie handlungsfähig ist". Der Regionalausschuß habe eine größere Affinität ergeben" bzw. "ein regionales Bewußtsein vermittelt". Das "regionale Element war auf einmal verbindend" und "lokale Begrenzungen konnten überwunden werden". Zwar sei nicht zu verkennen, daß zahlreiche spezifische Fragen", die im Regionalausschuß behandelt wurden, "von dem Regierungspräsidenten in die Runde gebracht wurden", die Bereitschaft zur regionalen Sicht der Dinge sei aber deutlich gestiegen. Ungeachtet der offenen Zukunft der Regionalisierungspolitik sei nach den bisherigen Erfahrungen "eine starke Veränderung des Atmosphärischen" festzustellen. Auch "in kontroversen Bereichen" sei die Zusammenarbeit erfreulich konstruktiv verlaufen.

Alle Gesprächspartner gaben an, daß die Anfangsphase der regionalisierten Strukturpolitik in OWL "durch die Projekte, die das Land fördern sollte, motiviert war". "Ohne die Initiative des Landes wären wir nicht so weit". Entscheidend für den Aufbruch der Region sei "die schnelle Einsicht" gewesen, daß "nur über Kooperation an die Landesgelder zu kommen ist". Die Regionalisierung habe dann aber eine Eigendynamik entwickelt. Es habe nur kurze Zeit gedauert, bis in den Arbeitsausschüssen "die eigenen Kräfte im Mittelpunkt der Diskussion standen". Allen Beteiligten sei recht schnell klar geworden, daß selbst bei einer Unterstützung von außen die innere regionale Handlungsfähigkeit den Ausschlag für die regionale Entwicklung geben. Da nun mittlerweile ohnehin keine üppige Unterstützung durch die Landesregierung in Form von Projektbewilligungen zu erwarten sei, habe sich die Arbeit auf die Binnenkoordination der Region konzentriert; "es gibt hier vergleichsweise wenig Interessendruck nach außen". "Die Akteure merken nun, daß es zahlreiche Aufgaben gibt, die nur gemeinsam zu lösen sind". Die Regionalisierungspolitik habe in OWL "bei der Umfeldberücksichtigung erhebliche Fortschritte gemacht"; "man sieht jetzt mehr die regionalen Zusammenhänge". Bereits der "Stärken-Schwächen-Ausschuß" sei zu dem Ergebnis gekommen, daß "wir aus unserer Schwäche (keine regionale Handlungsebene, Anm. des Protokollanten) eine Stärke machen müssen, indem wir neue Formen der Zusammenarbeit finden... Wir brauchen neue Strukturen, wir brauchen neue Institutionen". "Die Komplexität der politischen Entscheidungsprozesse" erfordere "eine Bündelung auf der regionalen Ebene...".

Die Interviewpartner betonen die positiven Effekte einer "Verschiebung des Bewußtseins", die durch die Regionalisierungspolitik bewirkt worden seien. "Das Denken verändert sich". Die regionale Dimension sei "gegenüber dem Kirchturmdenken aufgewertet" worden. Wichtig sei dabei vor allem, daß "sich auch das Bewußtsein der Beschlußbürger" (=Kommunalpolitiker und Kommunalverwaltung) in diesem Sinne verändert habe. "Die Regionalisierungspolitik war dabei ein ganz wichtiger Punkt, sie hatte die Anstoßfunktion".

Aufgrund der erreichten Eigendynamik wird der These, daß die regionalisierte Strukturpolitik zum Scheitern verurteilt sei, wenn die regionale Kooperation nicht mit finanziellen Zuwendungen honoriert werde, von dem überwiegenden Teil der Gesprächspartner widersprochen: "Die These 'Ohne Moos nichts los' trifft für Ostwestfalen-Lippe nicht zu... Wir setzen auf die endogenen Kräfte". Damit wird von der Mehrheit der Gesprächspartner ein Effekt der Regionalisierung herausgestellt, der sich auf die Handlungsfähigkeit der Region bezieht und der auch erhalten bliebe, wenn das Land das Entwicklungskonzept "in der Schublade verschwinden" ließe.

Die Begründung für die grundsätzlich positive Gesamteinschätzung wird jedoch in anderen Interviews anders gewichtet. Diese Gesprächspartner begründen ihre Einschätzung zwar auch mit der Verbesserung der regionalen Dialog- und Kooperationsbereitschaft "nach innen", bezogen aber diesen Fortschritt vor allem auf die Außenwirkung der Region: "Die Koordinierung der Politik durch die Region nach oben ist dabei der wichtigste Effekt". Die mögliche Integration verschiedener Politikfelder entscheide über die Vorzüge der Regionalisierungspolitik. Von daher sei entscheidend, ob und inwieweit die auf regionaler Ebene erreichte Politikintegration auf Landesebene durchschlage und dort zu einer "Konzentration der Kräfte" beitrage. "Deshalb sollte die Landesregierung die regionalen Entwicklungskonzepte aufgreifen; gegebenenfalls auch mit einer parlamentarischen Absicherung".

Eigene Bewertung

Die Situation in Ostwestfalen-Lippe stellt sich heute anders dar als noch vor zwei bis drei Jahren. Das in früheren Untersuchungen (vgl. Klönne/ Borowczak/ Voelzkow 1991) konstatierte Defizit an Kooperation der regionalen Akteure ist mittlerweile teilweise behoben. Diese positive Einschätzung bezieht sich weniger auf die Projekte, die seither auch in dieser Region auf den Weg gebracht worden sind (beispielsweise im Bereich des Technologietransfers und der Innovationsberatung der "Technologiepark am Südring" in Paderborn, das "Centrum für Technologie und innovative Dienstleistungen" in Bielefeld oder das bereits im Aufbau befindliche "Zentrum Technologietransfer Biomedizin" in Bad Oeynhausen). Die Zusammenarbeit der verschiedenen Institutionen, von der kommunalen Wirtschaftsförderung, den Kammern und Gewerkschaften bis hin zu den Hochschulen hat sich zwar auch bei der Umsetzung dieser Projekte verbessert, dies darf aber nicht darüber hinwegtäuschen, daß in der Umsetzung bei einigen Projekten noch Probleme bestehen. Die positive Einschätzung gründet sich vielmehr auf den Prozeß der Erstellung eines regionalen Entwicklungskonzepts. Ostwestfalen-Lippe hat hier eine gewisse Handlungsfähigkeit zumindest im konzeptionellen Bereich gezeigt. Es bleibt abzuwarten, ob und inwieweit sich die Zusammenarbeit der regionalen Akteure auch in der Umsetzung bewährt.

Zwar ist mit der Vereinbarung der Gebietskörperschaften über die Bildung einer kommunalen Arbeitsgemeinschaft zur Vorbereitung eines Ostwestfalen-Lippe-Verbundes in Form einer Gesellschaft mit beschränkter Haftung ein erster und sicherlich wichtiger Schritt der Umsetzung des regionalen Entwicklungskonzeptes vollzogen worden. Ostwestfalen-Lippe hat damit eine neue organisatorische Struktur gefunden. Ob und inwieweit es der Arbeitsgemeinschaft jedoch gelingen wird, die anvisierte OWL-Verbund-GmbH tatsächlich zu gründen und mit den vorgesehenen Aufgaben zu betrauen, ist zum gegenwärtigen Zeitpunkt noch offen. Das gewählte Prozedere macht aber zumindest deutlich, wo ein folgenreicher Engpaß der Regionalisierungspolitik liegt: Der Dreh- und Angelpunkt einer regionalisierten Strukturpolitik, deren Maßnahmen in den sachlichen Zuständigkeitsbereich der Gebietskörperschaften hineinreichen, ist auf die Bereitschaft der Gebietskörperschaften angewiesen, sich "freiwillig" auf eine regionale Einbindung einzulassen.

III. Synopsen

Inhalte der Regionalen Entwicklungskonzepte

Josef Hilbert und Wolfgang Potratz

Der nachfolgende Abschnitt gibt einen Überblick über die in den untersuchten Regionen vorliegenden Entwicklungskonzepte[2]. Dabei geht es ganz bewußt nicht um eine "Evaluierung" der Inhalte; im Vordergrund steht vielmehr eine deskriptive Darstellung der thematischen Akzente, die in den Entwicklungskonzepten gesetzt werden. Darauf aufbauend werden erste vorläufige Schlussfolgerungen über den Stellenwert der Konzepte im Prozeß der Regionalisierungspolitik gezogen.

1 Leitbilder und Entstehungszusammenhänge

Nach den Vorstellungen der Landesregierung sollen in der weiteren Regionalisierung der Strukturpolitik regionale Entwicklungskonzepte als "Plattform für Zukunftsdiskussionen" eine Schlüsselstellung einnehmen. In deren Rahmen wiederum sollen "Leitbilder" Richtung und Perspektiven künftiger Entwicklungen beschreiben. Als Bezugspunkt für die Mittelvergabe im Kontext des "Handlungsrahmens für die Kohlegebiete"

---

2) Hier einbezogen sind folgende Konzepte bzw. Entwürfe:
Leitlinien für die Aufstellung eines regionalen Entwicklungskonzepts für die Region Dortmund/Kreis Unna/Hamm, März 1992; Das Bergische Städtedreieck Wuppertal-Solingen-Remscheid. Werkstattregion Europas im Grünen. Entwurf. November 1991; Mittelfristiges Entwicklungskonzept für Ostwestfalen-Lippe. Entwurf. November 1990; Entwicklungskonzepts für den Kreis Wesel, März 1991; Emscher-Lippe-Entwicklungsprogramm - Fortschreibung, November 1991.

vom November 1991 ist ihre Bedeutung nochmals unterstrichen worden. Da Leitbilder in der Regel einen längeren Diskussionsprozeß voraussetzen, werden im folgenden die Leitbilder im Kontext des Entstehungszusammenhangs der Entwicklungskonzepte skizziert.

Erarbeitungsverfahren, Leitbilder und natürlich auch der (regional-)politische Stellenwert der einzelnen Konzepte sind eng mit der jeweiligen Entstehungsgeschichte der Konzepte verknüpft. Ein Vergleich der Konzepte untereinander nach einem einheitlichen Raster ist damit im Grunde kaum möglich. Die Region Emscher-Lippe und die Teilregionen Duisburg und Wesel (aus der heutigen ZIN-Region Niederrhein) waren beispielsweise bereits in die ZIM einbezogen und haben von daher einen gewissen Vorsprung in Hinblick auf die konsensuelle Erarbeitung von Regionalkonzepten, während die anderen Regionen erst mit der ZIN in diese Strategien einbezogen wurden. Im Fall der Region Emscher-Lippe reicht die Vorgeschichte noch über ZIM hinaus bis in die Mitte der 80er Jahre, als die - erfolgreiche und als effizient angesehene - kooperative Lösung raumordnerischer Probleme auch eine Überwindung der Blockaden im strukturpolitischen Bereich versprach. Die administrative Organisationsstruktur, das pragmatische Grundverständnis und die Abwehr jeder "Politisierung" der Regionalkonferenz erklären sich aus dieser Vorgeschichte heraus. Dem "pragmatischen Grundkonsens" hätte es jedoch widersprochen, "Leitbilder" zu formulieren, die eine politische Ortsbestimmung zur Voraussetzung haben. Folglich ist das Konzept vor allem durch die Benennung und Ausarbeitung von konkreten Vorhaben geprägt.

In Duisburg beginnt die Vorgeschichte der Regionalisierung mit der Zukunftsinitiative Montanregionen, die für die Stadt und jetzige Teilregion Duisburg auch recht erfolgreich verlaufen war. Der Kreis Wesel hatte eine eigene ZIM-Region gebildet, der Kreis Kleve war nicht einbezogen gewesen. Aufgrund ihrer unterschiedlichen räumlichen und wirtschaftlichen Strukturen sind gewachsene Gemeinsamkeiten zwischen den Teilregionen nur schwach ausgeprägt; die einzige organisatorisch-administrative Klammer für diese Teilregionen wird durch die IHK Duisburg-Niederhein repräsentiert. Vor diesem Hintergrund ist die Entscheidung plausibel und nachvollziehbar, zunächst Teilkonzepte zu erstellen, aus denen dann ein umfassendes regionales Konzept zu entwikkeln wäre. Bis heute (Juni 1992) sind allerdings erst Teilkonzepte für die Teilregionen Wesel und Kleve vorgestellt wurden (wovon nur das Teilkonzept Wesel veröffentlicht vorliegt); die Fortschreibung des Konzepts "Duisburg 2000" steht ebenfalls noch aus. Der Charakter des noch vorzulegenden umfassenden Regionalen Entwicklungskonzepts und sein Zusammenhang mit den Teilkonzepten kann derzeit noch nicht einge- schätzt werden. Die Vorlage ist für November 1992 geplant. Leitbilder sind in dem bislang vorliegenden Teilkonzept nicht formuliert.

In gewisser Weise ähnlich stellt sich das Problem der Fusion von Teilkonzepten in der Region Dortmund/Unna/Hamm dar. Alle Teilregionen waren auch bereits in die ZIM einbezogen gewesen, aber bereits damals hatte es Probleme in der Kooperation zwi- schen dem Kreis Unna und dem dominierenden Oberzentrum Dortmund gegeben. Hamm hatte seinerzeit mit Ahlen und Beckum eine ZIM-Region gebildet, jedoch kam es hier nur zu einem additiven Konzept (bzw. Projektlisten). Die derzeit vorliegenden "Leitlinien für die Aufstellung eines regionalen Entwicklungskonzepts" lassen eine Pro- blemlösung durch ein umfassenderes Leitbild noch nicht erkennen.

Die Region Ostwestfalen-Lippe gehörte zu den Regionen, die politisch auf eine landesweite Ausdehnung der ZIM gedrängt hatten. Hier wurde die Erarbeitung eines Regionalen Entwicklungskonzepts als Chance begriffen, die gesamte Region als solche zu profilieren und handlungsfähig zu machen. Dies drückt sich in den strategischen Leitlinien oder "Handlungsmaximen" aus, die jedem Handlungsfeld des Konzepts voran- gestellt werden und die die Richtung erkennen lassen, in der Lösungen angestrebt wer- den.

Eine ausgeprägte Leitbilddiskussion wird im Konzept der Bergischen Städte geführt. Zwar können die in diesem Dreieck zusammengefaßten Städte durchaus auf Erfah- rungen in regionaler Kooperation verweisen, aber ohne daß dadurch so etwas wie eine regionale Identität oder Regionalbewußtsein entstanden wäre. Deshalb hatten sich die Räte bereits vor der regierungsamtlichen Aufforderung darüber verständigt, ein regio- nales Entwicklungskonzept zu erarbeiten, in dem ein Leitbild statt eines präzisen Hand- lungsprogramms eine Orientierung für das Planen und Entscheiden möglichst vieler regionaler Akteure geben sollte. Mit dem Konzept sollte eben nicht im einzelnen festge- legt werden, was, wann, wo und von wem gemacht werden soll, sondern das Leitbild sollte, aufgeschlüsselt in mehrere "Leitgedanken", quasi "en passant" verwirklicht wer- den, indem es bei der Entwicklung konkreter Projekte mit bedacht wird. Dieser Philo- sophie folgend sind in dem Konzept auch keine konkreten Projekte formuliert; statt dessen werden, unter einer umfangreichen wissenschaftlichen Zuarbeit, die Konturen einzelner Handlungsfelder entwickelt.

Es ist offensichtlich, daß "Leitbilder" in den wenigsten Konzepten eine Rolle spielen. Die integrierende Funktion, die ein Leitbild ausüben kann, ist in der Mehrzahl der untersuchten Regionen offenbar ein noch ausstehendes Produkt des Kooperationsprozesses. Wie die Regionsberichte im einzelnen aufgezeigt haben, war die Entwicklung der Konzepte und ist das Verständnis von regionaler Kooperation pragmatisch bestimmt, was in den meisten Fällen eine Ausklammerung "politischer" Aussagen bedingt.

2 Die Regionalen Entwicklungskonzepte: Profile

Die folgende Skizze der "Profile" der Entwicklungskonzepte folgt dem Raster der Handlungsempfehlungen, um so einen formal-deskriptiven Vergleich zu ermöglichen.

Ebenso wie in der Formulierung von Leitbildern folgt die Anlage der einzelnen REK den Handlungsempfehlungen nur bedingt. Formal ist der Aufbau der REK sehr ähnlich. Einem Analyseteil folgt das eigentliche Konzept in Form eines Projekt- oder Perspektivteils, der sich in Handlungsfelder gliedert. Zwar werden alle dort angesprochenen Themen behandelt, aber in verschiedener Kombination, in verschiedenen Kontexten und unter Zugrundelegung unterschiedlicher Begriffsbestimmungen, im Analyseteil wie im eigentlichen Konzeptteil. Unter "Infrastruktur" beispielsweise fassen die Handlungsempfehlungen Verkehrsinfrastruktur, öffentliche Güter und Einrichtungen sowie die soziale Infrastruktur. Im REK beispielsweise der Bergischen Großstädte taucht diese Kategorie überhaupt nicht auf, sondern zieht sich der Sache nach durch alle dort genannten "Schwerpunkte" hindurch. Im REK Emscher-Lippe verteilen sich die entsprechenden Inhalte auf fünf "Aktionsfelder". Je nach Anlage der Analyse also ergeben sich auch für Leitbilder, Leitprojekte, Maßnahmen etc. andere Kontexte, durch die die individuellen Akzente deutlich werden, die mit den Konzepten gesetzt werden.

Der in den Handlungsempfehlungen vorgegebene Datenkranz wird zwar überall abgearbeitet, aber die analytische Tiefe ist sehr unterschiedlich. Außerordentlich umfangreich und detailliert ist beispielsweise das von einem Beratungsunternehmen erarbeitete Konzept für den Kreis Wesel, während sich die von den Bergischen Städten in Auftrag gegebenen Gutachten im Text des Konzepts kaum widerspiegeln und dort nur die wichtigsten Eckdaten wiedergegeben werden. Die Regionen Emscher-Lippe und Ostwestfalen-Lippe zeigen in ihrer Analyse die Entwicklungen wie die Entwicklungsbedingungen der letzten Jahre auf. Der vorläufige Entwurf der Region Dortmund/-Unna/Hamm zeichnet zunächst nur eine grobe Skizze der jeweiligen Ausgangslage.

Die Handlungsfelder werden im Handlungskonzept Emscher-Lippe aufgeschlüsselt in Leitprojekte, denen regional bedeutsame, bereits weitgehend konkretisierte Projekte zugeordnet werden; im Konzept von Ostwestfalen-Lippe werden unter den jeweiligen Leitlinien allgemeine Vorhaben benannt, die vorläufig noch mehr Konzeptcharakter haben als daß sie bereits abgrenzbare Projekte darstellten. Die Bergischen Städte benennen in ähnlicher Weise Vorhaben, die Konzeption und Zielrichtung erkennen lassen, aber ansonsten noch offen formuliert sind; ähnlich verfährt der vorläufige Entwurf aus Dortmund/Unna/Hamm. Das vorliegende Teilkonzept für den Kreis Wesel begnügt sich im wesentlichen mit der Nennung von Projektthemen, ohne sie weiter auszuführen.

2.1   Innovation und Technologie

Im allgemeinen charakterisieren die Regionen ihren technologischen Entwicklungsstand als gut. Nachdem zunächst die technologischen Stärken aufgezeigt werden, setzen sie sich, unterschiedlich ausführlich, mit den Defiziten auseinander (Ostwestfalen-Lippe: "wenn überhaupt von technologischen Defiziten Ostwestfalen-Lippes die Rede sein kann, dann nur in Zusammenhang mit dem zu geringen Besatz an Branchen, deren Produkte überwiegend dem High-Tech-Bereich zuzuordnen sind"), wobei unterschiedliche und offenbar recht subjektive Bewertungsgrundlagen zugrunde gelegt werden. Ein Beispiel ist die unterschiedliche Bewertung der Ausstattung mit und des Zugangs zu wissenschaftlichen Einrichtungen: Wird in den Regionen Wesel und Ostwestfalen-Lippe die räumliche Nähe zu Universitäten (Duisburg bzw. Bielefeld und Paderborn) und Fachhochschulen als regional nutzbares Technologie-, Forschungs- und Entwicklungspotential gewertet, glaubt man in der Emscher-Lippe-Region von den umliegenden Hochschulen der Hellwegzone noch nicht hinreichend profitiert zu haben. Das Zugangsproblem wird auch in Dortmund/ Unna/Hamm aufgegriffen: die F+E-Infrastruktur ist zwar breit ausgebaut, als problematisch wird aber die einseitige Nutzung durch große Unternehmen empfunden, während kleine und mittlere Unternehmen oft immer noch uninformiert sind und sich schwertun, strukturelle Zugangsbarrieren zu überwinden.

Unabhängig von der tatsächlichen Ausstattung haben alle Regionen in diesem Bereich dennoch die gleichen Forderungen:

* Ansiedlung und Ausbau von außeruniversitären und privaten Forschungseinrichtungen, denn gerade diese Einrichtungen seien der anwendungsorientierten Forschung verpflichtet und könnten insofern einen wichtigen Beitrag zur Stärkung der Innovationsfähigkeit der Unternehmen leisten.

* Schaffung und Ausbau von Technologiezentren, Technologieberatungsstellen und Transferstellen, um den Transfer von Wissen zu den örtlichen Klein- und Mittelbetrieben zu intensivieren und die Möglichkeiten zur Innovationsberatung zu verbessern.

* Vernetzung der Transferstellen.

* Gezielte Entwicklung einzelner Innovationspotentiale und Verknüpfung der Forschungsinfrastruktur mit den technologischen Potentialen der Region.

* Finanzielle Innovationsförderung.

2.2 Qualifikation

Mit dem Handlungsfeld "Qualifikation" setzen sich die einzelnen REKs unterschiedlich intensiv auseinander. Allen Konzepten gemeinsam ist der hohe Stellenwert, der allen Bereichen der Qualifikation, der Aus- wie den verschiedenen Formen der Weiterbildung und insbesondere der Qualifizierung von Langzeitarbeitslosen und Frauen, eingeräumt wird. Die Unterschiede liegen in der Ausarbeitung der regionsspezifischen Voraussetzungen für eine gezielte Qualifizierungsstrategie. Während das Konzept der Bergischen Städte sich hier mit eher allgemeinen Überlegungen begnügt, entwickelt Ostwestfalen-Lippe aufgrund seiner Unternehmens- und Wirtschaftsstruktur eine strategische Perspektive durch die Verknüpfung von Wirtschaftsförderung und "Qualifikationsförderung". In der Region Emscher-Lippe wird die Qualifikationsproblematik bestimmt durch das Nebeneinander von unterdurchschnittlichen Bildungsniveaus und einem hohem Facharbeiterbedarf, weshalb hier Weiterbildungsberatung und Trägerkooperationen im Mittelpunkt stehen. Die Ausgangssituation stellt sich im Kreis Wesel ganz ähnlich dar, jedoch wird daraus keine spezifische Strategie abgeleitet. Probleme in der Arbeitskräftestruktur sieht auch die Region Dortmund/Unna/Hamm vor dem Hintergrund des Wandels zu einem überregional bedeutsamen Produktions-, Dienstleistungs- und Bildungszentrum. Der vorliegende Entwurf fordert deshalb, Qualifikationsmaßnahmen in Transfermaßnahmen einzubinden und entsprechend zu entwickeln.

Von den strategischen Akzenten in Ostwestfalen-Lippe und Emscher-Lippe abgesehen, weisen die Forderungs- oder Projektkataloge eine große Ähnlichkeit auf:

* Die Verbesserung des regionalen Qualifizierungssystems durch ständige Überprüfung und Ausrichtung des Weiterbildungs- und Umschulungsangebotes auf künftige Anforderungen.

* Der Informationsaustausch zwischen allen an der dualen Berufsausbildung Beteiligten soll verstärkt und die Nutzung der schulischen Einrichtungen für Weiterbildung intensiviert werden.

* Der Ausbau der Informations- und Beratungsstellen und mehr Transparenz in der Beratung ist dringend nötig.

* Kooperation und Koordination der Weiterbildungsträger auf regionaler und kommunaler Ebene.

* Qualifizierung von An- und Ungelernten, Langzeitarbeitslosen und wieder in den Beruf zurückkehrenden Frauen.

Darüber hinaus fordert die Region Emscher-Lippe den Auf- und Ausbau einer "Hochschullandschaft Emscher-Lippe" durch die Gründung einer Universität, der Umwandlung einer bisherigen Fachhochschul-Abteilung in eine eigenständige Fachhochschule und die Ansiedlung weiterer, teils mit den umliegenden Universitäten verknüpfter, teils eigenständiger Forschungs- und Entwicklungseinrichtungen.

2.3   Wirtschaft und Arbeitsmarkt

Arbeitsmarkt und Beschäftigung stehen natürlich im Mittelpunkt der Entwicklungskonzepte, und ein großer Teil der anderen Handlungsfelder ist darauf ausgerichtet. In Relation zu den anderen Regionen stellt sich die Ausgangssituation in der Region Emscher-Lippe dabei immer noch am problematischsten dar, weil hier dem allgemeinen Schrumpfungsprozeß des Bergbaus durchschnittlich geringere Wachstumsraten in den anderen Sektoren und Branchen gegenüberstehen. Die Mobilisierung von Flächen, die Entwicklung von Dienstleistungen und hier insbesondere wissenschaftsnahe Beratungsdienstleistungen stehen deshalb im Mittelpunkt der Entwicklungsziele. Aber auch die

Bergischen Städte sind noch immer sehr stark von der Gewerblichen Wirtschaft geprägt; nicht zuletzt durch die Nähe der großen Dienstleistungszentren Essen und Düsseldorf hat sich ein eigenständiger Dienstleistungssektor noch stark ausweiten können. Trotz einer differenzierten Industrie- und Betriebsgrößenstruktur ist das Wachstum unterdurchschnittlich geblieben. Dortmund/Unna/Hamm und Ostwestfalen-Lippe haben im großen und ganzen eine positiv-dynamische Entwicklung genommen. In Ostwestfalen-Lippe haben sich die Investitions- wie Konsumgüterindustrie überdurchschnittlich entwickelt, es sind überdurchschnittlich viel neue Arbeitsplätze entstanden und die Arbeitslosenquoten sind unterdurchschnittlich. Gleichwohl bestehen auch hier Defizite im Dienstleistungsbereich. Dagegen hat in der Region Dortmund/Unna/Hamm eine deutliche Umschichtung der Beschäftigten hin zum Dienstleistungsbereich stattgefunden, die in der Summe zu einer Zunahme der Beschäftigung in allen Teilregionen geführt hat. Gewachsen sind damit vor allem auch die Beschäftigungsmöglichkeiten für Frauen. Ähnlich wie der Emscher-Lippe-Raum ist die Teilregion Wesel stark vom Bergbau und auf den Bergbau ausgerichteten Branchen abhängig. Die Branchen des Dienstleistungssektors sind zwar gewachsen, der Besatz ist aber nach wie vor unterdurchschnittlich.

Entwicklungsziele und Maßnahmen/Projekte in diesem Handlungsfeld erreichen einen unterschiedlichen Konkretisierungsgrad. Das Handlungskonzept Emscher-Lippe stellt in seinen Entwicklungszielen die Mobilisierung von Flächen, die Ansiedlung von Dienstleistungen und den Aufbau eines regionalen kooperativen Weiterbildungs- und Umschulungssystems heraus, denen jeweils konkrete Einzelvorhaben zugeordnet werden. Dazu zählen u.a. die Gründung einer Universität und Fachhochschule, das Konzept einer Ost-West-Gewerbekette, der Bau des World-Trade-Center-Parks und die Vorbereitung einer großen Industriefläche. Die Bergischen Städte, deren Konzept stärker integriert ist, weisen aus diesem Grunde nur wenige, unmittelbar wirtschafts- und arbeitsmarktbezogene Vorhaben aus, so z.B. den Aufbau von Wirtschaftsberatungsdiensten, Technologiezentren und die Einrichtung einer regionalen Wirtschaftsförderungsinstitution. In ähnlicher Weise zielen auch Ostwestfalen-Lippe und Dortmund/Unna/Hamm stärker auf eine allgemeine Verbesserung der Randbedingungen durch Flächenmobilisierung, Entsorgung, Dienstleistungen, Qualifikation und Verkehr. Gleiches gilt für den Kreis Wesel.

Einen Akzent setzt hier die Region Ostwestfalen-Lippe mit dem Konzept einer "Gesundheitsregion Ostwestfalen-Lippe", das auf der vorhandenen Klinik- und Bäderstruktur aufbaut, aber zusätzlich die Entwicklung von neuen gesundheitsbezogenen Dienstleistungsangeboten, Behandlungs- und Beratungsmodellen, Spezialeinrichtungen und dementsprechenden Qualifikations- und Bildungseinrichtungen vorsieht. Ein weiteres regionales Spezifikum liegt in dem Plan einer Reorganisation der Sparkassen als regionalen Finanzdienstleistern.

2.4 Frauenspezifische Aspekte des Strukturwandels

Generell wird in den REKs das Handlungsfeld der frauenspezifischen Aspekte als Querschnittsaufgabe verstanden und insbesondere in den Abschnitten zu Beschäftigung, Arbeitsmarkt und Qualifikation behandelt, ohne dies in jedem Fall gesondert auszuweisen. Nur das Handlungskonzept Emscher-Lippe widmet der Frauenförderung auch formal einen Abschnitt. Darin wird darauf verwiesen, daß für die weitere wirtschaftliche und gesellschaftliche Entwicklung der Region die Förderung der Frauenerwerbstätigkeit ein wichtiger Baustein ist. Dazu zählen insbesondere Maßnahmen zur

* Erweiterung des Berufsspektrums von Mädchen und Frauen,

* betrieblichen Frauenförderung,

* Weiterbildung und Qualifizierung, welche die speziellen Lebensbedingungen von Frauen berücksichtigen,

* Verbesserung der Vereinbarkeit von Beruf und Familie.

All diese Maßnahmen lassen sich auch in den anderen REKs an den verschiedensten Stellen wiederfinden.

2.5 Entwicklung der Infrastruktur

Die großräumige Verkehrslage wird in allen Regionen als gut bezeichnet: wichtige, großräumig bedeutsame Straßenverkehrsachsen ziehen sich hindurch; Wasserstraßenanschlüsse sind, außer in den Bergischen Großstädten, vorhanden; die Erreichbarkeit über die Schiene ist gegeben und Anbindungen an den internationalen Luftverkehr sind ebenfalls vorhanden. Emscher-Lippe und der Kreis Wesel leiten aus ihrer geographischen Lage und ihrer verkehrsinfrastrukturellen Ausstattung sogar einen wichtigen Standortvorteil als Logistikzentren ab. Dennoch sind in allen Konzepten Defizite, Forderungen und Vorhaben im Bereich der Verkehrsinfrastruktur nicht nur sehr zahlreich, sondern im Vergleich zu den Vorhaben in anderen Handlungsfeldern auch präzise benannt. Kritikpunkt aller Regionen ist die Qualität des ÖPNV und die Verknüpfung der verschiedenen Verkehrsträger miteinander. Dazu wird von den Bergischen Städten ein spezielles Modellvorhaben "stadtverträglicher Wirtschaftsverkehr" entwickelt - eine Idee, die sich in ähnlicher Form auch im Entwurf der Region Dortmund/Unna/Hamm findet. Ostwestfalen-Lippe schlägt eine regionale Verkehrskonferenz vor, um Verkehrsorganisation, Ökologie und Verlagerungspotentiale zu analysieren und daraus einen Gesamtverkehrsplan Ostwestfalen-Lippe zu entwickeln. Für den Kreis Wesel steht der Neubau einer Rheinbrücke im Zuge der B58 im Vordergrund.

Lediglich die Entwürfe für die Teilregion Wesel und die Dortmund/Unna/Hamm enthalten mit Überlegungen beispielsweise zur Anpassung des Kranken- und Sozialwesens an die veränderte Altersstruktur Vorschläge auch zum Ausbau der sozialen Infrastruktur.

2.6 Umwelt und Energiesituation

Die Versorgung in den Bereichen Wasser und Energie wird in allen Regionen als unproblematisch gesehen; die Probleme liegen in der Belastungssituation und der Entsorgung. Neben einem hohen Sanierungs- und Modernisierungsbedarf der Abwassersysteme stellt die Entsorgung von Abfällen, hauptsächlich von industriellen Sonderabfällen, und für die Region Emscher-Lippe und den Kreis Wesel zusätzlich die Altlastenentsorgung das zentrale umweltpolitische Problem dar. Sowohl die Entwicklung der Abfallmengen als auch die dazu notwendigen finanziellen Mittel zeigen einen eindeutig steigenden Trend. Während im Kreis Wesel die Abfallentsorgung für die nächsten 30 Jahre geregelt ist, gab und gibt es in den anderen Regionen - hauptsächlich in Emscher-Lippe und Ost-Westfalen-Lippe - heftige Diskussionen um Standortplanungen für Abfallentsorgungsanlagen, nicht zuletzt weil viele das Image einer "Abfallregion" befürchten. Für alle Regionen nimmt deshalb die Erstellung von Gesamtentsorgungs- bzw. Abfallwirtschaftskonzepten als Voraussetzung zur Optimierung und gegebenenfalls zum Ausbau der Entsorgungskapazitäten eine hohen Stellenwert ein.

Auf eine explizit vorsorgende Umwelterhaltung auch als ein Leitbild zukünftiger Entwicklung richtet sich das Konzept der Bergischen Städte, jedoch finden sich diese Zielvorstellungen der Sache nach auch in den anderen Konzepten wieder.

Die aus den Analysen abgeleiteten Projekte haben zwar einen unterschiedlichen Konkretisierungsgrad, verfolgen aber weitestgehend die gleichen Ziele: im Bereich der Energie ist dies hauptsächlich die Verbesserung der Emissionssituation durch Maßnahmen rationeller Energieverwendung, Fernwärme und den verstärkten Einsatz regenerativer Energiequellen, häufig verbunden auch mit der Entwicklung neuer Technologien und z.T. auch mit verkehrspolitischen Überlegungen (Bergische Städte).

Im Handlungsfeld Abfall steht eine umweltverträgliche Beseitigung industrieller Abfälle und Altlasten, die Intensivierung einer vorsorgenden Beratung zur Abfallvermeidung, vor allem aber die Standortfrage und die Dimensionierung möglicher Anlagen im Vordergrund. In Hinblick auf die Wasserver- und -entsorgung geht es primär um Maßnahmen zum Schutz des Wasserhaushalts, zur Verrringerung der Schadstoffeinträge und zur Verbesserung von Kläranlagen.

2.7 Sonstige Faktoren

Unter "Sonstigen Faktoren" verstehen die Handlungsempfehlungen des MWMT recht unterschiedliche Bereiche wie Attraktivität der Region als Lebensraum, Leistungsfähigkeit der Verwaltung (womit aber lediglich die Dauer von Genehmigungsverfahren gemeint ist) oder die Flächensituation. Diese Themen werden in den Entwicklungskonzepten in unterschiedlichen Kontexten behandelt. Die von allen Regionen hoch eingestufte Flächenfrage wird im Konzept der Bergischen Städte beispielsweise gemeinsam mit Energie und Umwelt diskutiert, in Emscher-Lippe unter der Überschrift "Siedlung und Freiraum" und in Ostwestfalen-Lippe als Teil der allgemeinen wirtschaftlichen Rahmenbedingungen behandelt.

Aufgrund der hohen Flächenengpässe geht es für die Region Emscher-Lippe primär um die Wiedernutzbarmachung industrieller und gewerblicher Flächen für unterschiedliche neue Nutzungen und um die Handhabung von absehbaren Nutzungskonflikten durch die direkte Inanspruchnahme oder indirekte Beeinflussung von Freiräumen. Eine vergleichbare Situation stellt sich für die Bergischen Städte, insbesondere für Wuppertal. Flächenengpässe behauptet auch das Teilkonzept für den Kreis Wesel. Für die

Region Dortmund/Unna/Hamm steht offensichtlich weniger das quantitative Problem im Vordergrund, als vielmehr die Bemühung um eine (sektorale) Profilierung und ökologisch ausgewogene Standortpolitik. In Ostwestfalen-Lippe ist dieses Thema zwar auch von Bedeutung, aber aus einer anderen Perspektive.

Ostwestfalen-Lippe beschäftigt weniger die zusätzliche Ausweisung von Flächen als vielmehr ein vernünftiges kooperatives Flächenmanagement im Rahmen einer regionalen Standortpolitik und ökologischer Zielsetzungen. Ein Mittel dazu soll u.a. ein Gewerbe- und Industrieflächenatlas sein, der die nutzungsrelevanten Informationen enthält und damit Transparenz über das regionale Angebot schafft und die Kommunen zur Kooperation in ihrer Flächen- und Akquisitionspolitik anregen soll. Für die anderen Regionen stellt sich das Problem der Nutzungskonflikte schärfer. So geht es für Emscher-Lippe nicht nur um Industrie- und Gewerbeflächen, sondern auch um attraktive Wohnstandorte, Stadtteilentwicklung und den Neubau und die Modernisierung von Wohnungen. Was Industrie- und Gewerbeflächen angeht, steht hier derzeit das Modell einer "Ost-West-Gewerbekette" im Vordergrund, womit ein zusammenhängendes Netz arbeitsteilig organisierter Standorte beschrieben wird, das sich an den großräumig bedeutsamen Verkehrsachsen der Region entlangzieht. Wohn- und Stadtteilprojekte werden zu einem erheblichen Teil im Rahmen der Internationalen Bauausstellung Emscher Park (IBA) konzipiert und geplant. Auch die Region Dortmund/Unna/Hamm stellt die notwendige Flächenmobilisierung in den Kontext einer Forderung nach neuen stadt- und regionalverträglichen Verkehrs- und Logistiksystemen. Die Bergischen Städte wollen durch eine Abwägung der verschiedenen Nutzungsanprüche eine Optimierung der Flächennutzung erreichen. Dazu soll ein koordiniertes Siedlungsstruktur- und Freiraumkonzept erstellt werden; Anregungen zur intensiveren Flächennutzung soll eine Kampagne zugunsten des Geschoßbaus für Industrie und Gewerbe liefern. Im Teilkonzept Wesel findet sich lediglich die allgemeine Forderung nach der Wiedernutzbarmachung und der Ausweisung und Erschließung zusätzlicher Flächen.

Auf die Leistungsfähigkeit der Verwaltung und die damit gemeinte Dauer von Verwaltungsverfahren wird allgemein nicht oder nur sehr kursorisch eingegangen.

Die Attraktivität der Regionen als Freizeit- und Kulturregionen wird in allen Konzepten z.T. breit behandelt und dargestellt. Das allgemeine Freizeit- wie speziellere Kulturangebot ist danach durchaus breit, vielfältig und qualitativ wettbewerbsfähig. Das gemeinsame Problem liegt offensichtlich im geringen Bekanntheitsgrad der verschiedenen Angebote nach innen wie nach außen. Aufgrund seiner geographischen Gegebenheiten entwickelt Ostwestfalen-Lippe nicht nur das Modell einer "Gesundheitsregion", sondern verknüpft es mit weitergehenden Projekten zur Ausbildung auch einer Freizeit- und Fremdenverkehrsregion. Dem Kulturangebot wird darin ein hoher Stellenwert zugemessen; es soll dementsprechend beworben und durch Kooperationen organisatorisch effizient gestaltet werden. In ähnlicher Weise versucht die Region Emscher-Lippe, das vorhandene breite Angebot stärker in das regionale Bewußtsein zu rücken. Im Entwurf der Region Dortmund/Unna/Hamm wird sogar eine zentrale Tourismus-Leitstelle für das gesamte Ruhrgebiet gefordert. Auch die Bergischen Städte wollen versuchen, ihr Kulturangebot kooperativ zu organisieren und durch die Gestaltung von Ausstellungen, Architekturstraßen als Medium zur Schaffung regionaler Identität einzusetzen. Im Teilkonzept für den Kreis Wesel werden Freizeit-, Fremdenverkehrs- und Kulturprojekte im Vorhaben einer "Niederrheinischen Natur- und Kulturroute" zusammengefaßt.

Abschließend werden in den Konzepten von Ostwestfalen-Lippe und der Bergischen Städte Überlegungen zur Organisation der weiteren regionalen Zusammenarbeit angestellt. Die Bergischen Städte verweisen dabei auf bereits seit längerem vorhandene Koordinations- und Kooperationsstrukturen und planen, die im Zusammenhang mit der Erstellung des Entwicklungskonzepts aufgebaute institutionelle Infrastruktur (vgl. Regionalbericht Bergische Städte) zu verstetigen, um u.a. die Konkretisierung und argumentative Absicherung der Regionalpolitik zu gewährleisten und die Umsetzung und Fortschreibung des Entwicklungskonzepts zu begleiten. Hierfür werde ein Regionalbüro eingerichtet, das als Koordinations- und Schnittstelle der regionalen und regionalpolitisch relevanten Stellen des Landes, Bundes und der EG fungieren soll. Längerfristig wird der Aufbau einer Regionalen Entwicklungsgesellschaft geplant, die die direkte Einbindung der regionalen Akteure in einen formellen Kooperationsrahmen ermöglicht.

Ostwestfalen-Lippe sieht die Gewährleistung der Umsetzung der Ziele seines Entwicklungskonzepts dagegen eher in einem neu zu organisierenden kommunalen OWL-Verbund für Zukunfts- und Entwicklungsaufgaben, sei es in Form eines Zweckverbandes oder auch orientiert am Modell des Kommunalverbandes Ruhr. In jedem Fall sollen die Interessen der Region so gebündelt werden, daß ein erfolgreiches Zusammenarbeiten zwischen Gebietskörperschaften und Wirtschaft ermöglicht wird.

3 Zusammenfassung

In der Anlage der Entwicklungskonzepte wie in ihrer Ausführung gehen die Regionen zwar nicht gänzlich verschiedene, aber doch deutlich erkennbar eigene Wege. Die

Unterschiedlichkeiten beginnen bereits mit der Beteiligung verschiedener Gruppen, externer Gutachter oder Beratungsunternehmen an der Erarbeitung der Konzepte, setzen sich fort über unterschiedliche Begriffsbestimmungen, beispielsweise von "Infrastruktur", die Tiefe der Analyse und enden im Konkretisierungsgrad von Perspektiven und Vorhaben.

"Leitbilder", die nicht nur einen rhetorischen Stellenwert innerhalb des Entwicklungskonzepts haben, werden von den hier vorgestellten nur in den Konzepten der Bergischen Städte und von Ostwestfalen-Lippe entwickelt. Die anderen steuern mehr oder minder direkt auf die Formulierung von Forderungen oder Projekten zu. Über die tatsächliche Wirkung der Leitbilder kann vorläufig jedoch nur spekuliert werden.

Die Perspektiven und die ihnen zugeordneten Projekte erreichen einen sehr unterschiedlichen Konkretisierungsgrad. Zum Teil geben sie wenig mehr als Zielvorstellungen oder Handlungsabsichten wieder, zum Teil erreichen sie "Formblattcharakter" mit der Benennung von Trägern, Flächen, Bebauungskriterien etc.. Prioritäten werden nur indirekt, etwa durch die Differenzierung von Projekttypen, gesetzt. In der Gewichtung der einzelnen Handlungsfelder ergeben sich zwischen den Konzepten kaum Unterschiede, so daß die von den Handlungsempfehlungen geforderten "unverwechselbaren Standortprofile" nur ansatzweise erkennbar werden. Mittelpunkt aller Konzepte ist der Ausbau der wirtschaftsnahen Infrastruktur, und hier insbesondere die Bereitstellung von Flächen und der Ausbau der Verkehrsinfrastruktur, während soziale Aspekte eher randständig sind.

Vergleichend betrachtet, vermitteln die Analyse- wie die Perspektivteile eher den Eindruck einer Festschreibung eines status quo der Verteilungsposition der Akteure als der Erschließung neuer Synergien. Ihre Bedeutung und ihr Zusammenhang mit den Leitbildern, Perspektiven und Maßnahmen erschließt sich weniger aus den Texten selbst als über ihren jeweiligen Entstehungszusammenhang. Als Beispiel dafür mag die Diskussion der Sparkassenstruktur in Ostwestfalen-Lippe dienen, die einen ausschließlich regionsinternen Hintergrund hat. Die Konzepte sind Ausdruck einer politischen Diskussion, und auch hier oft nur eines Teils davon, aber nicht Katalysator der Diskussion. Damit wird auch die Bedeutung von Leitbildern, soweit sie formuliert werden, relativiert.

Beschränkt man sich auf die Texte, wird sichtbar, wie wenig sich die Problemstrukturen, so wie sie in den Regionen wahrgenommen werden, voneinander unterscheiden. Logischerweise unterscheiden sich die Projekte etwa in den Feldern Technologie,

Qualifikation oder Infrastruktur deshalb nur geringfügig. Das Problem der Wiedereingliederung von Frauen und Langzeitarbeitslosen beispielsweise ist nicht regionsspezifisch, und die meisten Vorhaben in diesen Bereichen folgen deshalb im großen und ganzen der bisher schon von der Landesregierung eingeschlagenen Politik bzw. ihren Programmangeboten. Die Umweltsituation, insbesondere die Entsorgungsproblematik, macht die Grenzen regionaler Betrachtungsweisen und Handlungsmöglichkeiten deutlich; desgleichen gilt für die Verkehrsinfrastruktur und die Energiepolitik, die regionalem Handeln nur in engen Grenzen zugänglich sind. Hier tun sich die Regionen einerseits leicht mit Forderungen, andererseits bergen gerade diese Bereiche Konfliktpotentiale, die die regionale Konfliktregelungs- und Konsensbildungsfähigkeit überfordern dürften. Vor diesem Hintergrund erscheinen bislang nur das Projekt einer "Wissenschaftslandschaft" in der Region Emscher-Lippe und das Konzept der "Gesundheitsregion" in Ostwestfalen-Lippe als Vorhaben, die zu einer Neuprofilierung der Standorte beitragen können. Diese beiden Ausnahmen zeigen aber auch, daß regionaler Konsens und Kooperation über "konventionelle" Vorhaben offenbar einfacher herzustellen sind als über "innovative", in ihren Implikationen schwerer abschätzbare Projekte.

Bedeutung und Stellenwert der Entwicklungskonzepte ist mithin eher in ihren Wirkungen auf die regionalen Kooperations- und Konsensbildungsstrukturen zu sehen. Hier könnten die Unterschiede allerdings nicht größer sein; sie reicht von den Regionen, die bisher überhaupt kein Konzept oder allenfalls Teilkonzepte vorgelegt haben, weil über ein Gesamtkonzept bisher keine Verständigung erreicht werden konnte, bis zu den Regionen Ostwestfalen-Lippe und den Bergischen Städten, die mit ihrem Konzept zugleich weitreichende institutionelle Konsequenzen verknüpfen.

Entscheidungsstrukturen und -verfahren

Franz Josef Bade und Ralf Theisen

1 Initiative zur Erarbeitung regionaler Entwicklungskonzepte

Bevor die Landesregierung im Herbst 1990 den ZIN-Regionen offiziell in einem Kabinettsbeschluß empfahl, regionale Entwicklungskonzepte zu erstellen, wurde in den meisten Untersuchungsregionen entweder schon an regionalen Entwicklungskonzepten gearbeitet, oder es existierten bereits regionale Abstimmungs- und Entscheidungsstrukturen, die die Empfehlung des Landes aufgreifen und die Erarbeitung eines Konzeptes veranlassen konnten.

Noch vor der Einleitung der allgemeinen Regionalisierungspolitik in NRW durch die ZIM war auf Anregung des Bezirksplanungsrates Münster das erste "Handlungskonzept Emscher-Lippe" formuliert und im Frühjahr 1988 vorgelegt worden. Zu seiner Umsetzung formierten sich die Hauptverwaltungsbeamten der Region und die Geschäftsführer von der IHK und vom DGB unter Leitung des RP Münster zur "Regionalkonferenz Emscher-Lippe". Zum Zeitpunkt des Kabinettsbeschlusses zur weiteren Regionalisierung im Oktober 1990 hatte bereits ein Arbeitskreis der Regionalkonferenz mit der Fortschreibung des Handlungskonzepts begonnen, das Ende 1991 von der Regionalkonferenz und dem Bezirksplanungsrat verabschiedet und im Frühjahr 1992 der Landesregierung vorgelegt wurde.

Auch in der Region Ostwestfalen-Lippe wurde bereits vor der Landesinitiative die Erarbeitung eines regionalen Entwicklungskonzeptes angeregt und dafür Entscheidungsstrukturen geschaffen. Hier übernahm der Regierungspräsident als Person die Initiative. Zunächst erreichte er 1989 die Bildung einer Regionalkonferenz. Dann schlug er im März 1990 der Regionalkonferenz vor, ein regionales Entwicklungskonzept zu erarbeiten und - unter seinem Vorsitz - einen Regionalausschuß als Lenkungsorgan einzurichten.

Ebenfalls vor dem Kabinettsbeschluß und durch die Initiative des Regierungspräsidenten kam im Januar 1990 in der Region Bergische Großstädte eine Regionalkonferenz zustande. Aber im Unterschied zur Region Ostwestfalen-Lippe regte hier einige

Monate später nicht der Regierungspräsident, sondern die kommunale Verwaltung die Erarbeitung eines regionalen Entwicklungskonzeptes an. Sie übernahm auch die Lenkung des Regionalisierungsverfahrens. Jedoch blieb der Regierungspräsident in allen Phasen des Regionalisierungsverfahrens an der Erarbeitung des Entwicklungskonzeptes beteiligt.

In der Region Niederrhein gab es zwar gleichfalls vor der Landesinitiative eine durch den Regierungspräsidenten initiierte Regionalkonferenz. Aber im Unterschied zur Region Bergische Großstädte blieb hier der Regierungspräsident nach der Landesinitiative aus dem Regionalisierungsverfahren weitgehend ausgeschlossen. Für die Abstimmung dieses Regionalisierungsverfahrens bildete sich eine Lenkungsgruppe, löste die Regionalkonferenz des Regierungspräsidenten auf und konstituierte statt dessen eine neue Regionalkonferenz. Hier regten die kommunalen Hauptverwaltungsbeamten die Erarbeitung eines regionalen Entwicklungskonzeptes an.

Die Region Dortmund/Unna/Hamm ist die einzige der untersuchten Regionen, in der es vor dem Kabinettsbeschluß noch keine Initiative zur Erarbeitung eines regionalen Entwicklungskonzeptes gab. Bis zu diesem Zeitpunkt existierte auf regionaler Ebene lediglich eine Gesprächsrunde aus kommunalen Verwaltungsvertretern, um ein Regionalisierungsverfahren und Inhalte eines regionalen Entwicklungskonzeptes abzustimmen. Diese Gruppe übernahm nach dem Kabinettsbeschluß die Aufgaben einer Lenkungsgruppe. Die erste Regionalkonferenz kam erst anderthalb Jahre nach der Landesinitiative zustande.

2 Lenkungsorgane der Regionalisierungsverfahren

In der Region Emscher-Lippe war die Formulierung des Handlungs- bzw. Entwicklungskonzeptes von vornherein als Verwaltungsaufgabe definiert und die Mitglieder der Regionalkonferenz entsprechend auf den Kreis der Hauptverwaltungsbeamten und der Führung der IHK und des DGB begrenzt worden. Erst im weiteren Verlauf des Regionalisierungsprozesses ist dieser Kreis geringfügig erweitert worden. Den Vorsitz hatte über den gesamten Zeitraum der Regierungspräsident inne. Der vergleichsweise begrenzt gehaltene personelle Umfang der Regionalkonferenz und die vergleichsweise homogene Zusammensetzung erlaubte eine direkte Lenkung der Programmentwicklung durch dieses Gremium selbst.

In der Region Ostwestfalen-Lippe ist das Lenkungsorgan ein im April 1990 vom Bezirksplanungsrat eingesetzter Regionalausschuß. Der Regierungspräsident als Person benannte dessen 16 Mitglieder nach Absprache mit Kommunalpolitikern und hat den Vorsitz des Ausschusses. Zu den Mitgliedern zählen Hauptverwaltungsbeamte, Kommunalpolitiker einiger Kreise bzw. kreisfreier Städte sowie Vertreter wirtschaftsnaher gesellschaftlicher Gruppen, Forschungseinrichtungen und private Gutachter. Der Regionalausschuß bekam die Aufgabe, die Geschäfte der Regionalkonferenz zu führen und ein regionales Entwicklungskonzept aufzustellen. Dafür richtete er sieben Arbeitsgruppen ein, die unter seiner Leitung die regionalen Schwerpunktthemen eines Entwicklungskonzeptes erarbeiteten. Derzeit wird geplant, den Regionalausschuß in einen Aufsichtsrat einer "Ostwestfalen-Lippe-Verbund-GmbH" umzuwandeln, um den Regionalisierungsprozeß zu institutionalisieren.

Nach einem Auftrag der Stadträte konstituierten in der Region Bergische Großstädte im Oktober 1990 die kommunalen Verwaltungen das Lenkungsorgan für den anlaufenden Regionalisierungsprozeß. Zu den 28 Mitgliedern dieser Lenkungsgruppe zählen die Hauptverwaltungsbeamten als Vorsitzende, sowie weitere Vertreter aus Verwaltung, wirtschaftsnahen Interessengruppen und Organisationen, Forschungseinrichtungen, Regierungspräsidium, MWMT und private Gutachter. Unter den fünf dargestellten Lenkungsorganen ist diese Lenkungsgruppe das größte und - hinsichtlich der Repräsentation gesellschaftlicher Gruppen - umfassenste Organ. Die Aufgabe der Lenkungsgruppe besteht darin, die Arbeiten für das regionale Entwicklungskonzept zu koordinieren und das Konzept aufzustellen. Für den ersten Entwurf richtete sie fünf Arbeitsgruppen ein, die anhand von Gutachterergebnissen die Schwerpunkte des Entwicklungskonzeptes erarbeiteten.

In der Region Niederrhein existiert seit der Landesinitiative als Lenkungsorgan ein Lenkungsausschuß mit Hauptverwaltungsbeamten aus Duisburg, dem Kreis Kleve und dem Kreis Wesel sowie einem Vertreter der Industrie- und Handelskammer. Dieser löste die vom Regierungspräsidenten initiierte Regionalkonferenz auf und entwickelte ein Regionalisierungsverfahren. Anschließend richtete er drei regionale Arbeitskreise ein und konstituierte im weiteren Verlauf eine neue Regionalkonferenz. Deren Vorsitz und Geschäftsführung übernehmen alternierend Mitglieder des Lenkungsausschusses. Derzeit überarbeitet der Lenkungsausschuß den ersten, von externen Gutachtern aufgestellten Entwurf des regionalen Entwicklungskonzeptes.

In der Region Dortmund/Unna/Hamm fingen kommunale Verwaltungsvertreter erstmals im April 1990 an, ein Regionalisierungsverfahren und Inhalte eines regionalen

Entwicklungskonzeptes abzustimmen. Nach dem Kabinettsbeschluß übernahm diese Abstimmungsrunde die Aufgaben einer Lenkungsgruppe und bekam von den Stadträten und dem Kreistag den Auftrag, das Konzept zu erarbeiten und das Regionalisierungsverfahren zu lenken. Der erste von den kommunalen Verwaltungen erarbeitete Konzeptentwurf wurde bereits von der Lenkungsgruppe aufgestellt. Um die Schwerpunkte des Konzeptes für einen zweiten Entwurf zu vertiefen, richtet die Lenkungsgruppe z.Z. regionale Arbeitsgruppen ein.

3 Regionalkonferenzen

Regionalkonferenzen sind die zentralen Abstimmungsorgane im Regionalisierungsprozeß. Zumeist bietet sich den gesellschaftlichen Gruppen nur hier die Gelegenheit, sich an den Abstimmungsprozessen um regionale Entwicklungskonzepte zu beteiligen.

Die erste Regionalkonferenz in der Region Emscher-Lippe konstituierte sich bereits im April 1988. Zu den inzwischen etwa 30 Mitgliedern zählen der Regierungspräsident, die Bezirksplanerin, die Hauptverwaltungsbeamten der kreisfreien Städte und des Kreises Recklinghausen, die Geschäftsführer der Kammern und des DGB, die Direktoren der Arbeitsämter sowie als kooptierte Mitglieder die (Ober-)Stadtdirektoren der an die Region angrenzenden Städte Oberhausen und Herne und Vertreter der IHK Essen-Mülheim-Oberhausen und Bochum. Die Geschäftsführung der Regionalkonferenz liegt bei der Bezirksplanungsbehörde. Zentrales Arbeitsinstrument der Regionalkonferenz sind Arbeitskreise zu jeweils fest umrissenen Themenschwerpunkten. Die Regionalkonferenz wurde zunächst eingerichtet, um die Umsetzung des Handlungskonzeptes regional abzustimmen. Sechs regionale Arbeitskreise entwickelten hierfür die Leitprojekte des Handlungskonzeptes weiter. Ein gesonderter Arbeitskreis übernahm die Fortschreibung des Handlungskonzeptes.

Die Regionalkonferenz in der Region Ostwestfalen-Lippe kam erstmals am 17.05.1989 - durch eine Initiative des Regierungspräsidenten Detmold - zustande. Sie besteht aus 180 Mitgliedern und setzt sich aus kommunalen Vertretern aus Politik und Verwaltung sowie aus Vertretern wirtschaftsnaher gesellschaftlicher Gruppen und Bildungseinrichtungen zusammen. In der letzten Phase der Abstimmung über ein regionales Entwicklungskonzept wurde der Mitgliederkreis um Vertreter aller Kommunen und um Vertreter sozialpolitischer Interessengruppen erweitert. Die Aufgabe der Regionalkonferenz besteht in der Abstimmung über ein regionales Entwicklungskonzept. Für die Erarbeitung eines Konzeptes empfahl die Regionalkonferenz dem Bezirksplanungsrat, einen Regionalausschuß einzusetzen. Derzeit wird geplant, die Regionalkonferenz - zusammen mit dem Regionalausschuß - im Regionalisierungsprozeß zu institutionalisieren. Vorgesehen ist dafür die Einrichtung einer "Ostwestfalen-Lippe-Verbund-GmbH".

In der Region Bergische Großstädte konstituierte sich die erste Regionalkonferenz am 25.01.1990. Sie setzt sich aus Vertretern der kommunalen Politik und Verwaltung, des Regierungspräsidenten und einigen Landesministerien, wirtschaftsnaher sowie sozial- und umweltpolitischer Interessengruppen, Forschungseinrichtungen und Akteuren anderer Regionen zusammen. Die Besetzung und Aufgaben der Regionalkonferenz wurden in Gesprächen zwischen den kommunalen Verwaltungen und dem Regierungspräsidenten abgestimmt. In der ersten ZIN-Antragsrunde hatte die Regionalkonferenz die Aufgabe, die Beteiligung aller regionalen Akteure am Regionalisierungsprozeß zu sichern und Projektanträge aus sechs regionalen Arbeitsgruppen abzustimmen. In der Phase der Erarbeitung und Abstimmung eines regionalen Entwicklungskonzeptes soll die Regionalkonferenz ein bereits in der Lenkungsgruppe abgestimmtes Entwicklungskonzept formell verabschieden.

Die konstituierende Sitzung einer Regionalkonferenz in der Region Niederrhein fand am 10.08.1989 statt. Sie umfaßt etwa 200 Mitglieder und wurde später, im Mai 1991, durch eine Initiative des Lenkungsausschusses auf 27 Personen begrenzt. Fast zwei Drittel der Mitglieder (17) kommen aus dem Bereich der kommunalen Politik und Verwaltung. Darunter sind die Hauptverwaltungsbeamten der kreisfreien Stadt und der Kreise sowie die Fraktionsvorsitzenden aus den Kreistagen und dem Rat der kreisfreien Stadt. Die anderen 10 Konferenzmitglieder sind Vertreter gesellschaftlicher Gruppen, darunter überwiegend Vertreter wirtschaftsnaher Interessengruppen. Der Vorsitz und die Geschäftsführung der Regionalkonferenz liegt alternierend in der Hand der Oberbürgermeister und der beiden Landräte. Die Regionalkonferenz Niederrhein hat als einzige der fünf dargestellten Regionalkonferenzen eine eigene Geschäftsordnung. Die Regionalkonferenz hat die Aufgabe, ein regionales Entwicklungskonzept abzustimmen und weitere Empfehlungen zu erarbeiten. Dabei soll sie drei von den Gebietskörperschaften beschlossene Teilentwicklungskonzepte um zusätzliche, in Arbeitskreisen erarbeitete regionale Themen ergänzen.

In der Region Dortmund/ Kreis Unna/ Hamm fand die konstituierende Sitzung der Regionalkonferenz am 16.01.1992 statt. Sie besteht aus 75 Mitgliedern. Fast zwei Drittel

(45) kommen aus dem Bereich der Politik und Verwaltung der Kommunen. Die anderen Konferenzmitglieder (30) sind Vertreter gesellschaftlicher Gruppen, darunter überwiegend Vertreter wirtschaftsnaher Interessengruppen. Der Rest setzt sich aus Vertretern sozial- und umweltpolitischer Interessengruppen zusammen. Den Vorsitz der Regionalkonferenz haben alternierend die zwei Oberbürgermeister und der Landrat inne. Die Geschäftsführung übernehmen, ebenfalls alternierend, die Hauptverwaltungsbeamten. Als Gäste waren Vertreter des Regierungspräsidenten, verschiedener Landesministerien, des Landschaftsverbandes sowie der Ruhrkohle AG eingeladen. Die Besetzung der Regionalkonferenz wurde von den Stadträten und dem Kreistag beschlossen und basierte auf einem Vorschlag der Lenkungsgruppe. Die Regionalkonferenz hat die Aufgabe, über den ersten Entwurf eines von der Lenkungsgruppe aufgestellten regionalen Entwicklungskonzeptes abzustimmen und Änderungsvorschläge zu entwickeln. Dafür sollen fünf regionale Arbeitsgruppen die Schwerpunkte des Entwurfes vertiefen. Vor den Beschlüssen der kommunalen Parlamente über einen endgültigen Entwurf soll ein zweiter Entwurf auf der Regionalkonferenz diskutiert werden.

Interkommunale Kooperation

Erich Hödl und Rainer Mönig

1 Region Bergische Großstädte

Kooperation auf Verwaltungs- und Politikebene wird schon recht lange praktiziert. Entsprechende formelle und informelle Gespräche sowie kooperativ getroffene Abstimmungen und gemeinsam betriebene Einrichtungen bestanden jedoch nur in Einzelfällen. Schrittmacher hierzu war lange Zeit die Kommunale Arbeitsgemeinschaft Bergisch Land (KAG) mit ihren Arbeitskreisen zu regionsbezogenen Themen. Die insgesamt wenig effizienten Koordinierungs- und Kooperationsansätze haben jedoch die Grenzen einer solchen Konstruktion deutlich gemacht.

An der Erarbeitung des REK waren alle drei kreisfreien Städte beteiligt, wobei die Federführung und Abstimmung bei den Fachressorts der Stadtverwaltungen lag. In der bevorstehenden Phase der Umsetzung sollen nun die Erarbeitung und Umsetzung der beschlossenen Projekte in den Vordergrund rücken. Die Kommunen wollen sie kooperativ durchführen bzw. sich partnerschaftlich daran beteiligen.

In der allgemeinen Interessenlage bestehen bei den drei bergischen Städten wegen der Ähnlichkeit der Probleme wenig Differenzen. Die Erhaltung der Wettbewerbsfähigkeit der Region mit Blick auf benachbarte Industrie- und Dienstleistungsstandorte sowie auf den EG-Binnenmarkt wird von allen Akteuren als vorrangig angesehen. Stadtspezifische Vorbehalte konnten ausgeräumt werden bzw. wurden zugunsten der gemeinsamen Sache zurückgestellt. So haben die zwei kleineren Städte Protokollfragen nicht zu Grundsatzproblemen erhoben.

Die kommunale Zusammenarbeit hat mit der Einrichtung des gemeinsamen Regionalbüros eine erste konkrete Stufe erreicht. Es fungiert als Arbeits- und Koordinierungseinheit für die regionale Zusammenarbeit. Dazu wird gegenwärtig eine entsprechende Arbeitsstruktur entworfen, die bei der Abstimmung der Räte über das REK Anfang April 1992 mitbeschlossen worden ist. Ein wichtiger Knotenpunkt dieser Struktur soll zwischen Verwaltung und Politik in Form der "Regionalkommission" entstehen. Sie setzt sich dementsprechend zusammen aus den drei Oberstadtdirektoren und den

Mitarbeitern des Regionalbüros sowie den drei Oberbürgermeistern, den Fraktions- und Fachausschußvorsitzenden und den lokalen Mitgliedern des Bezirksplanungsrates. Die konkrete Erarbeitung und Umsetzung erster Projekte sollen die nächsten Stufen des gemeinsam getragenen Regionalisierungsprozesses werden. Dementsprechend kann der derzeitige Kooperationsstand bereits als relativ stabil und in gewissem Maße selbsttragend angesehen werden. Dabei hat die Regionalisierung die kommunale Kooperation bereits jetzt erkennbar verbessert. Hindernisse bei der in Teilbereichen auf Verwaltungsebene schon angelaufenen Kooperation treten kaum auf. Verwaltungschefs und Ämter arbeiten inzwischen regelmäßig zusammen, insbesondere die Ämter für Stadtentwicklung und Wirtschaftsförderung. Die Gemeinsamkeiten aus dem REK sind den Fachressorts gut zu vermitteln. Dennoch sind Widerstände zu erwarten, wenn es darum geht, Kompetenzen abzutreten oder eine Projektfinanzierung abzustimmen. Die Entscheidungsbefugnis und Haushaltshoheit bleibt nämlich in jedem Fall bei den beteiligten Städten.

Ob die Politikvertreter in gleicher Weise wie die Mitarbeiter der Verwaltung miteinander umgehen können, bleibt abzuwarten. Das bislang weitgehend unverbundene Nebeneinander ist ersten Ansätzen von Zusammenarbeit gewichen, die von interfraktionellen Konsultationen bis zu gemeinsamen Arbeitsgruppen reicht.

2 Region Dortmund/Kreis Unna/Hamm

Die drei Teilregionen haben bislang lediglich im Rahmen der ZIN-Regionalisierung in einer intern eingerichteten Lenkungsgruppe der Verwaltungen kooperiert, die eigens für die Erarbeitung der Leitlinien zusammengestellt wurde. Betroffene Amtsleiter und Verwaltungsvertreter stimmen sich über anstehende Koordinierungen bei der Verwaltungsarbeit ab, in Entscheidungssituationen werden die Dezernenten hinzugezogen. Diese recht grobe Arbeits- und Beschlußstruktur soll nun auch die verwaltungsinternen Stellungnahmen zum Regionalisierungsprozeß (Leitlinien) erstellen und der Regionalkonferenz vorlegen.

Innerhalb der Teilregionen, so etwa im Kreis Unna zwischen den Gemeinden, bestehen bislang so gut wie keine Kooperationsansätze. Allgemein erkennt man jedoch eine verhaltene Hoffnung, daß durch einsetzende äußere Zwänge in Form förderungspolitischer Vorgaben der Landesregierung bzw. des anstehenden EG-Binnenmarktes eine stärker institutionalisierte Kooperation einsetzt.

An der Erarbeitung des REK waren alle Kommunen beteiligt, wobei die Leitlinien-arbeit von Hauptgemeindebeamten und Dezernenten getragen wurde. Zur Umsetzung des REK liegen noch keine Vereinbarungen vor.

Die Interessen der Regionalpartner stehen in dieser Region offenbar in einem nach-haltigen Gegensatz. Die Gebietskörperschaften Unna und Hamm fühlen sich von der bisherigen Förderpolitik des Landes gegenüber Dortmund vernachlässigt. Sie erstreben einen Anschluß an das Förderniveau ihrer westlichen Nachbarstädte. Entsprechend gering ist bislang der Vorrat an gemeinsamen Interessen.

Weitergehende kommunale Zusammenarbeit im REK-Rahmen liegt bisher weder in Projekten noch Institutionen vor. Auch eine allgemeine Verbesserung der interkommu-nalen Zusammenarbeit wird in der Region bislang kaum registriert. Darüber hinaus ist in der Einschätzung der Bedeutung des Regionalisierungprozesses für zukünftige Kooperationen überwiegend Zurückhaltung anzutreffen.

3 Region Emscher-Lippe

In der Region des mittleren und nördlichen Ruhrgebietes hat es bislang einzelne bila-terale und fallweise Kooperationen gegeben. Regionale Projekte entsprechend der Gesamtgebietsabgrenzung sind jedoch - wie in der Mehrzahl der beobachteten Re-gionen - erst in Einzelfällen angegangen worden. Offenbar erweisen sich auch hier juristische und finanzielle Rahmenbedingungen als ernsthaftes Hindernis für die regio-nale Arbeit. Demzufolge fehlt es bislang an entsprechenden Verwaltungs- und Verfah-rensmustern.

An der Erarbeitung des REK haben die betroffenen Kommunen bei der Erstellung des ersten Handlungskonzeptes zunächst in Form von Stellungnahmen zu einem Ent-wurf des Regierungspräsidenten teilgenommen. Später waren sie über die Zusammen-arbeit in Arbeitskreisen unmittelbar an der Erstellung des neuen regionalen Entwick-lungskonzepts (Handlungskonzept-Fortschreibung) beteiligt.

In der Interessenlage gibt es nach außen kaum große Konflikte, lediglich Einzelpro-bleme könnten eingrenzbare Kontroversen auslösen. Die kreisfreien Städte treten mit relativ großem Eigengewicht auf. Immerhin verbindet alle ein Abgrenzungsbestreben: Die Region will sich gegenüber Nachbarregionen, v.a. der Hellweg-Zone, behaupten und ihre Eigenständigkeit sichern.

Für regionale Konfliktsituationen bestehen bislang weder Regeln noch Instanzen. Die Regionalkonferenz wirkt hier wohl dämpfend, hat aber noch keine ausgesprochenen Konfliktregelungspotentiale entwickelt. Fallweise werden Lösungen auf informell-(partei-)politischer Ebene ausgehandelt. Hier liegt den Akteuren begreiflicherweise wenig an Öffentlichkeit, aber viel an gemeinsam getragener zeitlicher und sachlicher Koordination sowie an der Verläßlichkeit der Partner bei derartigen Verabredungen.

Als Beispiel für eine regionale Flächenpolitik für grenzüberschreitende Projekte gilt das Zweistädtevorhaben "Jacobi" zwischen Bottrop und Oberhausen, das in Form von "konzertierten Bebauungsplänen" abgewickelt werden soll. Eine neue Perspektive für kommunale Zusammenarbeit eröffnet sich möglicherweise mit der 1990 gegründeten Emscher-Lippe-Agentur (ELA). Erste Anzeichen sprechen dafür, daß sie langsam in den Regionalisierungsprozeß hineinwächst.

4 Region Niederrhein

Die Betrachtung der interkommunalen Kooperation wird in dieser Region von vorn-herein durch verschiedene räumliche und zeitliche Verwerfungen beeinträchtigt. Die bisherigen Versuche zur interkommunalen Kooperation sind über bescheidene Ansätze nicht hinausgekommen. Die 1978 gegründete kommunale "Arbeitsgemeinschaft Nieder-rhein" kam selbst als "lose Gesprächsrunde" 1986 wieder zum Erliegen. Während der gesamten Zeit dominierten die Eigeninteressen der einzelnen Gebietskörperschaften. Über die Region hinaus bestehen Kooperationskontakte mit Düsseldorf und Krefeld.

In der Interessenlage spiegelt sich die wirtschaftsstrukturelle Heterogenität und die unterschiedliche räumliche Orientierung wider. Trotz dieser Ausgangslage ist die vor-gegebene regionale Abgrenzung angenommen worden. Dabei wurde immerhin die interregionale Konkurrenz und der bevorstehende EG-Binnenmarkt als gemeinsame Orientierungsgrundlage ausgemacht.

Ansätze zur interkommunalen Kooperation gibt es thematisch zum Standortmarke-ting und zur Belebung des Tourismus, räumlich im Nordkreis Kleve zwischen den Städten Emmerich und Kleve. Dabei werden auch Überlegungen zu Kooperationspro-jekten angestellt, die staatsgrenzenüberschreitend sein könnten. Als Beispiel gilt ein Güterumschlagzentrum in den Niederlanden.

Ein weiterer Aspekt zur interkommunalen Kooperation entstammt dem "Handlungs-rahmen Kohlegebiete". Zwar gibt es in operativer Hinsicht zwischen dem Handlungsrahmen und dem REK bislang keine Verknüpfung, doch ergab sich aufgrund der weitgehenden Identität der regionalen Akteure eine Diskussion über die Themenbereiche "Verkehr" und "Flächen". So lebte eine Diskussion über neuen Flächenbedarf auf; dies gilt insbesondere für den Kreis Wesel. Dabei wurde der Region deutlich, daß neue Flächen nur bei sog. "intelligenten Lösungen" freizubekommen sind. Einer der hierzu angeführten Vorschläge basierte auf der Kooperation mehrerer Gemeinden bei der Erschließung, Gestaltung und Nutzung neu ausgewiesener Gewerbeflächen.

Eine derartige Kooperation ist inzwischen angegangen worden und soll als Agentur geführt werden. Dabei gibt es sogar Überlegungen zu einer einvernehmlichen Aufteilung der Gewerbesteuern. Eine explizit ausgewiesene kommunale Kooperation fehlt jedoch bislang und entsprechende Institutionen sind noch nicht vorhanden. Über die Stabilität der kooperativen Beziehung kann demnach zu diesem Zeitpunkt keine Aussage getroffen werden. Jedenfalls hat die Regionalisierung positive Anstöße zur kommunalen Kooperation gegeben.

5 Region Ostwestfalen-Lippe

Die Region, repräsentiert durch den Regionalausschuß und seine Arbeitsgruppen, sieht von vornherein die Abdeckung des Bedarfs an interkommunaler Kooperation als zentrale Aufgabe und zugleich als Prüfstein für die Regionalisierungspolitik an. Im Vordergrund steht dabei die Verbesserung der Zusammenarbeit von Kommunen und Kreisen, wobei die daraus resultierenden Fortschritte als erfolgsbestimmend für den gesamten Regionalprozeß angesehen werden. Dabei ist für die Prozeßbeteiligten die Erkenntnis gereift, daß kommunale Handlungsfelder wie Industrieansiedlung und -bestandspflege, Umwelt- und Verkehrsfragen lokal nicht mehr zu bearbeiten sind und stattdessen kooperative Lösungen von höchster Dringlichkeit anstehen. Die vorangegangenen Kooperationswiderstände werden als "historisch bedingt" eingestuft und mit den ehrgeizigen Zielen des REK als überwindbar angesehen.

An der Erarbeitung des REK sind alle Kreise und die kreisfreie Stadt Bielefeld über die Regionalkonferenz, den Regionalausschuß und zugehörige Arbeitsgruppen beteiligt. In der jetzt anstehenden Phase der Umsetzung sind die Oberkreis- und Stadtdirektoren als verwaltungsrelevante Entscheidungsträger durch eine aktive Einbindung "auf das REK verpflichtet worden". Damit steigen die Möglichkeiten einer Realisierung von regionsbedeutsamen Aktivitäten und die Erfolgsaussichten des REK für die Zukunft.

Dennoch werden Interessenunterschiede bei der Umsetzung zutage treten. Insbesondere ist bislang offen, wie die Gebietskörperschaften auf die notwendig werdende Selbstbeschränkung in der Wahrnehmung ihrer Zuständigkeiten und Ressourcen infolge des Kooperationsbedarfs untereinander reagieren werden. Andererseits lassen gravierende Probleme in der Region einen Schulterschluß geboten erscheinen.

Die gemeinsamen Projekte sollen in drei zentralen Verbundunternehmen ausgeführt werden:

(1) Standortmarketing: Zentrales Anliegen ist dabei die Industrie- und Gewerbeansiedlung und hier wiederum die Kooperation bei der Bereitstellung und Vergabe von Gewerbeflächen.

(2) Verkehr: interkommunale Abstimmung über regional bedeutsame Projekte

(3) Abfallwirtschaft: Schaffung arbeitsteiliger Entsorgungsstrukturen

Weitere Projekte von regionalem Zuschnitt sind angedacht, aber inhaltlich noch offen. Über die Stabilität der interkommunalen Kooperation wird erst mit Beginn der Umsetzung Klarheit entstehen. Jedenfalls hat die Regionalisierung eindeutige Impulse zur kommunalen Kooperation gegeben. Die Einbindung der Kommunen und Kreise und die Erweiterung des Regionalausschusses um die Oberkreisdirekroren hat zu einer größeren Verbindlichkeit für die Entscheidungsträger geführt. Die nun anstehende Phase der Umsetzung wird als besonders kritisch angesehen und alle Hoffnungen richten sich auf die Realisierung der "Verbünde". Die Entscheidung darüber liegt bei den Kommunen.

6 Zusammenfassung

Alle untersuchten Regionen streben die Entwicklung und Umsetzung von regionsspezifischen Erneuerungskonzepten an, wenn auch mit unterschiedlicher Intensität. Die Überzeugung ist jedoch noch nicht allgemein gereift, daß die gesteckten Ziele erst mit Aussicht auf Erfolg angegangen werden können, wenn eine umfassende Belebung und Konkretisierung des Kooperationsgedankens gelingt. Dazu muß noch weitaus intensiver als bisher das Augenmerk auf die beiden Personengruppen gerichtet werden, die die Kooperation im wesentlichen tragen sollen:

(1) Die kommunalen Spitzenpolitiker und Hauptverwaltungsbeamten: Ihnen fällt die Aufgabe zu, die politisch-administrativen Strukturen und das gesamte Verwaltungshandeln auf die Erfordernisse dieser neuartigen Struktur- und Wirtschaftspolitik einzustimmen.

(2) Die Vertreter der nichtkommunalen Akteure und Institutionen: Sie sollen die Interessen ihrer Klientel selbstbewußt aber auch mit Blick auf das gemeinsame Ganze in den Diskussions- und Abstimmungsprozeß einbringen.

Die Frage nach den Adressaten der regionalen Entwicklungskonzepte ist aus den Argumentationen und Verhaltensweisen der beteiligten Institutionen bislang nicht ohne weiteres zu beantworten. Lediglich in den Bergischen Großstädten und in Ostwestfalen-Lippe ist eine ausgeprägte Innenorientierung in den Grundsatzdebatten wie in den ersten Umsetzungsschritten erkennbar. Bei anderen überwiegt die Ausrichtung auf Förderprogramme, obgleich auch bei ihnen eine gewisse Binnenorientierung enthalten ist. Alle hier skizzierten Bemühungen gehen jedoch davon aus, daß der eingeleitete handlungsorientierte Interessenabwägungs- und -ausgleichsprozeß mitsamt der angestrebten Identifikationen die gewünschten vitalen Impulse für die Regionsentwicklung erzeugen kann.

Die interkommunale Kooperation befindet sich im Spannungsfeld von begrenzten Handlungsspielräumen aufgrund rechtlicher und fiskalischer Aufgabenzuweisungen und den unbegrenzten Bedürfnissen der Wirtschaftssubjekte zur privaten und unternehmerischen Entwicklung. Inwieweit der bisher angelaufene Regionalisierungsprozeß für die Kommunen nützliche und hilfreiche Kooperationen hervorbringen kann und welche Tragfähigkeit sie auf Dauer haben werden, läßt sich zum jetzigen Zeitpunkt noch nicht abschätzen.

Integration von Fachpolitiken auf der regionalen Ebene

Thomas Forth und Norbert Wohlfahrt

Die Integration von Fachpolitiken ist bei Weiterentwicklung der Regionalisierten Strukturpolitik im Kabinettsbeschluß vom 16.10.1990 und in den Handlungsempfehlungen des MWMT vom 26.11.1990 explizit als Ziel formuliert worden. Insbesondere die beabsichtigte "Bündelung der regionalen Kräfte" und der Einbezug der "ökologischen, sozialen, kulturellen, arbeitsmarktpolitischen und gleichstellungspolitischen Interessen" neben den ökonomischen Interessen als Ziele der Regionalisierten Strukturpolitik bilden den Ansatzpunkt zu einer "integrierten regionalen Entwicklungspolitik". Diese fachintegrative Zielsetzung soll neben anderen über die Regionalen Entwicklungskonzepte Berücksichtigung finden.

Angesichts der Tatsache, daß Fachintegration bereits ein wesentliches Anliegen der ersten Planungsansätze in der Bundesrepublik Deutschland war, ihre Realisierung allenfalls punktuell und nicht dauerhaft gelang, besteht bei allen Beteiligten eine sehr profunde Skepsis gegenüber der Möglichkeit von Fachintegration. Es ist deshalb erforderlich, vorab zu klären, was an fachintegrativen Entwicklungen im Rahmen Konzeption der Regionalisierten Strukturpolitik überhaupt möglich ist, bevor man eine Bewertung der realen Entwicklung versucht.

Zunächst ist entsprechend der Philosophie der Regionalisierten Strukturpolitik "der Weg zum Ziel" analytisch zwischen Verfahren und Ergebnis zu unterscheiden. In dem Maße, wie über eine prozedurale Steuerung strukturpolitische Effekte erzeugt werden sollen, muß sich die Ergebnisbewertung darauf beziehen, daß unterschiedliche Verfahren auch unterschiedliche Effekte erzeugen. Insofern ist es relevant, wenn in den regionalen Zusammenkünften der Regionalkonferenzen, der Lenkungsausschüsse, der Arbeitskreise oder weiterer Einrichtungen auch verschiedene Fachinteressen zusammenkommen und sich somit auf die Erarbeitung eines gemeinsamen Produktes einlassen. Daraus folgt als eine Beurteilungsmöglichkeit die Zusammensetzung der regionalen Einrichtungen und der interne Diskussionsverlauf.

Hinsichtlich der Resultate sind die Regionalen Entwicklungskonzepte und weitere Beschlüsse auf regionaler Ebene von Bedeutung. Hier muß unterschieden werden nach dem Beschlußstatus (Konsens der Regionalkonferenz oder gemeinsame Beschluß-fassung der Gebietskörperschaften) und dem Implemenationsstatus. Innerhalb des REK ist die Integration von Fachpolitiken in verschiedenen Dimensionen angesprochen, so zumindest im Leitbild, den Handlungsfeldern oder den Leitprojekten. Darüber hinaus ist denkbar, daß im analytischen Teil Fachintegration als Problem thematisiert ist.

Der derzeitige Stand der Umsetzung der Regionalisierten Strukturpolitik läßt lediglich Aussagen zur ersten Beurteilungsebene zu, die aber auch nicht als abschließend angesehen werden dürfen.

Berücksichtigt man den Entwicklungsstand der Regionalisierten Strukturpolitik, so ist zu vermuten, daß die Integration von Fachpolitiken in der Region primär projektbezogen angelegt sein kann und längerfristige organisatorische Zusammenführungen im Augenblick nicht absehbar sind. Hier ist zu differenzieren zwischen der traditionellen Überlegung der stetigen Kooperation von Fachressorts und der Installierung neuer "interdisziplinärer" Abteilungen oder andere Organisationsformen, die sich mit Projektentwicklung und Projektmanagement befassen. Bezogen auf die einzelnen Regionen zeigen sich Unterschiede im Hinblick auf die Vorgehensweise, die zu einer verstärkten Integration von Fachpolitiken auf regionaler Ebene führen können.

1 Region Ostwestfalen-Lippe

Ostwestfalen ist ein Beispiel für die Möglichkeit einer verstärkten Integration von Fachpolitiken. So sind im Rahmen der Vorbereitungen für die Erarbeitung des regionalen Entwicklungskonzeptes Arbeitsausschüsse eingesetzt worden, die thematische Zuarbeit geleistet haben. Diese Arbeitsausschüsse wurden explizit als nicht geschlossene Gesellschaften definiert und in der Praxis auch so gehandhabt.

Die Bildung dieser Arbeitsausschüsse hat dabei noch keinen feststellbaren Effekt auf die Integration von Fachpolitiken gehabt. Hier wird insbesondere als Defizit festgestellt, daß die Kooperation vor allem auf der kommunalen Ebene noch vielfach defizitär geblieben ist und eine Einbindung verschiedener Fachressorts auf der kommunalen Ebene noch nicht in genügendem Maße erfolgt ist. Demgegenüber wird wiederum darauf verwiesen, daß in dem bestehenden Regionalausschuß (dessen Zusammensetzung in der Region als fachlich adäquat eingestuft wird) eine entsprechende fachübergreifende Zusammensetzung realisiert wurde, die einen Ansatzpunkt für eine verstärkte

Integration von Fachpolitiken darstellen kann. So wurden grundsätzlich alle strukturpolitisch bzw. wirtschaftspolitisch relevanten Bereiche an der Erstellung des regionalen
Entwicklungskonzeptes beteiligt (z.b. Wirtschaftsförderung, Verkehrsfragen, Qualifizie-
rung/ berufliche Weiterbildung, Fremdenverkehrsförderung, Gesundheitswesen usw.).

Im Verlauf des Regionalisierungsprozesses wurden auch sozialpolitische Fachressorts
(soziale Infrastruktur/Sozialplanung, Frauenförderung) in diese Kooperationsbeziehungen einbezogen. Hier muß festgestellt werden, daß die Integration der Fachpolitiken eher in Form der Auslagerung auf spezifische Organisationseinheiten erfolgte und
eine direkte Zusammenarbeit gleicher Fachressorts zwischen den Kommunen nur eine
untergeordnete Rolle spielte. Es ist zu vermuten, daß in der Umsetzung des regionalen
Entwicklungskonzeptes auch der Prozeß der verstärkten Kooperation identischer
Fachressorts zwischen den Kommunen weiterentwickelt werden wird.

2 Region Dortmund/Kreis Unna/Hamm

In der Region Dortmund-Unna-Hamm gibt es zunächst einmal eine Einbindung der
verschiedenen Verwaltungsbereiche nur in Hamm. So wurden im Hinblick auf die Erstellung des regionalen Entwicklungskonzeptes sowohl die Wirtschaftsförderung als
auch das Arbeitsamt sowie die Ämter für Stadtentwicklung, Straßenverkehr, Umwelt,
Planung, Schule und Kultur beteiligt. Der Orientierung auf eine querschnittsorientierte
Arbeitsweise entspricht auch die Einrichtung einer regionalen Arbeitsgruppe der
Verwaltung. Ein Problem stellt für die Region der Tatbestand dar, daß Ansätze zur
verstärkten fachpolitischen Integration nicht genügend Honorierung auf der Ebene der
Landesregierung findet. Kritisch wird in der Region die fehlende Integration der ESF-
Regionalpolitik mit der regionalisierten Strukturpolitik beurteilt. Auch gilt die vorhan-
dene kommunale Verwaltungsstruktur als wesentliche Restriktion einer stärkeren Integration von Fachpolitiken.

3 Region Emscher-Lippe

In der Region Emscher-Lippe sind verschiedene Arbeitskreise der Verwaltungen eingerichtet worden, die inhaltliche Arbeiten für die Regionalkonferenz leisten. Doch ist

231

gegenwärtig nicht feststellbar, inwiefern hier tatsächlich integrative Ansätze realisiert werden konnten. Die Entwicklung von Projekten stellt sich nach wie vor eher als Angelegenheit der Verwaltungsführung dar, die bezogen auf spezifische Informationen die Ämter zuarbeiten läßt. Die Umsetzung des regionalen Entwicklungskonzeptes ist, soweit feststellbar, primär eine Angelegenheit der zuständigen Fachämter. Die vorhandenen Ansätze einer direkten Zusammenarbeit gleicher Fachressorts zwischen verschiedenen Kommunen wird insbesondere im Kontext der Kooperationsprojekte positiv bewertet, und hierin wird auch ein spezifischer Effekt der regionalisierten Strukturpolitik gesehen.

4 Region Niederrhein

Die bekannten Arbeitszusammenhänge auf regionaler Ebene sind exklusiv besetzt, so daß fachintegrativen Entwicklungen durch einen Dialog der verschiedenen Fachvertreter kein Vorschub geleistet werden kann. Aufgrund des Zeitpunkts und des Erstellungwegs des REK sind auf regionaler Ebene für den Niederrhein selbst erste Schlußfolgerungen nicht sinnvoll.

In den Teilräumen der Region existieren in den Kreisen Wesel und Kleve Teilentwicklungskonzepte, die von einem externen Gutachter in Rückkopplung mit den Verwaltungen erarbeitet wurden. Die Beteiligung der verschiedenen Fachressorts an der Entwicklung der Konzepte muß eher als gering beurteilt werden , eine fachintegrative Zusammenführung der Ressorts war nicht im Erarbeitungsverfahren angelegt, aber die örtlichen Strukturrunden boten im o.g. Verständnis zumindest einen Ansatzpunkt, über Fachintegration nachzudenken. Erste Ansätze einer Integration von Fachpolitiken finden sich insbesondere in der Verbindung von "ZIN-Strukturen" und "ESF-Strukturen". Hier ist das Entwicklungskonzept des Teilkreises Wesel (ESF) zu nennen, das unter Berücksichtigung der entsprechenden Vorgaben des Kreisentwicklungskonzeptes "Wesel 2000" geschrieben wurde und dieses wiederum unter Beteiligung des Regionalsekretariats. Ein zusätzliches Problem stellt in diesem Zusammenhang das Verhältnis von Kreisen und kreisangehörigen Gemeinden dar. Hier entwickeln sich erst langsam unterhalb der Kreisebene vereinzelte Kooperationen von kreisangehörigen Gemeinden, so daß auch fachintegrative Entwicklungen in diesen Zusammenhängen als regionaler Erfolg gewertet werden können.

Für Duisburg stellt sich die Problematik anders dar. Eine kreisfreie Großstadt ist mit Kreisen in der Einheitlichkeit der Verwaltung nicht zu vergleichen. Die sachlichen Integrationsprobleme stellen sich zwar auch, sind aber nicht noch einmal politisch-administrativ durch Abstimmungen mit anderen Gebietskörperschaften gebrochen. Die Anstöße, die hierzu von ZIM und ZIN auf die Stadt ausgingen, können dem Konzept "DU 2000 - Mitten im Strukturwandel" abgelesen werden. Auf der Ebene der Projekte ist das Thema nicht beurteilbar, aber aus dem Gesamtkonzept wird deutlich, daß die Maßnahmen um den Hauptaspekt Wirtschaftsförderung zusätzlich die Entwicklung der weichen Standortfaktoren systematisch einbezieht und einzelne Felder wie Bildung dadurch insgesamt thematisiert worden sind (z.B. "Bildung 2000").

Barrieren für eine weitergehende Integration von Fachpolitiken ergeben sich in erster Linie aus der exklusiven Strategie bei der Erarbeitung des regionalen Entwicklungskonzeptes und aus dem restriktiven Einbezug kommunaler Fachressorts in die regionale Entwicklungsplanung. Die Zeitbudgetierung für einzelne Phasen ließ auch keinen Raum für die diskursive Entwicklung von fachintegrativ qualifizierten Vorstellungen. Zwischen einzelnen Gemeinden beginnen sich dagegen verstärkt Kooperationen zu entwickeln: So arbeiten einige Gemeinden im Bereich der Organisation von Kulturangeboten stärker zusammen, und auch im Hinblick auf die Flächenproblematik sind Ansätze verstärkter Kooperation zu identifizieren. Hier ist eine gemeinsame Erschließung und Vermarktung von Gewerbeflächen sowie die Einrichtung einer Entwicklungsagentur durch vier Gemeinden des Kreises Wesel geplant.

5 Region Bergische Großstädte

Die Region Bergische Großstädte zeichnet sich zunächst in ihren Arbeitsstrukturen durch eine relativ starke Gewichtung ökonomischer Entwicklungsprobleme der Region aus, die auch im Hinblick auf die Integration von Fachpolitiken Bedeutung hat. Soziale, ökologische und kulturelle Aspekte bleiben demgegenüber von nachrangiger Bedeutung: Für soziale Fragen wurde erst nachträglich eine Arbeitsgruppe eingerichtet, die allerdings aufgrund ihrer späten Gründung mit ihren Arbeitsergebnissen den Zeitverlust nicht kompensieren konnte. Trotz der auffälligen Betonung des Kulturbereichs blieb dieser in den Projektentwicklungen hinter den vorhergehenden Ankündigungen zurück. Lediglich der Umweltschutz konnte eine Integration in das regionale Entwicklungskonzept erzielen.

Diese unterschiedliche Gewichtung von wirtschaftlichen und ökologischen bzw. sozialen Entwicklungsgesichtspunkten läßt sich auch in der Kommunikation und Integration auf fachpolitischer Ebene zwischen den Verwaltungen wiederfinden. Hier dominiert nach wie vor der Typus der fragmentierten Verwaltung, wobei die Ämter für Stadtentwicklung und Wirtschaftsförderung die stärkste Position im Hinblick auf die Aufgabendurchführung einnehmen. Der vorhandene intensive Kontakt und kollegiale Umgang zwischen den Amtsleitern begünstigt allerdings den Integrationsprozeß auf nachhaltige Weise und könnte die fehlenden sachlichen Kooperationsstrukturen teilweise ausgleichen.

In Einzelpunkten läßt sich allerdings von einer Verbesserung der Fachintegration sprechen. So gibt es inzwischen einen Konsens darüber, daß sich bei Neuansiedlung bzw. Verlagerung von Betrieben eine stärkere Koordination auf der Ebene der Fachämter erfolgen solle. Auch sollen die Stadtgrenzen zwischen den beteiligten Kommunen nicht mehr eine dominant abgrenzende Rolle spielen und Planungs- und Wirtschaftsförderungsaktivitäten zwischen den Kommunen in diesen Bereichen stärker abgestimmt werden. So soll z.B. bei der Ausweisung von Gewerbegebieten und bei Parkraumkonzepten für den Individualverkehr zukünftig eine verstärkte Koordination erfolgen. Für die geplante Verlagerung der Standortverwaltung der Bundeswehr gibt es ein abgestimmtes Verhandlungskonzept gegenüber der Landesregierung und dem Bundesverteidigungsministerium.

Für alle übrigen Bereiche läßt sich weder auf der Ebene der einzelnen Ämter noch auf der Ebene der Kommunen eine verstärkte Realisation von fachspezifischer Integration identifizieren. Auf der Ebene der Umweltämter ist ein Gedankenaustausch angeregt und umgesetzt worden, der regelmäßig fortgesetzt werden soll (die Initiative hierzu gab es allerdings bereits vor der Regionalkonferenz mit den Vorarbeiten zum Abfallwirtschaftskonzept). Die Beteiligung der Fachressorts am Regionalisierungsprozeß wird in erster Linie von den für die Stadtentwicklung zuständigen Ämtern koordiniert und ist ansonsten in der Zusammensetzung mit fachpolitischen Akteuren von den verschiedenen Projekten bestimmt.

6 Zusammenfassung

Eine Gesamtbetrachtung der Entwicklung der Fachintegration in den Untersuchungsregionen zeigt, daß in erster Linie durch die Zusammenführung von Fachvertretern in

Arbeitskreisen Möglichkeiten für fachintegrative Ansätze geschaffen wurden. Es ist zu erwarten, daß diese Ansätze zunächst einmal punktuell sind und sich in einzelnen Projekten niederschlagen. In nahezu allen Regionen sind Instrumente geschaffen worden, in denen zu bestimmten Fragen regionale Arbeitseinheiten, an denen verschiedene Fachressorts beteiligt sind, der Region zuarbeiten. Eine solche Arbeitsweise kann für die Entwicklung der regionalen Kooperation durchaus angemessen sein, da hier keine abstrakten Integrationsanforderungen formuliert wurden, sondern konkrete (und realistische) Arbeitsanforderungen abgearbeitet werden können. Gemeinsam ist allen Regionen auch die Konzentration auf wirtschaftsfördernde Aspekte in der fachspezifischen Kooperation. Im Verlaufe des Prozesses kommt es in den Regionen zu einer unterschiedlichen, aber insgesamt mangelnden Berücksichtigung der Aspekte der sozialen Infrastruktur. Kooperationen zwischen wirtschaftsfördernden und sozialen bzw. ökologischen Arbeitseinheiten blieben bislang eher die Ausnahme.

Gesellschaftliche Beteiligung

Rolf G. Heinze und Helmut Voelzkow

In den "Handlungsempfehlungen regionale Entwicklungskonzepte" des MWMT ist u.a. die Aussage enthalten, daß es "bei der Erstellung der regionalen Entwicklungskonzepte auf den selbstverantwortlichen Prozeß der Kooperation der relevanten Kräfte in den Regionen an(kommt)" (MWMT 1990, S. 1f.). Der Begriff der "relevanten Kräfte" wird dabei bewußt offen gehalten: "... die Landesregierung (will) den Kreis der Beteiligten nicht abschließend definieren". Es wird in den Handlungsempfehlungen aber deutlich, daß mit den "relevanten Kräften" nicht nur die für politische Entscheidungen zuständigen, aus freien Wahlen hervorgegangenen und solchermaßen demokratisch legitimierten Gemeinde- und Stadträte, die Kreistage oder die Bezirksplanungsräte und die diesen Gremien jeweils zugeordneten Verwaltungseinheiten gemeint sind, sondern auch solche Kräfte, die nicht dem staatlichen oder kommunalen Politik- und Verwaltungsgefüge im engeren Sinne zuzurechnen sind.

Die mit der Erstellung von Entwicklungskonzepten fortgesetzte Regionalisierung der Strukturpolitik will damit in ihrer konzeptionellen Anlage nicht nur die Politik- und Verwaltungseinheiten der Gebietskörperschaften der jeweiligen ZIN-Region einbeziehen, sondern auch die "relevanten" gesellschaftlichen Organisationen. Die vom Land vorgesehene Politik der regionalen Eigenentwicklung will "unten", also in den ZIN-Regionen, neue Kooperationsformen erzeugen, die letztlich auf die Bildung von Gremien "funktionaler Repräsentation", ganz im Sinne einer "konzertierten Aktion" für die Regionen, hinauslaufen.

Die Zielsetzung dieser Einbindung der gesellschaftlichen Akteure in die regionalisierte Strukturpolitik folgt der Annahme, "daß eine Vielzahl von Akteuren aus staatlichen und privaten Organisationen und Verbänden Verantwortung für das Wohlergehen einer Region tragen. Diese Personen und Organisationen sollen an einen Tisch gebracht werden, um an der regionalen Entwicklung und Erneuerung mitzuwirken" (Einert 1991, S. 343); "diese Kräfte sollen in den regionalen Beratungs- und Abstimmungsprozeß eingebunden werden, um ihren Sachverstand und ihre Eigeninitiative für die Entwicklung der Regionen zu nutzen" (ebd.). Die sachliche Qualität der regionalen Strukturpolitik würde sich demnach durch die Beteiligung der "privaten Organisationen und Verbände" aufgrund der Nutzbarmachung von zusätzlichem Sachverstand und weiterführender Eigeninitiative erhöhen.

In diesem Abschnitt soll untersucht werden, ob und inwieweit in den Regionen diese Ziele einer "gesellschaftlichen Beteiligung" realisiert werden konnten.

1 Gesellschaftliche Beteiligungsformen

Bereits ein grober Überblick ergibt, daß die "gesellschaftliche Beteiligung" in durchaus verschiedenen Formen erfolgen kann. So werden in einigen Regionen (bspw. in Ostwestfalen-Lippe) einzelne Personen, die aufgrund ihres Engagements im öffentlichen Bereich besonderes Profil gewonnen haben, oder einzelne Unternehmen, vertreten durch führende Repräsentanten, an der Erstellung des regionalen Entwicklungskonzepts beteiligt. Eine solche personen- oder unternehmensbezogene Mitarbeit ist jedoch eher die Ausnahme.

Von weitaus höherer Bedeutung ist die Einbeziehung von kollektiven Akteuren. Damit sind zunächst private Verbände (z.B. Arbeitgeberverbände, Einzelhandelsverbände, Bürgerinitiativen), Gewerkschaften und öffentlich-rechtliche Organisationsformen (Kammern) angesprochen, die jeweils bestimmte Interessengruppen der Region repräsentieren. Neben solchen Wirtschafts- und Berufsverbänden, die als "Elementarverbände" Unternehmen oder Personen zu ihren Mitgliedern zählen, werden aber auch Dachverbände, also Organisationen "höherer Ordnung", an der Regionalisierungspolitik beteiligt. Im Einzelfall repräsentieren solche Dachverbände bereits verschiedene "interessierte Kreise", da sie Organisationen mit unterschiedlichen Vertretungsbereichen zu ihren Mitgliedern zählen und damit selbst so etwas wie einen "runden Tisch" (z.B. Weiterbildungsverbünde, an denen verschiedene Weiterbildungsträger, die Kammern und die Gewerkschaften beteiligt sind) darstellen, der dann allerdings zumeist auf bestimmte Frage- oder Aufgabenstellungen (z.B. Qualifizierung) beschränkt ist.

Des weiteren ist festzustellen, daß einige der in den regionalen Entwicklungskonzepten zu berücksichtigenden Interessen, die in den Handlungsempfehlungen des MWMT ausdrücklich genannt werden ("neben den ökonomischen auch die sozialen, kulturellen, ökologischen, arbeitsmarktpolitischen und gleichstellungspolitischen Interessen der Region", MWMT 1990, S. 3), über mehr oder minder verselbständigte und spezialisierte Verwaltungseinheiten repräsentiert werden. Im Einzelfall können von daher solche ziel-

oder zielgruppenspezifischen Verwaltungs- oder Wissenschaftseinheiten als eine Sonderform gesellschaftlicher Interessenvertretung interpretiert werden. So kommt es bspw. vor, daß die gleichstellungspolitischen Ziele durch eine Organisation, die der Frauenbewegung zuzurechnen ist, und durch eine Gleichstellungsbeauftragte, die der öffentlichen (Stadt-)Verwaltung angehört, vertreten werden. Auch die Interessen bestimmter Problemgruppen des Arbeitsmarktes werden im Einzelfall durch die Gewerkschaften und durch das Arbeitsamt repräsentiert.

Auch wissenschaftliche Einrichtungen können im Einzelfall als Repräsentanten gesellschaftlicher Interessen fungieren. In der Region Bergische Großstädte sind Gutachten für eine wissenschaftliche Analyse der Strukturmerkmale, Stärken und Schwächen sowie der Entwicklungspotentiale der Region vergeben worden. Diese Gutachten sind als Beratungsdienstleistungen im Vorfeld und im Zuge der Regionalisierungspolitik vorgelegt worden und dienten den regionalen Gremien als Diskussionsgrundlage bei der Festlegung der einzuleitenden strukturpolitischen Maßnahmen. Zu den Auftragnehmern gehörte u.a. das Institut für ökologische Wirtschaftsforschung, das in seinem Gutachten Perspektiven für eine ökologische Modernisierung der Region formuliert hat. Wissenschaftliche Einrichtungen treten in der Regionalisierungspolitik der Untersuchungsregionen jedoch nur im Ausnahmefall als Repräsentant eines spezifischen gesellschaftlichen Interesses auf. In anderen Region dominiert bei den beteiligten wissenschaftlichen Einrichtungen die Rolle als "interessierter Kreis"; die vorhandene wissenschaftliche Infrastruktur wird als "endogenes Potential" gesehen, daß - unter aktiver Beteiligung der wissenschaftlichen Einrichtungen - für die wirtschaftliche, ökologische und soziale Entwicklung der Region weiter erschlossen werden soll. Ein dritte Rolle der Wissenschaft findet sich schließlich in der Region Niederrhein. Hier soll eine Integration der verschiedenen (intra-regional getrennten) Vorlagen für die Teilräume zu einem gemeinsamen Entwicklungskonzept von wissenschaftlicher Seite geleistet werden. Hier kommt dem beteiligten Wissenschaftler sogar die Rolle des Verfassers des Entwicklungskonzeptes zu.

2 Varianzen zwischen den Untersuchungsregionen

Im Vergleich der Regionalisierungspolitik der Untersuchungsregionen ist festzustellen, daß die Einbeziehung spezieller gesellschaftlicher Interessen durch eine Beteiligung der entsprechenden Organisationseinheiten an der Erarbeitung der regionalen Entwicklungskonzepte erhebliche Unterschiede aufweist.

2.1 Region Niederrhein

Eine vergleichsweise exklusive Beteiligungsstruktur ist in der Region Niederrhein festzustellen. Das Vorgehen bei der Erstellung eines regionalen Entwicklungskonzepts ist hier durch eine Gesprächsrunde vorstrukturiert worden, an der neben den Hauptverwaltungsbeamten nur der IHK-Hauptgeschäftsführer beteiligt war. Dieser Personenkreis bildet auch den später ins Leben gerufenen regionalen Lenkungsausschuß. Diesem für den Regionalisierungsprozeß entscheidenden Gremium gehört - außer dem genannten Vertreter der IHK - damit kein weiterer Vertreter einer "gesellschaftlichen" Organisation an.

Auch die Zusammensetzung der Regionalkonferenz, der in dieser Region aufgrund der Vorgaben des Gesprächskreises bzw. des Lenkungsausschusses nur insgesamt 27 Personen angehören, ist als exklusiv zu bezeichnen. Zwar sind in diesem Gremium neben der IHK auch die Handwerkskammer, die Landwirtschaftskammer, die Universität, drei DGB-Bezirke und die beiden Arbeitsämter durch ihre Funktionsspitzen (die sich nicht vertreten lassen dürfen) präsent, es dominieren aber die Repräsentanten aus Politik und Verwaltung. Bei der Zusammensetzung der Regionalkonferenz wurde von den Handlungsempfehlungen des MWMT abgewichen und eine restriktive Beteiligung gewählt. Gleichstellungsbeauftragte, Wohlfahrtsverbände, Umweltverbände etc., deren Beteiligung vom MWMT ausdrücklich gewünscht worden war, blieben in der Region Niederrhein außen vor.

2.2 Region Dortmund/ Kreis Unna/ Hamm

Auch in der Region Dortmund/Kreis Unna/Hamm liegt die Federführung bei der Vorbereitung des regionalen Entwicklungskonzepts in der Hand der Verwaltungen der beteiligten Gebietskörperschaften. Die Einbindung der verschiedenen gesellschaftlich relevanten Gruppen erfolgte zunächst nur in Form von vier Informationsveranstaltungen der Landesregierung, in denen sie ihre Vorstellungen über die Regionalisierungspolitik darstellte.

In den kommunalen Grundsatzbeschlüssen zur Umsetzung der Regionalisierungspolitik war zwar vorgesehen, in der Phase der Erarbeitung des regionalen Entwicklungskonzepts neben den Vertretern aus Politik und Verwaltung auch die gesellschaftlichen Gruppen in den dafür vorgesehenen regionalen Arbeitsgruppen zu beteiligen, aber dieses Vorhaben wurde zunächst nicht realisiert. Infolge der Verzögerungen bei der intraregionalen Abstimmung zwischen den Verwaltungen der beteiligten Kommunen und Kreise und bei der Klärung der Frage, wann und in welcher Zusammensetzung die erste Regionalkonferenz stattfinden solle, blieben die relevanten gesellschaftlichen Organisationen zunächst aus der Regionalisierungspolitik ausgeklammert. Erst auf der ersten Regionalkonferenz am 16.01.92 wurden die gesellschaftlichen Organisationen in den Abstimmungs- und Entscheidungsprozeß integriert. Auf dieser Regionalkonferenz waren der DGB mit sechs Vertretern, das Arbeitsamt mit zwei Vertretern, die Industrie- und Handelskammer sowie die Handwerkskammer mit je drei Vertretern, die Landwirtschaftskammer, der Unternehmensverband Metall und der Einzelhandelsverband mit je einem Vertreter repräsentiert. Ferner waren die Gleichstellungsinteressen, die Einrichtungen für Bildung, Sport und Kultur sowie die Naturschutzverbände mit je drei Vertretern und die Kirchen und Wohlfahrtsverbände mit vier Vertretern an der Regionalkonferenz beteiligt. Der Regionalisierungsprozeß hat sich in der Region Dortmund damit erst vergleichsweise spät den gesellschaftlichen Gruppen und Organisationen geöffnet.

2.3 Region Bergische Großstädte

Der Kreis der beteiligten Interessengruppen und Organisationen ist in der Region Bergische Großstädte demgegenüber deutlich früher in den Regionalisierungsprozeß einbezogen worden. An den Regionalveranstaltungen der Lenkungsgruppe und der verschiedenen Arbeitsgruppen sind - nicht nur formal - alle gesellschaftlich relevanten Gruppen beteiligt. Die Formen der Mitarbeit reichen von der regelmäßigen Teilnahme an den Sitzungen bis zur Ausarbeitung schriftlicher Beiträge und Stellungnahmen. Die breitere gesellschaftliche Verankerung des Regionalisierungsprozesses zeigt sich in dieser Region bereits an der Zusammensetzung der Lenkungsgruppe, der neben den drei Oberstadtdirektoren und ihren für die Stadtentwicklung zuständigen Amtsleitern auch Vertreter der Arbeitsämter Solingen/ Remscheid und Wuppertal, der Industrie-

und Handelskammer Wuppertal/Solingen/Remscheid, der Handwerkskammer Düsseldorf, des DGB, der Arbeitgeberverbände Wuppertal e.V. und der Bergischen Universität-GHS-Wuppertal angehören. Darüber hinaus gehören der Lenkungsgruppe noch ein Vertreter des Regierungspräsidenten Düsseldorf und des MWMT an. Der Regionalverband Düsseldorf & Partner ist durch einen Beobachter vertreten.

Aus den aufgeführten Institutionen rekrutiert sich zugleich der namentlich berufene Teilnehmerkreis für die vier Arbeitsgruppen Wirtschaft, Verkehr, Flächen/Umwelt/Energie und Kultur/Sport/Freizeit. Zu bestimmten Themen werden zudem Spezialisten und Vertreter weiterer Organisationen wie bspw. des Verkehrsverbundes Rhein-Ruhr (VRR), der Bund für Umwelt- und Naturschutz (BUND), die Gewerkschaft ÖTV oder die Gewerkschaft der Eisenbahner Deutschlands (GdED) hinzugezogen, um das Spektrum an Interessen und Expertise zu ergänzen und abzurunden.

Gleichwohl ergibt eine nähere Analyse der Vorbereitungsarbeiten zum regionalen Entwicklungskonzept, daß trotz allen Bemühens um eine intensive Zusammenarbeit die Vertreter der Kommunalverwaltungen den Diskussionsprozeß dominieren. Von den "gesellschaftlichen Organisationen" gewinnen in erster Linie die Repräsentanten der Wirtschaft, vor allem die Industrie- und Handelskammer und die Arbeitgeberverbände, sowie in zweiter Linie die Gewerkschaften einen gewissen Einfluß.

2.4 Region Emscher-Lippe

In der Region Emscher-Lippe hat die Regionalisierungspolitik eine Vorgeschichte, und diese prägt auch die gesellschaftliche Kooperation in dieser Region. Mit der Formulierung eines "Handlungskonzepts", mit der die Region die Regionalisierungspolitik gewissermaßen "vorwegnahm", hatte sich bereits eine intensive Kooperation zwischen den Kommunen und der Industrie-und Handelskammer ergeben. Die Industrie- und Handelskammer hatte diesen Ansatz einer Regionalisierung "von unten" aktiv aufgegriffen und gefördert. Durch die Vorbereitungsarbeiten an dem "Handlungskonzept" hatte sich informell ein "harter Kern" der endogenen Regionalisierungspolitik gebildet, dem die Oberstadtdirektoren der Städte Gelsenkirchen und Bottrop, der Oberkreisdirektor des Kreises Recklinghausen, der Regierungspräsident und die Industrie- und Handelskammer angehörten. Im Kontext der Verabschiedung des Handlungskonzepts im März 1988 erweiterte sich der Kreis der Beteiligten mit der Gründung der "Regionalkonferenz

Emscher-Lippe"; der Regionalkonferenz gehörten nun auch die Handwerkskammer und die Landwirtschaftskammer sowie die verantwortlichen Vertreter des DGB an. Im Rahmen der "Zukunftsinitiative Montanregionen", die zunächst die Arbeitsmarktregion Gelsenkirchen und dann nachträglich auch die Arbeitsmarktregion Recklinghausen einbezog, konnte an die bereits gewachsenen Strukturen angeknüpft werden. Im Vorfeld der "Zukunftsinitiative für die Regionen Nordrhein-Westfalens" wurde die Regionalkonferenz um die Direktoren der Arbeitsämter Gelsenkirchen und Recklinghausen und den Geschäftsführer der Emscher-Lippe-Agentur erweitert.

Die tatsächliche Einbeziehung der gesellschaftlichen Gruppen und Organisationen beschränkte sich faktisch jedoch auf eine intensive Zusammenarbeit mit der Industrie- und Handelskammer und eine gewisse Beteiligung der Gewerkschaften bzw. der beiden DGB-Kreise. Das Engagement der DGB-Kreise konzentrierte sich zumeist auf die Beschäftigungs- und Arbeitsmarktpolitik (insbesondere Maßnahmen zur beruflichen Qualifikation) und blendete andere Handlungsfelder weitgehend aus. Trotz der eröffneten Partizipationsmöglichkeiten blieben die inhaltlichen Beiträge der DGB-Kreise eher die Ausnahme. Dies mag auch damit zusammenhängen, daß sich die DGB-Kreise mit den Arbeitsergebnissen der regionalen Diskussion über das Handlungskonzept und die verschiedenen Stufen einer Fortschreibung bis hin zu den bisherigen Vorlagen zu einem regionalen Entwicklungskonzept recht zufrieden zeigen und von daher keinen Anlaß zu einer intensiveren Einmischung sehen.

Erst die "Handlungsempfehlungen" des MWMT, die im November 1990 herausgegeben wurden, erzeugten in der Region Emscher-Lippe den Anlaß, die vorhandenen Strukturen der "gesellschaftlichen Beteiligung" zu überdenken. In der Konferenz des Wirtschaftsministers in der Region Emscher-Lippe wurden die exklusiven Beteiligungsstrukturen in Frage gestellt und im Anschluß erweitert. Nunmehr gehören der Regionalkonferenz auch Vertreter der Internationalen Bauausstellung und des "Regionalen Beirates" der Ziel-2-Programme sowie die Gleichstellungsbeauftragten an. Über eine Beteiligung des Kommunalverbandes Ruhrgebiet wurde in der Region zwar nachgedacht, bislang ist dieser Vorschlag jedoch nicht realisiert worden.

Die Erweiterung des Teilnehmerkreises mußte allerdings gegen gewisse Widerstände durchgesetzt werden. Gegen eine Ausweitung der gesellschaftlichen Beteiligung wurde schon zu den Zeiten der Konstituierung der Regionalkonferenz eingewandt, mit der Zunahme der Mitglieder gehe die Arbeitseffizienz verloren. Ferner wurde befürchtet, daß die selbst gewählte inhaltliche Konzentration auf wirtschaftliche Belange durch einen zu weit gefaßten Teilnehmerkreis in Frage gestellt werden würde. Diese Argumente für eine exklusive Beteiligungsstruktur wurden erst mit den Vorgaben des Landes außer Kraft gesetzt.

2.5   Region Ostwestfalen-Lippe

Ein wichtiges Charakteristikum der ostwestfälisch-lippischen Umsetzung der Landesvorgaben liegt in der vergleichsweise breiten Repräsentanz. Sowohl in der Regionalkonferenz, die ca. 200 Teilnehmer zählt, als auch im Regionalausschuß finden sich zahlreiche Repräsentanten gesellschaftlicher Organisationsformen.

In dem Regionalausschuß sind aus dem gesellschaftlichen Bereich Repräsentanten der Industrie- und Handelskammern Ostwestfalen und Lippe, der Gewerkschaften und der Hochschulen sowie ein führender Mitarbeiter der Paderborner Stadtwerke und ein Mitglied der Geschäftsführung der Fa. Dürkopp-Adler vertreten. Die beiden letztgenannten Mitglieder des Regionalausschusses sind allerdings nicht als Unternehmensvertreter, sondern als fachlich ausgewiesene Einzelpersonen in den Regionalausschuß berufen worden. Der führende Mitarbeiter der Stadtwerke Paderborn war früher im Bereich der Paderborner Wirtschaftsförderung tätig und hat dadurch detaillierte Kenntnisse in der Strukturpolitik vorzuweisen. Darüber hinaus hat er durch seine neue Funktion bei den Stadtwerken profunde Spezialkenntnisse im Bereich der Energieversorgung und des Umweltschutzes. Der genannte Mitarbeiter der Unternehmensspitze der Fa. Dürkopp-Adler ist für den Regionalausschuß benannt worden, weil er aufgrund seines ehrenamtlichen Engagements in kulturellen Fragen in der Region Bekanntheit gewonnen hat und zugleich in der Wirtschaft aufgrund seiner sachlich-kompetenten Positionen hohes Ansehen genießt. In den Arbeitsausschüssen, die für die inhaltliche Arbeit verantwortlich zeichnen, sind darüber hinaus zahlreiche andere gesellschaftliche Organisationen bis hin zu verschiedenen Umweltverbänden (im Arbeitskreis Energie und Umwelt) beteiligt. Auch in der Regionalkonferenz ist eine weitreichende gesellschaftliche Beteiligung festzustellen, die im Laufe der Regionalisierungspolitik noch ständig erweitert worden ist. So sind zu der letzten Regionalkonferenz, den Wünschen der Landesregierung folgend, auch die Gleichstellungsbeauftragten der Region und die relevanten Wohlfahrtsverbände eingeladen worden.

In den Interviews ist mehrfach herausgestellt worden, daß diese weitreichende gesellschaftliche Beteiligung in der Region "einen Stimmungswechsel" ausgelöst habe: "Die regionalisierte Strukturpolitik hat neue Berührungen geschaffen..." (Interview). Solche Ausführungen sollen freilich nicht darüber hinwegtäuschen, daß in der praktischen Arbeit die etablierten Organisationen zumeist die Oberhand behalten haben, auch wenn in einigen Arbeitsausschüssen (bspw. Umwelt und Energie) über die Beteiligung von gesellschaftlichen Interessenorganisationen (Umweltverbände) zahlreiche Modifikationen an dem Entwicklungskonzept durchgesetzt werden konnten.

3 Beteiligungsstrukturen und Beteiligungsdynamik

Abgesehen von den aufgeführten Varianzen lassen sich jedoch einige generelle Trends festmachen, die für alle Regionen gelten:

In allen Untersuchungsregionen haben die Industrie- und Handelskammern sowie die Handwerkskammern ein relativ hohes Gewicht. Ihre Stimme wird als die Position der Wirtschaft akzeptiert. Die Kammern sind vielfach in den verschiedenen Arbeitsgremien mit verschiedenen Fachleuten vertreten, so daß sich allein durch die mehrfache Repräsentanz und der damit verbundene Ressourceneinsatz ein gewichtiger Einfluß der Kammern auf den Verlauf der Regionalisierungspolitik und die Erstellung der regionalen Entwicklungskonzepte ergibt. Gleichwohl sind bei näherer Sicht einige Unterschiede in der Rolle der Kammern zwischen den Untersuchungsregionen festzustellen. So haben bspw. die beiden Industrie- und Handelkammern in Ostwestfalen-Lippe die Regionalisierungspolitik "nie in die Hand genommen" (Interview). Ein solcher Zuständigkeitsanspruch wäre in dieser Region auf harten Widerstand gestoßen. Die Kammern seien im Regionalausschuß und in den Arbeitsausschüssen gut vertreten und würden sich auch konstruktiv beteiligen, sie seien aber nicht die entscheidenden Promotoren dieser Politik. In anderen Regionen reichen der Gestaltungsanspruch der Kammern und der ihnen zugebilligte Gestaltungsspielraum weiter (z.B. in der Region Niederrhein). Allerdings ist selbst in Ostwestfalen festzustellen, daß der Einfluß der Kammern, auch wenn sie zurückhaltend auftreten, im Vergleich zu den anderen gesellschaftlichen Organisationen am weitesten reicht. Dies hängt sicherlich zum einen damit zusammen, daß in der Regionalisierungspolitik wirtschaftsrelevante Themen im Vordergrund stehen. Zum anderen verfügen die Kammern wie keine andere gesellschaftliche Organisation über fachlich versierte Mitarbeiter und Funktionsträger.

Bei den Gewerkschaften zeigen sich in den Untersuchungsregionen häufig Vertretungsdefizite, die allerdings - mit Ausnahme der Region Niederrhein - weniger einer "verschlossenen Haltung" der übrigen beteiligten Organisationen zugeschrieben werden können als vielmehr den Engpässen auf der gewerkschaftlichen Seite. Das gewerkschaftliche Engagement bleibt vielfach thematisch eng begrenzt (bspw. auf Qualifizierungsmaßnahmen). Häufig fehlen die Ressourcen (in personeller wie in materieller Hinsicht), um einen kompetenten Beitrag zu der Formulierung des regionalen Entwicklungskonzepts leisten zu können. Die Gewerkschaften müssen sich vielfach schon allein aus arbeitsökonomischen Gründen auf jene Themenfelder beschränken, die ihnen aus ihrer sonstigen Arbeit vertraut sind. Erschwert wird die gewerkschaftliche Beteiligung in einigen Fällen zudem durch Abstimmungsprobleme, die zwischen verschiedenen Einzelgewerkschaften und den regionalen Gliederungen des DGB auftreten. Zu solchen Koordinationsproblemen ist es bspw. in der Region Emscher-Lippe zwischen den regionalen Untergliederungen des DGB (den DGB-Kreisen Recklinghausen und Gelsenkirchen) gekommen, nachdem der zunächst für beide Kreise autorisierte Kreisvorsitzende von Recklinghausen aufgrund seiner Wahl in den Landtag seine Funktionen in der Regionalkonferenz und im Bezirksplanungsrat nicht mehr wie gehabt wahrnehmen konnte.

Auch bei den Naturschutzorganisationen und Umweltverbänden fehlt häufig der personelle Unterbau, um die ökologische Dimension fachkundig und sachbezogen in die verschiedenen, aus ökologischer Sicht relevanten Teilbereiche der regionalen Entwicklungskonzepte einzubringen. Sofern sich allerdings gewisse Umweltressourcen als positive Standortfaktoren auch in einen wirtschaftlichen Zusammenhang bringen lassen, ergeben sich Anknüpfungspunkte an Wirtschaftsinteressen, die dann von sich aus ökologische Aspekte aufgreifen ("Werkstattregion im Grünen" für die Bergischen Großstädte" oder "Gesundheitsregion" für Ostwestfalen-Lippe).

Die Wohlfahrtsverbände sind bislang in den Untersuchungsregionen, wenn überhaupt, erst im letzten Quartal des Jahres 1991 in die Regionalisierungspolitik einbezogen worden. Dies hängt in erster Linie damit zusammen, daß sozialpolitische Fragen in der Regionalisierungspolitik lange Zeit ausgeblendet blieben. Insbesondere die Vertreter der Industrie- und Handelskammern haben für eine Konzentration der Arbeit auf "strukturrelevante Maßnahmen" plädiert, die der Entwicklung der Wirtschaft dienen sollen. In Ostwestfalen-Lippe ist mittlerweile jedoch ein Konsens darüber erzielt worden, daß auch der Komplex der sozialen Infrastrukturen in dem Entwicklungskonzept behandelt, d.h. im Zuge der Fortschreibung nachträglich integriert werden sollte.

Die Interessen der Frauen werden häufig nicht durch gesellschaftliche Organisationen, sondern durch administrative Einheiten oder Verwaltungsangehörige (Gleichstellungsbeauftragte) in die regionalen Entwicklungskonzepte eingebracht. Bei der Berücksichtigung der Gleichstellungsaspekte zeigt sich besonders deutlich, daß die inhaltliche Öffnung vielfach erst auf "Druck der Landesregierung" erfolgt ist.

Die z.T. mangelnde Beteiligung gesellschaftlicher Interessen ist auch eine Funktion ihrer spezifischen Organisations- und Partizipationsfähigkeit. Generell lassen sich aus der Analyse der Untersuchungsregionen drei Voraussetzungen für die Fähigkeit zur Partizipation an der regionalen Kooperation formulieren:

Erstens müssen die Gruppen organisatorische Mindestvoraussetzungen zu erfüllen, um die Chancen zur Beteiligung nutzen zu können, d.h. sie müssen überhaupt organisiert sein - was z.B. im Bereich neuer sozialer und auch ökologischer Bewegungen aufgrund der geringen Organisationsfähigkeit kollektiver Interessen nur ansatzweise erfolgt ist - und sie müssen über ausreichende organisatorische, personelle und finanzielle Ressourcen verfügen, um sich effektiv und mit adäquaten Chancen an der Arbeit beteiligen zu können. Beispielsweise sind Selbsthilfegruppen, Umweltinitiativen oder Frauengruppen meist nur locker organisiert und verfügen auch nur selten über Fachleute, die über genügend freie Kapazität verfügen, um beispielsweise in Arbeitsgruppen effektiv mitarbeiten zu können, ganz zu schweigen von den finanziellen Möglichkeiten, Gutachten in Auftrag geben zu können.

Zweitens müssen die Gruppen in der Lage sein, die existierenden formellen und insbesondere die informellen Kommunikationskanäle zu nutzen, d.h. z.B. Zugang zu den meist informellen Zirkeln haben, in denen oft die wesentlichen Vorabklärungen und Vorentscheidungen getroffen werden. Die Funktion solcher Kreise besteht jedoch gerade in ihrem exklusiven Charakter, so daß hier innovative soziale und kulturelle Interessen geringe Partizipationschancen haben.

Drittens müssen die Gruppen so weit in das Interessenfeld Wirtschaft eingebunden sein, daß es für sie auch sinnvoll ist, ihre begrenzten Ressourcen in die regionale Kooperation zu investieren, d.h. die Relation zwischen dem Nutzen und dem Aufwand einer Beteiligung muß positiv sein. Für eine Umweltinitiative kann es viel effektiver sein, sich direkt im Umweltbereich zu engagieren, anstatt ihre begrenzten personellen Aktivitäten für die regionale Wirtschaftspolitik aufzuwenden, wo ein weitaus schlechteres Verhältnis von Aufwand und Effektivität erwartet wird.

Diese drei Voraussetzungen führen dazu, daß die Wirtschaftsinteressen, die vor allem durch die Kammern vertreten werden, in der Regel in der regionalen Kooperation dominieren, während nicht-wirtschaftliche Interessengruppen zwar beteiligt werden, aber letztlich nur geringe Beiträge leisten (können) und damit letztlich Gefahr laufen, in einer "Partizipationsfalle" zu verfangen: d.h. alle beteiligten Interessen liefern zwar gleichermaßen die Legitimation für das REK, ohne über gleichverteilte Mitgestaltungsmöglichkeiten zur verfügen.

Zusammenfassend kann festgehalten werden, daß in der Beteiligung gesellschaftlicher Interessenorganisationen an der Regionalisierungspolitik bislang generell eine Dominanz von Wirtschaftsinteressen zu beobachten ist. Gleichwohl zeigt sich aber, daß der Kreis der Beteiligten im Prozeß erweitert wird. Von daher verläuft der Prozeß der Regionalisierung, ausgehend von einem vergleichsweise exklusiven Kreis von Beteiligten, zunehmend inklusiv, d.h. der Kreis der Beteiligten wird immer größer. Jene gesellschaftlichen Interessen, die nicht der Wirtschaft zuzurechnen sind, kommen erst im Zuge der Arbeit hinzu, werden also erst im Verlauf des Regionalisierungsprozesses einbezogen. Auch in inhaltlicher Sicht ist bei der Erstellung der Regionalkonzepte zunächst eine Dominanz von strukturpolitischen Maßnahmen gegeben; die Diskussion bezieht sich zunächst vornehmlich auf solche Maßnahmen und Projektvorschläge, die aus Sicht der Wirtschaft relevant sind. Allerdings ist auch hier zu beobachten, daß die Erstellung der regionalen Entwicklungskonzepte im Prozeß eine gewisse inhaltliche Öffnung erfährt; auch nicht im engeren Sinne zu den wirtschaftlichen Aspekten zählende Komponenten werden von den beteiligten Arbeitsgremien aufgegriffen und in die Entwicklungskonzepte integriert.

Vertikale Koordination

Thomas Forth und Norbert Wohlfahrt

1 Abstimmung zwischen Region und Regierungspräsident

Der Regierungspräsident ist an dem Regionalisierungsverfahren in unterschiedlicher Weise beteiligt. Für alle Regionen gilt, daß die Behörde des Regierungspräsidenten, als Vertreter des Landes, die Kommunen seiner ZIN-Region offiziell von den Absichten und den Vorstellungen der Landesregierung zur Regionalisierung informierte. Sie half dabei soweit wie notwendig, die Vorgaben des Landes - wie etwa die Handlungsempfehlungen der Landesregierung für den Regionalisierungsprozeß - zu konkretisieren und zu erklären.

In der gleichen, offiziellen Funktion wird die Behörde tätig sein, wenn sie, wie vorgesehen, nach Vollendung des Entwicklungskonzeptes eine Stellungnahme dazu abgibt und den Bezirksplanungsrat offiziell über die Entwicklungsvorstellungen der Region unterrichtet. Schließlich, nach der Stellungnahme des Bezirksplanungsrates, soll die Behörde das Entwicklungskonzept der Landesregierung übergeben.

Stärker eingebunden ist die Behörde des Regierungspräsidenten, wenn sie die Arbeiten am Entwicklungskonzept durch eigene Fachbeiträge unterstützt. In manchen Fällen ist der Entwurf des Entwicklungskonzeptes vollständig von der Behörde erstellt worden.

Noch intensiver wird die Beteiligung, wenn sich der Regierungspräsident als Person in das Verfahren einschaltet. Manchmal versucht er, als Moderator in den regionalen Abstimmungen zu vermitteln. Manchmal geht seine Beteiligung aber auch so weit, daß er zum Sprecher der Region wird und sie sowohl nach innen als auch nach außen vertritt.

In der Region Ostwestfalen-Lippe z.B. war der Regierungspräsident Detmold in allen Phasen des Regionalisierungsverfahrens sowohl als Behörde wie auch als Person an der Erstellung eines regionalen Entwicklungskonzeptes beteiligt. Seine Behörde lieferte den ersten Entwurf eines regionalen Entwicklungskonzeptes, während der Regierungspräsident als Person den Vorsitz in der Regionalkonferenz und im Regionalausschuß hatte.

In der Region Emscher-Lippe war der Regierungspräsident ebenfalls stark in das Regionalisierungsverfahren eingebunden. Von seiner Behörde in Münster stammt -

noch vor dem offiziellen Anstoß durch die Landesregierung - der erste Entwurf eines Entwicklungskonzeptes. Ebenso hatte die Geschäftsstelle zur Koordinierung des Regionalisierungsverfahrens ihren Sitz beim Regierungspräsidenten in Münster. Im Unterschied zu Ostwestfalen-Lippe schwächte sich aber die Einbindung im Verlauf des Regionalisierungsprozesses etwas ab. Zwar hatte der Regierungspräsident noch den Vorsitz in den ersten Regionalkonferenzen. Die Aufgabe aber, das Entwicklungskonzept fortzuschreiben, wurde nicht mehr seiner Behörde übertragen, sondern einem eigens eingerichteten Arbeitskreis, der sich aus Mitgliedern der Regionalkonferenz zusammensetzt.

In der Region Bergische Großstädte beschränkte sich der Regierungspräsident Düsseldorf zunächst auf die offizielle Initiative zu einer Regionalkonferenz. Anschließend, mit Beginn des Regionalisierungsverfahrens, wurde die Behörde des Regierungspräsidenten sowohl in die regionale Lenkungsgruppe als auch in die Arbeitskreise zum regionalen Entwicklungskonzept eingebunden. Dort lieferte sie inhaltliche Beiträge und moderierte zwischen kommunalen Positionen, insbesondere zwischen den Städten Solingen und Wuppertal.

In den Regionen Niederrhein und Dortmund/Unna/Hamm geht die Beteiligung des Regierungspräsidenten nicht wesentlich über die offizielle Initiative hinaus. Manchmal nahm seine Behörde zwar als Gast an den Abstimmungsgesprächen in den Lenkungs- und Arbeitsgruppen teil. Weder dort noch in der Regionalkonferenz wurde der Behörde aber eine besondere Aufgabe übertragen. An den Entscheidungen und Abstimmungen über das Regionalisierungsverfahren und das regionale Entwicklungskonzept ist die Behörde nicht beteiligt.

2 Abstimmung zwischen Region und Landesregierung

Die Landesregierung wird im Regionalisierungsverfahren im wesentlichen durch das Ministerium für Wirtschaft, Mittelstand und Technologie (MWMT) vertreten. Die übrigen Landesministerien sind an dem Regionalisierungsverfahren erst in der Abwicklungsphase stärker beteiligt. Lediglich mit dem Ministerium für Arbeit, Gesundheit und Soziales (MAGS) gab es in einigen Regionen Abstimmungsgespräche. Zudem nahm das MAGS vereinzelt als Gast an Regionalkonferenzen teil.

Das Abstimmungsverhalten zwischen dem MWMT und den untersuchten Regionen ist relativ einheitlich. In der Anfangsphase des Regionalisierungsprozesses wurden vom

MWMT die "Handlungsempfehlungen regionale Entwicklungskonzepte" vorgelegt, mit denen die Ziele und Gründe für die Regionalisierung dargestellt und einige Kriterien für das Regionalisierungsverfahren bestimmt werden. Zudem wurden die Regierungspräsidenten angewiesen, die Regionen über das vorgesehene Regionalisierungsverfahren zu informieren und die Bearbeitung regionaler Entwicklungskonzepte zu unterstützen.

Anschließend führte die Landesregierung unter Federführung des MWMT in den einzelnen Regionen Informationsveranstaltungen durch. Bei diesen Veranstaltungen der Landesregierung wurden auch Vertreter anderer Landesministerien einbezogen. Diese Veranstaltungen sollten den Regionen die Vorstellungen der Landesregierung zum Regionalisierungsverfahren vermitteln. Andererseits sollte ein Meinungsbild von den Akteuren der Regionen über das Regionalisierungsverfahren gewonnen werden. Darüber hinaus gab es vereinzelt - teilweise unter Beteiligung des MAGS - regionale Abstimmungsgespräche. In der Erarbeitungsphase regionaler Entwicklungskonzepte gab es nahezu keine Abstimmungen zwischen den Regionen und dem MWMT, denn die regionalen Entwicklungskonzepte sollten von den Regionen eigenständig und in regionaler Selbstverantwortung erarbeitet werden. Wenn überhaupt, dann nahm das MWMT lediglich als Gast an den regionalen Abstimmungsprozessen teil.

Interregionale Kooperation

Franz-Josef Bade und Ralf Theisen

Die Art der Zusammenarbeit mit umliegenden Regionen reicht von bloßen Absichtsäußerungen zu zukünftigen Kooperationen über mehr oder weniger regelmäßige Treffen zu einem Erfahrungsaustausch bis hin zu langfristig abgesicherten gemeinsamen Projektvorhaben.

Die Region Emscher-Lippe hat ihre Kooperation mit umliegenden Gemeinden (Oberhausen, Herne) sogar institutionalisiert und beide Städte als kooptierte Mitglieder in die Regionalkonferenz aufgenommen. Geplant ist ein interregionales Flächenentwicklungsprogramm mit Vereinbarungen zwischen Bottrop und Oberhausen über Bebauungspläne und gemeinsam finanzierte Grünzugprojekte. Gleichzeitig werden interregionale Projekte im Rahmen der "Internationalen Bauausstellung Emscherpark" betrieben.

In der Region Niederrhein richten sich die Kooperationen vor allem nach den Niederlanden. So versuchen die Städte Emmerich und Kleve die Zusammenarbeit mit den niederländischen Städten Nijmwegen und Arnheim im Bereich der Wirtschaftsförderung zu verstärken. Grenzüberschreitend sind auch einige Vermittlungen und Bildungsmaßnahmen auf dem Gebiet der Arbeitsverwaltung. Auf niederländischer Seite besteht zudem ein Konzept für die gemeinsame Entwicklung von logistischer Infrastruktur und von Touristikzentren. Eine Einbindung dieser Kooperationen in den Regionalisierungsprozeß ist bislang noch nicht geklärt.

Die Bergischen Großstädte bekunden die Absicht, im Rahmen des Regionalisierungsprozesses interregionale Kooperationen mit angrenzenden Regionen anzustreben. Besonders Solingen und Wuppertal befürworten eine Kooperation mit Kommunen des mittleren Niederrheins und der Region Düsseldorf.

In den Regionen Ostwestfalen-Lippe und Dortmund/Unna/Hamm sind - im Rahmen des Regionalisierungsverfahrens - keine Ansätze zur Kooperation mit anderen Regionen erkennbar. Unabhängig von der Regionalisierung jedoch gibt es bei einzelnen Kommunen eine projektbezogene Zusammenarbeit, so z.B. die Beteiligung Dortmunds an der "Internationalen Bauausstellung Emscherpark".

IV. Auswertung und Schlußfolgerungen

Volker Eichener, Rolf G. Heinze und Helmut Voelzkow sowie Franz-Josef Bade, Thomas Forth, Josef Hilbert, Erich Hödl, Rainer Mönig, Wolfgang Potratz, Ralf Theisen, Norbert Wohlfahrt

Nach den überwiegend als ermutigend eingestuften Ergebnissen der "Zukunftsinitiative Montanregionen", die ab 1987 im Zusammenhang mit der Förderung der Montanregionen erstmals mit der Regionalisierung von Strukturpolitik experimentierte, wurde der Regionalisierungsansatz 1989 mit der "Zukunftsinitiative für die Regionen Nordrhein-Westfalens" auf das gesamte Land ausgeweitet. Zunächst wurden die in diesem Zusammenhang gebildeten 15 Regionen in einer ersten Phase (1989-90) von der Landesregierung aufgefordert, im Rahmen neuer Dialog- und Konsensverfahren strukturrelevante Projekte zu formulieren, in einer Prioritätenliste zu verorten und der Landesregierung vorzulegen. Die Landesregierung hat aus den vorgelegten Vorschlägen Projekte ausgewählt, diese den jeweils "passenden" Förderprogrammen des Landes, des Bundes oder der EG zugeordnet und (zum Teil) bewilligt. In einer zweiten Phase (1990-92) hat die Landesregierung die Regionen aufgerufen, mittelfristige Entwicklungskonzepte zu formulieren (vgl. dazu Kapitel 1). Die meisten Regionen haben ihr mittelfristiges Entwicklungskonzept mittlerweile verabschiedet. Spätestens 1993 werden auch die "Nachzügler" ihr regionales Entwicklungskonzept fertiggestellt und der Landesregierung zugeleitet haben.

Nunmehr ist eine Zwischenbilanz zu ziehen und danach zu fragen, wie der zurückliegende Prozeß der Regionalisierung, soweit er die Erstellung von regionalen Entwicklungskonzepten betrifft, zu bewerten ist. Und weiter ist danach zu fragen, wie es in Zukunft mit der Regionalisierungspolitik weitergehen soll. Was den zweiten Aspekt betrifft, interessiert hier vor allem, welche Handlungsempfehlungen zur Fortführung und Modifikation der Regionalisierungspolitik an die Landesregierung gerichtet werden können.

In der prozessualen Begleitforschung der Regionalisierung der Strukturpolitik in Nordrhein-Westfalen, deren Ergebnisse in dem vorliegenden Band veröffentlicht sind, sollte geklärt werden, ob und inwieweit die mit der Erstellung regionaler Entwicklungskonzepte verknüpften Erwartungen erfüllt werden, welche Probleme in den Regionen dabei auftauchen und wie diese ggf. überwunden werden können. Die Forschungsfragen der Untersuchung beziehen sich dabei auf die im Politikansatz vermutete Qualitätsverbesserung der Strukturpolitik. In der konzeptionellen Anlage der Regionalisierungspolitik wird davon ausgegangen, daß es zu einer Qualitätsverbesserung der Strukturpolitik kommt, wenn es gelingt, die regionalen Kräfte zu mobilisieren, ihre Informations- und Organisationspotentiale zu erschließen und sie zu einer strukturpolitischen Kooperation und Koordination "anzustiften".

Die Analyse des Verlaufs, der Resultate und der Probleme der Regionalisierung von Strukturpolitik wirft methodisch einige Probleme auf. Erwartet werden vor allem Aussagen über die Zusammenhänge zwischen der Regionalisierungspolitik des Landes einerseits und den Veränderungen in der Politik der Regionen andererseits. Solche Aussagen setzen sich aber leicht dem Einwand aus, daß bestimmte Entwicklungen in den Regionen, die mit den prozeduralen Anstößen der Landesregierung in Zusammenhang gebracht werden, auch ohne die Landesinitiative eingetreten wären. Allerdings gibt es u.E. einige Kriterien, die eine Zurechnung trotz des berechtigten Vorbehalts gerechtfertigt erscheinen lassen. Dies ist in unserem Zusammenhang beispielsweise dann der Fall, wenn relevante Entscheidungen getroffen oder - bei bislang konfliktträchtigen Themen - "Durchbrüche" in einer Region in einem durch die Regionalisierungspolitik geschaffenen Gremium oder einem damit verbundenen Dialog der relevanten Akteure erzielt werden konnten. Eine Erfolgszuweisung ist auch dann möglich, wenn Fortschritte in der regionalen Kooperation von den beteiligten Akteuren selbst der Regionalisierungspolitik zugeschrieben werden. Schließlich ist auch denkbar, daß ein signifikanter Niveauunterschied in der regionalen Kooperation und Koordination im Vergleich zu der Zeit vor Beginn der Regionalisierungspolitik festgestellt werden kann, der durch keine andere Bedingung befriedigend erklärt werden kann.

Das Forschungsteam hat angesichts der methodischen Probleme, die mit der Analyse einer prozeduralen Innovation zwangsläufig verbunden sind, einen diskursiven, in enger Kommunikation mit den Beteiligten laufenden Evaluationsansatz gewählt, basierend auf einem Methodenmix, der neben der herkömmlichen Literatur- und Dokumentenanalyse auch kleinere Workshops und vor allem qualitative Experteninterviews mit Vertretern der Praxis (sowohl aus den Institutionen der regionalen und lokalen Ebene als auch aus den Ministerien) einschloß, um so vor allem die *von den beteiligten Akteuren wahrgenommenen Probleme und Verbesserungsmöglichkeiten* zu erfassen.

Die in den vorausgegangenen Kapiteln enthaltenen Regionalberichte und Synopsen gaben Aufschluß über den Verlauf der Regionalisierungspolitik in fünf ausgewählten Regionen, die an dieser Stelle nicht wiederholt werden sollen. Hier sollen die Befunde in Thesenform zusammengefaßt und erste Schlußfolgerungen gezogen werden.

1. Zusammenfassung der Ergebnisse

Verlauf der Regionalisierungspolitik

Das neue Konzept einer Regionalisierung der Strukturpolitik wurde in den Regionen des Landes NRW zunächst mit Skepsis aufgenommen. Insbesondere im Übergang von der "Zukunftsinitiative Montanregionen" zu der "Zukunftsinitiative für die Regionen Nordrhein-Westfalens" kam es während der ersten Phase der Erstellung von Projektlisten aufgrund der engen Zeitvorgaben der Landesregierung zu Hektik und mancherlei Umsetzungsproblemen. Dies erzeugte bei vielen Akteuren in den Regionen eine ablehnende Grundhaltung, die zunächst auch die zweite Phase der Regionalisierung, also die Erstellung der regionalen Entwicklungskonzepte belastete. Die anfängliche Skepsis ist aber in den meisten Regionen einem pragmatischen Umgang mit der Regionalisierungspolitik gewichen. Die Regionen zeigen sich heute auch damit einverstanden, die Entwicklungskonzepte in Zukunft zu aktualisieren bzw. im Hinblick auf bestimmte Sachthemen zu vertiefen. Zwar beinhaltete das Regionalisierungskonzept auch in der zweiten Phase zahlreiche Unsicherheiten - darunter die Fragen: Wie ist die Erarbeitung des regionalen Entwicklungskonzepts institutionell abzuwickeln? Nach welchen Kriterien sind Lenkungsgremien und Ausschüsse zu besetzen? Wer entscheidet letztlich über das regionale Entwicklungskonzept? Welche Rolle spielt der Regierungspräsident oder der Bezirksplanungsrat? - Dennoch ist es in der Mehrzahl der Regionen gelungen, den politisch-administrativen Prozeß der Erarbeitung und der Verabschiedung eines regionalen Entwicklungskonzepts erfolgreich zu organisieren und die dafür benötigten institutionellen Strukturen aufzubauen. So gesehen konnte die zweite Phase mit Erfolg abgeschlossen werden.

Allerdings ist die Reihenfolge der beiden Phasen der Regionalisierungspolitik, die zunächst die Antragsrunde der "Zukunftsinitiative für die Regionen Nordrhein-Westfalens" und erst danach die Erstellung regionaler Entwicklungskonzepte einleitete, im nachhinein als wenig glücklich anzusehen. In der ersten Phase waren die Regionen aufgefordert, sich mit Projektvorschlägen zu befassen, ohne auf der Grundlage eines mittelfristigen Entwicklungskonzepts beraten zu können. In verschiedenen Fällen ist deshalb die Qualität der Projektlisten in die Kritik geraten. Bemängelt wurde vor allem, daß die vorgelegten Projektvorhaben eher eine additive Auflistung von Einzelinitiativen darstellten, die die Kräfteverhältnisse der einzelnen Akteure widerspiegelten, aber keine übergreifende Konzeption erkennen ließen. In der zweiten Phase haben die Regionen dieses Defizit zumindest teilweise durch die Vorlage der Entwicklungskonzepte geschlossen. Diese zweite Phase verlief aber insofern unter erschwerten Bedingungen, als die Akteure in den Regionen keine genaueren Vorstellungen darüber hatten, ob und inwieweit sich das Arbeitsergebnis auf die weitere Struktur- und Förderpolitik des Landes auswirken wird. Nicht zuletzt aufgrund der Unsicherheiten im Hinblick auf den Stellenwert der regionalen Entwicklungskonzepte in der Strukturpolitik der Landesregierung ist derzeit in den Regionen eine eher abwartende Haltung zu verspüren. Zwar ist im Rückblick durchaus nachzuvollziehen, daß zu Beginn der landesweiten Regionalisierungspolitik nicht auf die Erstellung von regionalen Entwicklungskonzepten gewartet werden konnte, denn es bestand Handlungsbedarf und die vorhandenen Fördermittel sollten zügig abfließen. Offenkundig ist aber, daß diese "verkehrte" Abfolge der Phasen in der Regionalisierungspolitik für zahlreiche Probleme in der Umsetzung auch in der zweiten Phase bei der Erstellung von Entwicklungskonzepten mitverantwortlich ist. Als Schlußfolgerung ergibt sich daraus, daß auf die zweite Phase, die derzeit mit der Verabschiedung der regionalen Entwicklungskonzepte ihrem Ende entgegengeht, eine dritte Phase folgen muß, in der die Landesregierung in ihrer Strukturpolitik die regionalen Entwicklungskonzepte aufgreift und zumindest die erfolgreiche Kooperation in den Regionen "belohnt", denn die regionale Kooperation ist mit materiellen und immateriellen Kosten verbunden, denen ein entsprechender Ertrag gegenüberstehen muß. Die regionalisierte Strukturpolitik bedarf daher in ihrer dritten Phase der Stabilisierung der regionalen Kooperation durch Anreize in Gestalt einer Landespolitik, die sich an den regionalen Entwicklungskonzepten orientiert und ihre Entscheidungen mit Bezug auf die Konzepte begründet.

Die grundsätzliche Idee der Regionalisierungspolitik wird von den meisten Gesprächspartnern in den Untersuchungsregionen heute *positiv* beurteilt. Jedoch werden auch erhebliche institutionelle Probleme benannt. Ein wichtiger Kritikpunkt betrifft nach wie vor die institutionellen Grundlagen der Regionalisierung, also die Frage, welche demokratisch legitimierten Institutionen für den Regionalisierungsprozeß die Zuständigkeit erhalten und die Verantwortung übernehmen sollen; dieses Problem wird bei der Umsetzung der Konzepte wieder an Virulenz gewinnen. Andererseits kann zumindest bis zum derzeitigen Stand der Regionalisierung die *Offenheit des Verfahrens* als Vorteil gewertet werden, weil sie zu einer Vielfalt von Optionen führte. Aufgrund der Offenheit des Verfahrens wurde in allen Regionen experimentiert, so daß mit unterschiedlichen Verfahren unterschiedliche Erfahrungen gemacht wurden, die eine Bewertung der Vor- und Nachteile im Hinblick auf die Erarbeitung eines Leitfadens für strukturpolitische Maßnahmen ermöglichen.

Dadurch, daß das Land darauf verzichtet hat, den Regionen ein klares Verfahren der Regionalisierung vorzugeben, haben die einzelnen Regionen z.T. recht unterschiedliche Strategien entwickelt. Die Regionalisierungspolitik wies damit einen experimentellen Charakter auf, der eine Vielfalt unterschiedlicher Lösungswege zuließ. Unterschiedliche Strategien haben sich hinsichtlich folgender drei Dimensionen herauskristallisiert:

a) Inhaltliche Federführung auf der administrativen oder auf der politischen Ebene (administrative versus politische Strategie).

b) Erarbeitung des regionalen Entwicklungskonzepts auf hoher regionaler Ebene (Regierungspräsidium, Kreise, Großstädte) oder unter unmittelbarer Beteiligung der Gemeinden (top-down- versus bottom-up-Strategie).

c) Erarbeitung des regionalen Entwicklungskonzepts durch einen relativ kleinen Kreis von Akteuren oder von Beginn an mit einer breiten gesellschaftlichen Beteiligung (exklusive versus inklusive Strategie).

Jede Strategie weist dabei ihre spezifischen Vorteile, aber auch Nachteile auf.

ad a) In einigen Regionen wurde die regionale Kooperation im wesentlichen durch die Verwaltungen initiiert und abgewickelt, in anderen Regionen lag die Federführung bei den politischen Gremien selbst. Die *administrative Strategie* weist gegenüber der politischen Strategie den Vorteil auf, daß sie (zumindest kurzfristig) von hoher Effizienz zu sein scheint. Der Koordinationsaufwand ist relativ gering, weil auf bestehende interkommunale Kontakte der fachlichen Ebene (horizontale und vertikale "Fachbruderschaften") aufgebaut werden kann. Andererseits werden die durch Verwaltungsbeamte vorgelegten Arbeitsergebnisse zumeist im nachhinein von politischer Seite problematisiert, was dann in einer "zweiten Runde" die Konsensbildung erschwert. Bei der administrativ getragenen Strategie müssen sich die Verwaltungen zumindest auf eine politische Vorabklärung verlassen können, die in der Regel an wenige Schlüsselpersonen gebunden und von daher risikoreich ist. Deshalb sollten die Regionen von vornherein auf eine enge Abstimmung zwischen Politik (parteiübergreifend!) und Verwaltung achten.

ad b) Im Vergleich der Regionen hat sich gezeigt, daß bei der Erarbeitung der regionalen Entwicklungskonzepte zwischen einem *"top-down-* und einem *bottom-up-Verfahren"* unterschieden werden kann. Die top-down-Strategie ist dadurch gekennzeichnet, daß das Konzept zunächst auf relativ hoher Ebene - beispielsweise von Mitarbeitern des Regierungspräsidiums oder den Spitzen der Großstädte und der Kreise, nicht jedoch der kreisangehörigen Gemeinden - erarbeitet und im Grundsatz verabschiedet wird. Erst danach wird es den einzelnen Gemeinden zur "Ratifizierung" vorgelegt. Bei der bottom-up-Strategie sind die Gemeinden von Beginn an (in Arbeitsausschüssen oder durch die Aufforderung, Anregungen und Stellungnahmen vorzulegen) beteiligt. Die top-down-Strategie weist gegenüber der bottom-up-Strategie den Vorteil auf, daß die Konsensbildung wegen der geringeren Zahl von Akteuren relativ schnell erfolgen kann; die Vetoproblematik stellt sich bei der Erarbeitung des regionalen Entwicklungskonzepts noch nicht. Andererseits ist bei einem solchen Vorgehen spätestens in der Umsetzungsphase, die im wesentlichen auf kommunaler Ebene erfolgt, mit Vollzugsdefiziten aufgrund mangelnder Akzeptanz durch die Gemeinden zu rechnen. Die bottom-up-Strategie ist von daher der top-down-Strategie - trotz aller Probleme bei der Herstellung von Konsens - auf längere Sicht wirkungsvoller.

ad c) Ähnlich wie bei der top-down-Strategie in bezug auf die Kommunen kann bei einer exklusiven Strategie die Erarbeitung des regionalen Entwicklungskonzepts zunächst innerhalb eines relativ kleinen Kreises von Akteuren erfolgen, während bei der inklusiven Strategie von Beginn an ein breites Spektrum *gesellschaftlicher Gruppen* beteiligt wird. Die exklusive Strategie hat zwar gegenüber der inklusiven Strategie den Vorzug, daß die Konsensbildung relativ rasch erfolgen kann. Jedoch ist bei der exklusiven Strategie davon auszugehen, daß die Akzeptanz des Konzepts durch die gesellschaftlichen Gruppen geringer ausfällt oder sogar verfehlt wird. Zwar mag in der Anlaufphase die Kooperation mit den gesellschaftlichen Gruppen schwierig erscheinen, die Aussichten auf eine breite Zustimmung dürften aber, abgesehen von den inhaltlichen Beiträgen, die mit einer Beteiligung der gesellschaftlichen Organisationen verbunden sein können, deutlich höher liegen. Von daher ist die frühzeitige und kontinuierliche Beteiligung der gesellschaftlichen Gruppen vorzuziehen.

Inwieweit es zu einer Einbindung gesellschaftlicher Gruppen kommt, hängt auch von deren *Partizipationsbereitschaft* und der *Partizipationsfähigkeit* ab. Generell lassen sich drei Voraussetzungen für die Fähigkeit zur Partizipation an der regionalen Koope-ration formulieren: Erstens müssen die Gruppen *organisatorische Mindestvorausset-zungen* erfüllen, um die Chancen zur Beteiligung nutzen zu können, d.h. sie müssen überhaupt organisiert sein - was z.b. im Bereich neuer sozialer und auch ökologischer Bewegungen nicht immer der Fall ist - und sie müssen über ausreichende organisato-rische, personelle und finanzielle Ressourcen verfügen, um sich effektiv an der Arbeit beteiligen zu können. Beispielsweise verfügen Selbsthilfegruppen, Umweltinitiativen oder Frauengruppen nicht immer über Fachleute, die genügend "freie Kapazität" haben, um in Arbeitsausschüssen effektiv mitarbeiten zu können. Zweitens müssen die Gruppen in der Lage sein, die existierenden formellen und insbesondere die informellen *Kommunikationskanäle* zu nutzen, in denen de facto oft die wesentlichen Vorabklärun-gen und Vorentscheidungen getroffen werden. Drittens müssen die Gruppen auch in das *Interessenfeld Wirtschaft* eingebunden sein, damit es für sie überhaupt sinnvoll ist, ihre begrenzten Ressourcen in die regionale Kooperation zu investieren. Für eine Umwelt-initiative kann es beispielsweise viel effektiver sein, sich direkt an die Öffentlichkeit zu wenden, statt ihre begrenzten personellen Aktivitäten für die regionale Strukturpolitik aufzuwenden, wo aus ihrer Sicht ein weitaus schlechteres Verhältnis von Aufwand und Effektivität zu erwarten ist. Diese drei Voraussetzungen führen dazu, daß die Wirt-schaftsinteressen (die vor allem durch die Kammern vertreten werden) in der Regel in der regionalen Kooperation dominieren, während nichtwirtschaftliche Interessen-gruppen zwar beteiligt werden, aber letztlich nicht gleichgewichtig Einfluß gewinnen (können). Allerdings ist es als Fortschritt zu werten, daß die nichtwirtschaftlichen Inter-essen überhaupt in strukturpolitische Diskussionen einbezogen werden und - wie die Erfahrungen zeigen - auch Gehör finden können. Die Erfahrungen zeigen zudem den hohen Stellenwert der Vorgaben des Landes, auch nichtwirtschaftliche Interessen in den Prozeß der Regionalisierung einzubinden; ohne diese Vorgaben wären die nichtwirt-schaftlichen Interessen in einem höheren Maße ausgeschlossen und unberücksichtigt geblieben.

Die genannten Unterschiede haben in den Regionen wichtige Lerneffekte erzeugt. Allerdings ist nicht zu übersehen, daß sich dieser Vorteil der verfahrensmäßigen Offenheit nur für den Zeitraum ergibt, wo es um die Formulierung von regionalen Entwicklungskonzepten ging, die als solche noch keinerlei (rechtliche) Verbindlichkeit haben. Sobald es um eine verbindliche Verabschiedung und erst recht um die Umsetzung der formulierten Einzelmaßnahmen geht, wird der gesamte Prozeß an die jeweils zuständigen Instanzen (Kommunen, Kreise, Land etc.) zurückverwiesen, es sei denn, die dazu legitimierten Instanzen beschließen (von sich aus und freiwillig!) die Schaffung *neuer Entscheidungsstrukturen* (z.B. eine kommunale Arbeitsgemeinschaft oder einen kommunalen Zweckverband), die mit bestimmten Aufgaben der Umsetzung des regionalen Entwicklungskonzepts betraut werden. Von daher werden in der Zukunft bei der Umsetzung der Konzepte wieder die traditionellen Gremien territorialer Repräsentation verantwortlich sein, die die nächsten Schritte entweder selbst einleiten oder geeignete Trägerinstitutionen gründen müssen.

Resultate der Regionalisierungspolitik

Mit der Vorlage der regionalen Entwicklungskonzepte ist zweifellos ein wichtiger Fortschritt erreicht worden. Die Konzepte dokumentieren den Stand der strukturpolitischen Diskussion in den Regionen und werden mittelfristig die weitere Diskussion sowohl innerhalb der Regionen als auch zwischen den Regionen und der Landesregierung prägen. Die Synopse der Inhalte der regionalen Entwicklungskonzepte hat zwar ergeben, daß sich die Konzepte in ihren inhaltlichen Aussagen mitunter allzu sehr ähneln und mitunter Vorschläge unterbreiten, die gewissen Modeströmungen (vom Technologiezentrum zum Logistikzentrum) folgen. Es ist aber trotz dieser Einschränkung nicht zu verkennen, daß andere Passagen der regionalen Entwicklungskonzepte als *Ergebnis intensiver Diskussionen* anzusehen sind und solchermaßen wie ein Verhandlungsergebnis interpretiert werden müssen. Die Entwicklungskonzepte enthalten Vereinbarungen der regionalen Akteure, die in verschiedenen, bislang kontroversen Sachfragen wichtige "Durchbrüche" und neue Kompromißlinien darstellen. Vielfach wird man in den regionalen Entwicklungskonzepten "zwischen den Zeilen" lesen (können) müssen, um die im Konsens verabschiedeten Handlungsleitlinien in ihrer Reichweite und Qualität sachgerecht interpretieren zu können.

Die mittelfristigen Entwicklungskonzepte sind damit als ein materielles Ergebnis der Regionalisierungspolitik anzusehen, das in seiner Bedeutung nicht unterschätzt werden sollte. Daneben sind in den Untersuchungsregionen weitere "handfeste" Erfolge festzustellen, insbesondere neue Kooperationsformen, die sich in gemeinsamen Projekten oder neuen Institutionen wie bspw. das Duisburger Marketingkonzept, das Flächenkonzept und das Konzept der Wissenschaftslandschaft im Emscher-Lippe-Raum oder der Ausbau der Emscher-Lippe-Agentur, die kommunale Arbeitsgemeinschaft Ostwestfalen-Lippe, das Regionalbüro und die Regionalkommission Bergische Großstädte niedergeschlagen haben. Ein wichtiger Effekt solcher neuen Projekte und Institutionen kann darin bestehen, die regionale Kooperation zu stabilisieren. Wenn eine Institution von allen Akteuren gemeinsam getragen wird, vermag zum einen jeder einzelne Träger vom Gesamterfolg der Einrichtung zu profitieren. Zweitens können sich - allerdings in Abhängigkeit von der Trägerkonstruktion - für die Beteiligten durch die Einbindung in eine gemeinsame Institution die Kosten für einen etwaigen Austritt aus der Kooperation verteuern, insbesondere dann, wenn in die Institution erhebliche Investitionen geleistet worden sind, die bei einem Austritt verlorengingen. Drittens entwickeln Institutionen häufig eine von den Interessen ihres Personals getragene Eigendynamik, die ebenfalls zu einer Stabilisierung und Ausweitung der Kooperation beitragen kann.

Auch eines der Hauptziele der Regionalisierungspolitik - die Schaffung eines *regionalen Bewußtseins* auf der Basis eines breiten Konsenses ist in den Regionen bis auf wenige Ausnahmen erreicht worden. In den meisten Regionen wird davon gesprochen, daß der Prozeß inzwischen eine *Eigendynamik* angenommen habe, die sich sogar von den ursprünglichen finanziellen Anreizen der Landesregierung gelöst habe.

Unsere Untersuchungsergebnisse lassen generell den Schluß zu, daß der Haupteffekt der Erarbeitung von regionalen Entwicklungskonzepten in dem *Prozeßnutzen* liegt. Ein wesentliches Ziel der Regionalisierungspolitik bestand in der Verbesserung der regionalen Handlungsfähigkeit durch Kooperation, Identitäts- und Konsensbildung. Damit sind die prozessualen Effekte ("process benefits") der Regionalisierung angesprochen:

* Atmosphärische Verbesserungen der Kooperationsbereitschaft;
* Entwicklung bzw. Verstärkung einer regionalen Identität;
* Erhöhung des Kontaktniveaus zwischen den regionalen Akteuren;
* Gründung von kooperativen Strukturen (Arbeitsgruppen, Regionalkonferenzen etc.);
* Entwicklung von kooperativen Verfahren (Konsultationen, Diskussionsverfahren, Abstimmungsverfahren etc.);
* Reduzierung des Konfliktniveaus, Steigerung des Konsensgrades;

* gemeinsame Ressourcenmobilisierung (interner und externer Ressourcen);
* Integration von Fachpolitiken auf regionaler Ebene;
* wechselseitige politische Unterstützung.

Wie bereits angedeutet, wurde zu Beginn der Regionalisierungspolitik des Landes versucht, Kooperation und Konsensbildung durch finanzielle Anreize anzuregen. Langfristig erfolgreich kann die Regionalisierung allerdings nur dann sein, wenn die Kooperation auch nach dem Fortfall solcher Anreize Bestand hat und nicht sofort zusammenbricht. D.h. auch die innerregionalen Effekte der Regionalisierung müssen so vorteilhaft sein, daß die Kooperation stabil bleibt. In den Untersuchungsregionen wurde - selbst zu dem relativ frühen Zeitpunkt, zu dem die Begleitforschung stattfand - eine solche *Stabilisierung von Kooperation* beobachtet, wofür einerseits die positiven Erfahrungen mit der Zusammenarbeit und andererseits die prozessualen Effekte der Regionalisierung, zu denen die Entwicklung der Kooperationsbereitschaft und -fähigkeit zählt, verantwortlich sind. Auch kann die Aussicht auf neue Ressourcen, die durch Kooperation erschlossen werden können und die allen Beteiligten zugutekommen, die Bereitschaft zur Zusammenarbeit erhöhen. Unter solchen stimmulierenden "Kooperationsgewinnen" sind nicht nur externe Kooperationsprämien (also Fördermittel übergeordneter Stellen) zu verstehen, sondern auch mögliche Zugewinne, die endogen über Kooperation realisiert werden können. Vielfach stabilisiert sich die Kooperationsbereitschaft der Akteure aber bereits allein durch das erhöhte Kontaktniveau, das die Grundlage für persönliche Beziehungen, Vertrautheit im Umgang und Vertrauen in die Kooperationsbereitschaft des jeweils anderen bilden kann. Die Gremien, die durch die Regionalisierung geschaffen worden sind - Regionalkonferenzen, Lenkungsgruppen, Arbeitsausschüsse -, stellen solche Foren dar, in denen relevante Akteure regelmäßig zusammenkommen, um gemeinsam an einer extern gestellten Aufgabe (der Erstellung des regionalen Entwicklungskonzepts) zu arbeiten. Die Erarbeitung des Konzepts stellt insofern einen Anlaß dar, um neue Kooperationsbeziehungen aufzubauen, die dann in ihrer Reichweite über den unmittelbaren Anlaß hinausweisen und den eigentlichen Prozeßnutzen der Regionalisierung darstellen.

2. Schlußfolgerungen und Handlungsempfehlungen

Angesichts der Schwachstellen der traditionellen regionalen und sektoralen Strukturpolitik bleibt die Regionalisierung ohne Alternative. Allerdings ist nun der Zeitpunkt gekommen, die Regionalisierung in eine Form zu bringen, die sich nicht nur zur Fortführung konzeptioneller Diskussionen der verschiedenen politischen, administrativen und gesellschaftlichen Akteure in den Regionen eignet, sondern die es ermöglicht, die vereinbarten regionalen Vorhaben auch tatsächlich umzusetzen. Zusammenfassend sehen wir im Hinblick auf eine erfolgreiche Fortführung der Regionalisierungspolitik *zwei zentrale Engpässe*. Ein erster Engpaß betrifft die interkommunale Kooperation, der zweite die Berücksichtigung der regionalen Entwicklungskonzepte in der Landespolitik.

Bei einer Durchsicht der Maßnahmen, die in den regionalen Entwicklungskonzepten festgeschrieben sind, ergibt sich recht schnell, daß als *Adressatengruppen* die Landesregierung (und die ihr zugeordneten Ministerien) und die regionalen Akteure, d.h. insbesondere die Kommunen zu unterscheiden sind. In einigen Konzepten überwiegen Projektvorschläge, die sich letztlich an die Landesregierung (mit der Bitte um Förderung) richten, in anderen Konzepten liegt das Schwergewicht auf konzeptionellen Vorschlägen, die sich vorrangig nach "innen" richten und von den Akteuren "vor Ort" umgesetzt werden sollen.

Bei jenen Maßnahmevorschlägen der regionalen Entwicklungskonzepte, die sich nach "innen" richten, wird sich die Überführung des Konzepts in praktische Politik nur durch eine Verbesserung der *interkommunalen Kooperation* realisieren lassen. Aber gerade die Kommunen stehen der Regionalisierungspolitik, wie sich in der Begleitforschung gezeigt hat, mitunter noch skeptisch gegenüber, weil sie einen Entzug von Zuständigkeiten und Ressourcen befürchten. Hier ist zu hoffen, daß der regionale Diskussionsprozeß im Zuge der Erstellung der Entwicklungskonzepte ein Problembewußtsein erzeugt hat, das die bestehenden Vorbehalte gegenüber der interkommunalen Kooperation überwinden, auch wenn im Einzelfall mit der Kooperation eine gewisse Einschränkung der kommunalen Eigenständigkeit verbunden ist. In dieser Hinsicht sollte geprüft werden, mit welchen Mitteln die Landesregierung die Kooperation von Kommunen in Handlungsfeldern, die zwar in der formalen Zuständigkeit der Kommunen liegen, sinnvollerweise aber regional bearbeitet werden sollten, verfahrenstechnisch und materiell unterstützen kann.

Im Bereich solcher Instrumente könnten etwa im Falle von objektiven Interessengegensätzen Kompensationen für die Gemeinden bereitgestellt werden, die sich bereiterklären, bestimmte Sonderlasten für die gesamte Region zu übernehmen, und zwar auch dann, wenn solche Kompensationen außerhalb des Zuständigkeitsbereichs der regionalen Akteure liegen, so daß ein regionsinterner Ausgleich nicht möglich ist.

Solche "Kooperationsprämien" sind im Einzelfall zwar unverzichtbar, sie müssen jedoch nicht unbedingt rein finanzieller Natur sein. Denkbar wären auch "Zeitprämien", d.h. eine schnellere, prioritäre administrative Abwicklung von Projekten, über die regionaler Konsens besteht, was sachlich auch dadurch gerechtfertigt ist, daß das übliche Interessenbargaining bei diesen Projekten bereits stattgefunden hat und daher kein Widerstand mehr zu erwarten ist - zumindest nicht von den Akteuren, die am regionalen Konsensbildungsprozeß beteiligt waren.

Im Hinblick auf die Kommunen ist in diesem Zusammenhang deutlich herauszustellen, daß dem mitunter zu hörenden Vorschlag, die bisherige Regionalisierungspolitik durch eine Stärkung der Kommunen zu ersetzen, nach den Ergebnissen der Begleitforschung nicht gefolgt werden kann. Zum einen erfordert allein der Bedarf nach interregionaler Abstimmung eine "vertikale Aufhängung" der Regionalisierung, d.h. übergeordnete Instanzen müssen übergeordnete Aspekte in die regionalisierte Strukturpolitik einbringen und durchsetzen können. Zum anderen bietet der Vorschlag einer *Kommunalisierung der Strukturpolitik* keine Gewähr dafür, daß die Kommunen mit neuen Zuständigkeiten und Ressourcen auch tatsächlich "in regionaler Verantwortung" umgehen. Der Bedarf nach interkommunaler Kooperation, nach politikfeldübergreifender Integration, nach Berücksichtigung verschiedener gesellschaftlicher Interessen etc. wird nicht automatisch dadurch eingelöst, daß die Regionalisierung in ihre Hände gelegt wird. Die bisherigen Erfahrungen lassen eher vermuten, daß eine solche Stärkung der Kommunen zugleich eine "Renaissance der Kirchturmpolitik" einleiten würde, die aus der Zielperspektive einer Regionalisierung von Politik nicht zweckdienlich wäre.

Andererseits kann auch dem Vorschlag, die Regionalisierung durch ein kompliziertes Gerüst neuer Institutionen zu verfestigen, ohne daß dieses Anliegen aus den Regionen selbst erwächst, nicht zugestimmt werden. Die Vorbehalte gegen neue Bürokratien, die von den Regionen (bzw. vor allem von den Kommunen) als "verlängerte Arme" der Landesregierung interpretiert werden würden, sind zu groß. Die Regionen sind zudem, was konzeptionelle Aspekte anbelangt, durch die Erstellung der regionalen Entwicklungskonzepte "erschöpft" und würden vermutlich in eine *Motivationskrise* geraten, wenn nun statt der erwarteten Diskussion über die konkrete Umsetzung der vorliegenden Konzepte eine Debatte darüber einsetzen würde, welche bürokratischen Neuerungen die Regionalisierungspolitik verbessern könnten. Zunächst sollte auf Basis der Arbeitsergebnisse "praktische Politik" eingeleitet werden.

Im Hinblick auf den zweitgenannten Engpaß, also der Landesebene, ist zu prüfen, wie die in den Regionen geleisteten konzeptionellen Vorarbeiten für eine regionale Bündelung und Integration der verschiedenen Förderinstrumente in die *Förderpolitik des MWMT und der anderen betroffenen Ministerien* geleistet werden kann. Sollte sich in den Regionen die Befürchtung bewahrheiten, daß die regionalen Entwicklungskonzepte nicht in transparenter und nachvollziehbarer Weise ihren Durchschlag in der Landespolitik finden, dann würde dies einen erheblichen Rückschlag, wenn nicht gar ein Scheitern der so ambitioniert konzepierten Regionalisierungspolitik bedeuten. Denn wenn die Entwicklungskonzepte, nachdem sie in z.T. mühevollen und konfliktreichen Verhandlungen erstellt worden sind, keine Konsequenzen für die Landesförderung haben, besteht die Gefahr, daß die regionale Kooperation wieder auseinanderbricht und sich zudem in den Regionen gegenüber der Landesregierung Vertrauenverluste einstellen. In einigen Regionen überwiegt zudem noch immer eine starke Erwartungshaltung gegenüber der Landesregierung, von der Fördermittel erwartet werden, während in der Binnenperspektive das regionale Handlungspotential zwar durch den Regionalisierungsprozeß gestärkt, aber noch nicht hinreichend stabilisiert erscheint, um auf Dauer Bestand zu haben.

In der Gesamtschau ergibt sich angesichts der positiven Erfahrungen, aber auch der deutlich gewordenen Engpässe der Regionalisierungspolitik ein klares Votum gegen institutionelle Strukturreformen (im Sinne einer "Kommunalisierung" oder "Bürokratisierung" der Strukturpolitik); statt dessen plädieren wir für eine konsequentere Fortführung der Regionalisierung der Strukturpolitik innerhalb der vorhandenen politisch-institutionellen Strukturen. Diese Empfehlung schließt den "freiwilligen" Aufbau neuer Einrichtungen zur Umsetzung strukturpolitischer Maßnahmen, beispielsweise kommunale Arbeitsgemeinschaften oder neue Formen des "Public-Private-Partnership", nicht aus. Im Gegenteil, solche Initiativen sind ausdrücklich zu begrüßen, sofern sich die zuständigen Akteure in den Regionen von sich aus darauf verständigen können. Der Ansatz der Regionalisierungspolitik hat sich prinzipiell bewährt; die empirisch feststellbaren Probleme sind nicht auf einen verfehlten Ansatz zurückzuführen, sondern darauf, daß die Regionalisierungspolitik bislang noch nicht konsequent genug durchgeführt worden ist. Dies betrifft insbesondere auch die in den Regionen vielfach kritisierte mangelnde Selbstbindung der Landespolitik an die Regionalisierung. Der weitere Fortgang der regionalen Strukturpolitik hängt nun davon ab, wie die Landesregierung auf die in den Regionen eingeleiteten Prozesse und die vorgelegten regionalen Entwicklungskonzepte reagiert. Die Landesregierung hat in den Regionen einen Prozeß angestoßen, der mittlerweile eine gewisse Eigendynamik entwickelt hat. Die Landesregierung muß nun zeigen, daß sie die regionale Initiative in ihrer Strukturpolitik auch zu würdigen weiß.

Literatur

Alemann, U.v./ Heinze, R.G./ Hombach, B. (Hrsg.) 1990:
Die Kraft der Region: Nordrhein-Westfalen in Europa. Bonn.

Boldt, H./ Lhotta, R. 1990:
Nordrhein-Westfalen. In: F. Esche/ J. Hartmann (Hrsg.), Handbuch der deutschen Bundesländer. Frankfurt am Main/ New York, S. 309ff.

Bußmann, L. (Hrsg.) 1988:
Die Wirtschaft des Landes Nordrhein-Westfalen. Schriftenreihe der Landeszentrale für politische Bildung Nordrhein-Westfalen, Bd. 4, Köln/ Stuttgart/ Berlin/ Mainz.

Cornelius, J. 1991:
Bericht über den Stand des Regionalen Entwicklungskonzeptes Bergisches Städtedreieck. Zur Regionalkonferenz der Landesregierung NRW am 11.10.1991 auf Schloß Burg, Ms.

Eckey, H.F./Klemmer, P. 1991:
Standortprofil der Bergischen Großstädte im Rahmen der Wiedervereinigung und europäischen Integration, Teilgutachten für die Lenkungsgruppe

EfaS 1992:
Entwicklungsagentur für arbeitsorientierte strukturpolitik: ZIN am scheideweg. Zwischenbilanz und Vorschläge zur strukturpolitik in NRW. Eine Studie über die "Zukunftsinitiative für die Regionen Nordrhein-Westfalens" (ZIN). Bochum.

Einert, G. 1991:
Die Initiative der Regionen ist gefragt und wird gefördert. In: Arbeitgeber, 9/43, S. 342ff.

Führer, J. 1992:
Region ist Trumpf. Die regionale Zusammenarbeit nimmt konkrete Formen an. In: Wuppertaler Nachrichten, Ausgabe 4/92, S. 5.

Grymer, H./Kappler, E. 1991:
Regionales Leitbild, Teilgutachten für die Lenkungsgruppe (Bergische Großstädte).

Haasis, H.-A. 1990:
Tendenzen stadtregionaler Entwicklung und stadtregionaler Politik. In: Streit, M.E./ Haasis, H.-A. (Hrsg.): Verdichtungsräume im Umbruch. Baden-Baden, S. 11-74.

Heinz, W. 1992:
Partnerschaftsprojekte für die Stadtentwicklung - Lehren und Thesen. In: Der Städtetag 3/1992, S. 210-213.

Heinze, R.G./ Hilbert, J./ Voelzkow, H. 1992:
Strukturwandel und Strukturpolitik in Nordrhein-Westfalen. Opladen.

Heinze, R.G./ Voelzkow, H. 1990:
Subsidiarität und Binnenmarktintegration: Konzeptionelle Überlegungen zur europäischen Regionalpolitik. In: U.v. Alemann/ R.G. Heinze/ B. Hombach (Hrsg.), Die Kraft der Region: Nordrhein-Westfalen in Europa. Bonn, S. 252ff.

Heinze, R.G./ Voelzkow, H. 1991:
Kommunalpolitik und Verbände: Inszenierter Korporatismus auf lokaler und regionaler Ebene? In: H. Heinelt/ H. Wollmann (Hrsg.), Brennpunkt Stadt. Stadtpolitik und lokale Politikforschung in den 80er und 90er Jahren. Basel/ Boston/ Berlin, S. 187ff.

Heinze, R.G./ Voelzkow, H. 1992:
Regionalisierung der Strukturpolitik in Nordrhein-Westfalen. In: Bernhard Blanke (Hrsg.), Staat und Stadt. PVS-Sonderheft, Opladen, S. 461ff.

Hesse, J.J. (Hrsg.) 1986:
Erneuerung der Politik "von unten"? Stadtpolitik und kommunale Selbstverwaltung im Umbruch. Opladen.

Hesse, J.J./ Benz, A./ Benz, A./ Backhaus-Maul, H. 1991:
Regionalisierte Wirtschaftspolitik. Das Beispiel "Zukunftsinitiative Montanregionen". Baden-Baden.

Hesse, J.J./ Ganseforth, H./ Fürst, D./ Ritter, E.-H. (Hrsg.) 1983:
Staat und Gemeinden zwischen Konflikt und Kooperation. Baden-Baden.

Hödl, E. 1991:
Rahmenbedingungen und Perspektiven der strukturellen Entwicklung der Region, Teilgutachten für die Lenkungsgruppe (Bergische Großstädte).

Hödl, E./Groth, H./Mönig, R./Seidler, B. 1989:
Technik und Arbeitsmarkt. Grundzüge eines Politikmodells zur sozialverträglichen Technikgestaltung, Remscheid.

Hödl, E./Groth, H./Mönig, R./Seidler, B. 1991:
Technik und Arbeitsmarkt. Sozialverträgliche Technikgestaltung im Rahmen einer lokalen Wirtschafts- und Arbeitsmarktpolitik, Opladen.

Hödl, E./Kalter, B./Floerecke, P. 1992:
Ökonomische Strukturanalyse der bergischen Großstädte Wuppertal-Solingen-Remscheid; erscheint als Fachbereichspapier der Bergischen Universität-GHS Wuppertal.

Hödl, E./Seidler, B. 1989:
Eine Industrieumfrage in Wuppertal, Arbeitspapier des Fachbereichs Nr. 132, Wuppertal.

Hombach, B. 1989:
Politik in den Montanregionen - Politik für die Montanregionen. In: Gewerkschaftliche Monatshefte 6/89, S. 336-348.

Hucke, J./ Wollmann, H. (Hrsg.) 1989:
Dezentrale Technologiepolitik? Technikförderung durch Bundesländer und Kommunen (Stadtforschung aktuell, Bd. 20). Basel/ Boston/ Berlin.

Industrie- und Handelkammer Wuppertal-Solingen-Remscheid 1991:
Wirtschaftsregion Bergische Großstädte - Zahlen, Ziele, Zukunft.

ILS (Hrsg.) 1992:
Institut für Landes- und Stadtentwicklungsforschung des Landes Nordrhein-Westfalen (Hrsg.), Regionale Politik und regionales Handeln. Beiträge zur Analyse und Ausgestaltung der regionalen Strukturpolitik in Nordrhein-Westfalen. Duisburg.

IÖW 1991:
Institut für ökologische Wirtschaftsforschung, Umwelt und Energie, Teilgutachten für die Lenkungsgruppe (Bergische Großstädte).

Jürgens, U./ Krumbein, W. (Hrsg.) 1991:
Industriepolitik in den deutschen Bundesländern. Berlin.

Junkernheinrich, M. 1987:
Strukturanalyse Bergisches Land - erste Ergebnisse einer ökonomischen Raumbeobachtung, Ms.

Klönne, A./ Borowczak, W./ Voelzkow, H. 1991:
Institutionen regionaler Technikförderung. Opladen.

Köstering, H. 1991:
175 Jahre Bezirksregierung - Ein erfolgreiches Behördenmodell im Wandel der Zeiten. In: Städte- und Gemeinderat 8/1991, S. 225-230.

Kommission Montanregionen 1989:
Bericht der Kommission Montanregionen des Landes Nordrhein-Westfalen 1989 (hrsg. vom Ministerium für Wirtschaft, Mittelstand und Technologie des Landes Nordrhein-Westfalen). Düsseldorf.

Kruse, H. 1990:
Reform durch Regionalisierung. Eine politische Antwort auf die Umstrukturierung der Wirtschaft. Frankfurt am Main/ New York.

Kruse, H. 1991:
Srtrukturpolitik in Nordrhein-Westfalen. In: ILS (Hrsg.), Regionale Politik und regionales Handeln. Duisburg, S. 11ff.

Läpple, D. 1986:
Trendbruch in der Raumentwicklung. Auf dem Weg zu einem neuen industriellen Entwicklungstyp? In: Informationen zur Raumentwicklung, Heft 11/12, S. 909ff.

Landesamt für Datenverarbeitung und Statistik Nordrhein-Westfalen 1990a:
Jahreszahlen 1990, Düsseldorf.

Landesamt für Datenverarbeitung und Statistik Nordrhein-Westfalen 1990b:
Die Wohnbevölkerung der Gemeinden und Kreise des Regierungsbezirks Detmold am 30. Juni 1990, Fortschreibungsergebnisse auf Basis der Volkszählung vom 25. Mai 1987 (Auszug aus dem Statistischen Bericht 1/90).

Landesamt für Datenverarbeitung und Statistik Nordrhein-Westfalen 1990c:
Kreisstandardzahlen 1990, Düsseldorf

Landesamt für Datenverarbeitung und Statistik Nordrhein-Westfalen 1990d:
Die industriellen Kleinbetriebe in Nordrhein-Westfalen 1988 bis 1989, Düsseldorf.

Mai, M. 1991:
Runde Tische gegen Arbeitslosigkeit in der Region. Neue Ansätze der integrierten Struktur- und Beschäftigungspolitik am Beispiel Nordrhein-Westfalen. In: Sozialwissenschaften und Berufspraxis 14, S. 232ff.

Mayntz, R. 1990:
Föderalismus und die Gesellschaft der Gegenwart. In: Archiv des öffentlichen Rechts 115, S. 232-245.

Mönig, R. 1988:
Effekte und Konsequenzen staatlicher Umweltschutzpolitik für urbanindustrielle Ballungsgebiete. Dargestellt am Beispiel der Stadt Wuppertal, Frankfurt/M. u.a.

Müller, G./Chaberny, A./Stooß, F. 1991:
Berufe-Atlas, Wirtschafts- und Arbeitsmarktindikatoren nach Regionen. In: Beiträge zur Arbeitsmarkt- und Berufsforschung Nr. 150, Nürnberg.

MWMT 1990:
Ministerium für Wirtschaft, Mittelstand und Technologie des Landes Nordrhein-Westfalen: Handlungsempfehlungen regionale Entwicklungskonzepte. Düsseldorf.

Nordrhein-Westfälischer Städte- und Gemeindebund 1991:
10 Thesen zur Neuorientierung der kommunalen Wirtschafts- und Strukturpolitik in der Region. In: Städte- und Gemeinderat, Heft 12, S. 349-351.

NW 1989:
Ostwestfalen-Lippe will mit einer Stimme sprechen. Neue Westfälische vom 18. Mai 1989.

NW 1991:
Kommunalverband stößt auf viel Skepsis. Neue Westfälische vom 29. Januar 1991.

Oberstadtdirektor Solingen 1991:
Bürgerbeteiligung in Solingen. Solingen.

OWL-Konzept 1990:
Mittelfristiges Entwicklungskonzept für Ostwestfalen-Lippe. Entwurf, Stand 27. November 1990.

Regierungspräsident Düsseldorf 1986:
Gebietsentwicklungsplan für den Bezirk Düsseldorf. Münster.

Regierungspräsident Düsseldorf 1989:
Regionalkonferenz Bergische Großstädte - Strukturanalyse Wirtschaft. Düsseldorf.

Regierungspräsident Detmold 1989:
Strukturanalyse Ostwestfalen-Lippe, Detmold.

Regierungspräsident Detmold 1990:
Strukturanalyse Ostwestfalen-Lippe, Detmold.

Regionalausschuß 1990:
Vorentwurf der Geschäftsstelle des Regionalausschusses zum regionalen Entwicklungskonzept für Ostwestfalen-Lippe auf der Basis der Vorarbeiten der Projektgruppen der Regionalkonferenz.

Schäffer, W.D. 1990:
Neue Pfade der regionalen Strukturpolitik in Nordrhein-Westfalen. In: WSI-Mitteilungen, Nr. 7, S. 461-468.

Schiefer, B. 1992:
Organisation der kommunalen Wirtschaftsförderung. In: Betriebs-Berater 6/1992, S. 375-384.

Schneider, R. 1992:
Regionalbüro ein notwendiges Experiment. Neuorientierung nicht ausgeschlossen. In: Bergische Blätter 7/1982, S. B 12-15.

Statistisches Jahrbuch der nordrhein-westfälischen Industrie- und Handelskammern 1990, Dortmund.

Streit, M.E./Haasis, H.-A. (Hrsg.) 1990:
Verdichtungsregionen im Umbruch, Erfahrungen und Perspektiven stadtregionaler Politik. Baden-Baden.

Sturm, R. 1991:
Die Industriepolitik der Bundesländer und die europäische Integration. Unternehmen und Verwaltungen im europäischen Binnenmarkt. Baden-Baden.

Sturm, R. 1992: Regionalisierung der Industriepolitik? Die Suche der Bundesländer nach einer flexiblen Antwort auf den neuen europäischen Wirtschaftsraum. In: Aus Politik und Zeitgeschichte B10-11/92, S. 25ff.

Trümper, A. 1982:
Raumbezogene Planung im Großstadt-Umland-Bereich, Bonn.

Voelzkow, H. 1990:
Mehr Technik in die Region. Neue Ansätze zur regionalen Technikförderung in Nordrhein-Westfalen. Wiesbaden.

Voelzkow, H. 1991:
Organisatorisch-institutionelle Aspekte einer regionalen Industriepolitik - illustriert am Beispiel Nordrhein-Westfalen. In: U. Jürgens/ W. Krumbein (Hrsg.) Industriepolitische Strategien - Bundesländer im Vergleich. Berlin, S. 136-154.

Waniek, R. W. 1990:
Die Zukunftsinitiative für die Regionen Nordrhein-Westfalens. Ruhr-Forschungsinstitut für Innovations- und Strukturpolitik e.V., Nr. 5. Bochum.

Weßler, E. 1986:
Zusammengehörigkeitsgefühl der Bergischen ist stark ausgeprägt. Eine Region sich ergänzender Kontraste. In: Wirtschaft und Standort, S. 2-3.

Aus dem Programm
Sozialwissenschaften

Elisabeth Dauwe / Rainer Fritz-Vietta /
Peter Müller / Helmut Schmidt / Peter Werner /
Uwe Wullkopf
Kommunalpolitik
Leitfaden für die Praxis.
Mit Illustrationen von G. Bettels
1995. 371 S. Kart.
ISBN 3-531-12760-8
Als Grundlage und Voraussetzung zur Mitwirkung
an einer Vielzahl von Entscheidungen über Entwicklungen und Projekte der Stadt-, Energie- und
Verkehrsplanung sowie im Wohnungsbau und im
Umweltschutz sind Entwicklungshintergründe,
Handlungsalternativen und Empfehlungen unab-
dingbar. Ausgehend von den rechtlich-administra-
tiven und finanziellen Rahmenbedingungen werden, über die Darstellung der kommunalen Gesamtentwicklung, drei zentrale kommunale Infra-
strukturbereiche (Wohnen, Verkehr, Energie) ein-
gehender behandelt.

Erich Hödl / Hella Groth / Rainer Mönig /
Bernd Seidler
Technik und Arbeitsmarkt
Sozialverträgliche Technikgestaltung im Rahmen
einer lokalen Wirtschafts- und Arbeitsmarktpolitik
1991. XIV, 305 S. (Sozialverträgliche Technikgestaltung, „Materialien und Berichte, Bd. 25) Kart.
ISBN 3-531-12330-0
In den vergangenen Jahren hat sich eine beträcht-
liche Anzahl von Einzelmaßnahmen zur qualitati-
ven Regionalentwicklung herausgebildet. In dieser Arbeit wird ein kooperatives Politikmodell am
Beispiel der Stadt Wuppertal entwickelt, das sich
auch auf andere mittelständische Industrieregionen übertragen läßt.

Studien zur Sozialwissenschaft

Markus Zeilhofer

TECHNIKFOLGENPOLITIK

ZUR GESTALTBARKEIT
DES TECHNISCHEN WANDELS

Westdeutscher Verlag

Markus Zeilhofer
Technikfolgenpolitik
Zur Gestaltbarkeit des technischen Wandels
1995. XII, 214 S. (Studien zur Sozialwissenschaft, Bd. 149) Kart.
ISBN 3-531-12706-3
Das parlamentarische Regierungssystem Deutschlands gerät zunehmend in eine Modernitätszan-
ge, die sich aus einer asymmetrischen Zurechnung
von Technikfolgen und einer neuen politischen
Qualität der Technikfolgenproblematik ergibt. In
dieser Studie wird den Grundlagenfragen nach
der Gestaltungsbedürftigkeit von Technik und nach
der Gestaltbarkeit von Technik und ihren Folgen
auf multidisziplinärer Basis erhöhte Aufmerksam-
keit gewidmet. Die daraus gewonnenen Erkennt-
nisse fördern eine aktive politische Bearbeitung
der Technikfolgenproblematik durch die Einrichtung
eines Politikfeldes „Technikfolgenpolitik".

WESTDEUTSCHER VERLAG
Abraham-Lincoln-Str. 46 · 65189 Wiesbaden
Fax (06 11) 78 78 - 420